WIZARD

イベントトレーディング入門
感染症 テロ 大災害 政変
を乗り越える売買戦略

アンドリュー・ブッシュ[著]
長尾慎太郎[監修]
永井二菜[訳]

Pan Rolling

WORLD EVENT TRADING : How to Analyze and Profit from Today's Headlines by Andrew Busch

Copyright © 2007 by Andrew Busch
All Rights Reserved.

Japanese Translation published by arrangement with John Wiley & Sons International Rights, Inc. through The English Agency(Japan)Ltd.

監修者まえがき

　本書はアンドリュー・ブッシュの著した『World Event Trading』の邦訳である。世の中に相場書と呼ばれるものはあまたあるが、特殊なイベントの発生時に特化した運用手法について解説した書籍はこれ以外にはない。ここで言う特殊なイベントとは、疫病、台風、地震、テロなどの突発的な事件のことである。これらの事件の発生は予測ができないために、それにまつわるトレードのチャンスはだれにでも平等に訪れることになる。

　一般的に、個人投資家が機関投資家などに比して対等に立ち回れる投資機会はそれほど多くはないが、このアウトライヤー的な状況下でのトレードはその主要な構成要素の一つである。不測の事態においてはマーケットの参加者のほとんどすべての人は慌てふためき右往左往するだけで、能動的なトレードをすることはできないからだ。

　そうした事例について事前に入念なリサーチを行い周到に準備をしているバイサイドはほとんどないし、現実にイベントが発生するような際には、セルサイドから過去の類似事例について簡単なレポートが出されることもあるが、実際にそれらの知見に基づいて行動を起こせる売買主体は非常に限られている。彼らにせいぜいできることは、ボラティリティの上昇に対応して事後的にレバレッジを抑えるか、βニュートラルなポジションにシフトするくらいのものでしかない。

　しかし、特殊なイベントと言えども類例が過去にまったくないというわけではない。本書に解説してあるように、投資家を集団としてみた場合、その行動はエクストリームなケースにおいて一定のパターンを示す。そうしたいびつな、投資家の一方向の行動はマーケットにおいて非常に偏ったゆがみを発生させる。そのゆがみは、それがいびつであることを知る者にとって、そしてその状況下で自由に動ける者に

とってまたとないチャンスをもたらすことになる。その意味でも個人投資家は非常に有利な立場にあると言える。

　本書の狙いは、アウトライヤー下におけるこうした投資家の習性について事前に十分な学習を行うことによって、実際にそういった事例が発生したときに、リスクを抑える保守的な行動ではなく、より積極的に利益を取りにいくトレードを行うことを可能にすることにある。私も本書を大変興味深く読んだ。ぜひ皆さんも本書を手元において来るべきチャンスに備えていただきたい。

　翻訳に当たっては以下の方々に心から感謝の意を表したい。翻訳者の永井二菜氏は丁寧な翻訳を実現してくださった。翻訳作業の期間中に永井さんから多くの質問をいただいたが、どんな些細な点でも納得できるまで解明して分かりやすい翻訳を実現しようとする姿勢には頭が下がる思いであった。そして阿部達郎氏にはいつもながら丁寧な編集・校正を行っていただいた。また本書が発行される機会を得たのはパンローリング社社長の後藤康徳氏のおかげである。

2011年1月

長尾慎太郎

ミシェル、サマンサ、アンディ、アルバート、ジェイク、ジェシーに捧ぐ

監修者まえがき	1
序文	9
謝辞	11
まえがき	13

パート1　感染症

第1章　黒死病（ペスト）──現代の範例　19
「暗黒の時代」と呼ばれる理由　19
1314〜1316年の大飢饉　20
黒い死　22
戦闘に勝って、戦争に負ける　25
死の経済効果　27
命あっての物種　28
近年の事例── 1994年ネズミ雨　30

第2章　1918年スペイン風邪　35
したたかにはびこる猛毒　36
20世紀の悲劇　38
減りゆく世界の人口　41
金融界と産業界の動向　42

第3章　狂牛病　45
未知の感染症　46
イギリスの事例　49
市況の背景　50
報酬　58
カナダの事例　60
アメリカの事例　66

まとめ　　　　　　　　　　　　　　　　　68

第4章　SARS　　　　　　　　　　　　　71
　　病原体のメカニズム　　　　　　　　　74
　　流行の経緯　　　　　　　　　　　　　76
　　金融市場への影響　　　　　　　　　　76

第5章　鳥インフルエンザ　　　　　　　93
　　インフルエンザの基礎知識　　　　　　94
　　聞き捨てならない　　　　　　　　　　98
　　未来の観測──長い歴史の短い経緯　100
　　有効な治療法　　　　　　　　　　　101
　　3つのシナリオ　　　　　　　　　　　104

パート2　自然災害

第6章　ハリケーン　　　　　　　　　111
　　専門機関の情報　　　　　　　　　　112
　　良い知らせと悪い知らせ　　　　　　113
　　最悪中の最悪　　　　　　　　　　　115
　　1992年ハリケーン・アンドリュー　　117
　　2004年ハリケーン・チャーリーとハリケーン・アイバン　124
　　2005年ハリケーン・カトリーナとハリケーン・リタ　138
　　ハリケーンのはずれ年　　　　　　　149

第7章　地震と津波　　　　　　　　　151
　　「魔物」の正体　　　　　　　　　　152
　　1906年サンフランシスコ大地震　　　155

1995年阪神淡路大震災　　　　　　　　156
　　2005年パキスタン地震　　　　　　　　161
　　2004年インド洋津波　　　　　　　　　163
　　結論──厄介だが勝負は可能　　　　　165

第8章　地球温暖化　　　　　　　　　　167
　　元凶は温室効果ガス　　　　　　　　　168
　　国際間の不協和音　　　　　　　　　　174
　　企業を巻き込む機運　　　　　　　　　176
　　とりあえず、何か買う　　　　　　　　177
　　エコで行こう！　　　　　　　　　　　178

パート3　政治

第9章　テロリズム　　　　　　　　　　185
　　2001年9.11同時多発テロ　　　　　　　186
　　2004年スペイン列車爆破テロ事件　　　196
　　2005年ロンドン同時爆破テロ　　　　　203
　　まとめ　　　　　　　　　　　　　　　209

第10章　政変　　　　　　　　　　　　211
　　1994年米中間選挙　　　　　　　　　　212
　　2001年アルゼンチン危機　　　　　　　217
　　2005年ドイツ連邦議会選挙　　　　　　221
　　政治闘争と市場取引　　　　　　　　　229

第11章　政界スキャンダル　　　231
　2000年米大統領選挙　　　232
　2006年カナダ連邦議会選挙　　　240
　覚え書き　　　249

第12章　現代の短期戦争　　　251
　第一次湾岸戦争　　　252
　第二次湾岸戦争　　　264
　武器よ、さらば　　　280

あとがき　　　281
参考文献　　　284

序文

　疫病や天災やテロは、いつ、どこで、どの程度の規模で発生するのか予測できない。しかし、世界の金融市場に及ぼす影響については予測できないことはない。

　絶好の仕掛け時は流動性や相場の基調が一変するときに訪れる。トレーダーや投資家は市場の混乱にのみ込まれて、その好機を逃してしまいがちだが、それはひとえに何が起きているのか分かっていないからだ。世界規模のイベントとイベント発生時の市場心理──その複雑な関係を押さえておくことが欠かせない。

　それがワールド・イベント・トレーディングの肝だ。

　マーケットが判断材料を求めて絶えずアンテナを張りめぐらしているように、マクロトレーダーも常に豊富な戦略を用意し、それを実践できるようにしなければならない。そのとき、ワールド・イベント・トレーディングのスキルは最強の武器になる。

　過去のイベントに精通することも、それが金融市場に与えた影響について理解することも容易ではない。異常事態の展開を読めるようになるには数多くの事例を経験するか研究するしかないだろう。イベントに伴う相場の動きを理解し、予測することも百戦錬磨の専門家でもないかぎりは至難の業だ。

　アンドリュー・ブッシュは本書のなかで、そんな常識を覆し、どこを見るかだけでなく、**どう**見るかについても手ほどきしてくれる。グローバルな自然災害からある国の失政に至るまで幅広いイベントを網羅して、市場がなぜ、どのように反応したのかを事例ごとに丁寧に分析している。

　為替ディーラー、アナリスト、文筆家として20年のキャリアをもつブッシュが過去500年間に起きたイベントのなかから代表的な事例を

引き、その一つひとつを吟味し、市場の反応を探る。その結果、現実の金融市場を舞台にした仮想のロードマップが完成した。ここには緊急時の市場の動きが詳細に描かれている。

本書は各国のトレーダー、学術研究者、政治家、市場参加者に向けた必読の1冊である。

ビル・リップシュッツ（ハザーセージ・キャピタル・マネジメント社プリンシパル兼運用担当取締役）

謝辞

　1984年から為替ディーラーを務め、1999年からBMOフィナンシャル・グループを代表してメールマガジンを書いてきた。その間、同僚、クライアント、政府関係者から多くのご指導をいただき、現在に至っている。

　助言や励ましを下さった方々に、この場を借りてお礼を申し上げたい。執筆にあたって、BMOキャピタル・マーケッツの同僚には時間と場所を提供してもらった。ジェイミー・トールセン、デビー・レヒター、ティム・シュロイヤー、シャーラ・スタハースキーは執筆中の私を応援してくれた。ジョン・マコーリフ、スーザン・センチュリア、バベット・クロフォード、アイリーン・ポブレーテ、ギーサン・ラヤンには専門家の知恵を拝借した。

　私の専門外である株式について手ほどきをしてくれたダン・スタインバーグ、メディア関連の知識とスキルを授けてくれたスコット・クリスチャンセン、最適な出版社に本書の企画を提案してくれたボリス・シュロスバーグとキャシー・リーエンにも感謝の意を表したい。

　グローブ・アンド・メール紙の担当編集者マーティ・セイとデイブ・パイエットにも日ごろの感謝を。2人のおかげで政治、経済、金融市場をテーマにしたコラムを毎週書かせてもらっている。

　政界の事情や政界とウォール街の連携について教えてくれたのは米財務省のジョン・スノー元長官、ロブ・ニコルズ元次官、パム・オールセン元次官、ジム・カーター元次官、ティム・アダムズ元国際担当次官。そしてトニー・フラット元ホワイトハウス報道官、エド・ラジアー元経済諮問委員会委員長にもご教示をいただいた。声を大にして言うが、政権の中枢を担ってきた諸氏はやはり違う。実に、実に、実に頭が切れる！　わが友グレッグ・バリエールはワシントンの内情を

教えてくれただけでなく、私がレギュラー出演するCNBC放送の番組にも登場してくれた。

　イリノイ州のダウナーズグローブ、ヒンズデール、クラレンドンヒルズといった図書館にもお世話になった。館内の設備は充実しており、職員の方々はたいへん親切に対応してくださった。こうした公立図書館で得られる情報量は驚くほどである。驚くといえば、国立の資料館もしかりで、本書のテーマを自分なりに調べてみたいという方にとっては情報と知識の宝庫になるだろう。

　最後に。リサーチと執筆のために家を空けることの多かった私を励まし、見守り、元気づけてくれた妻ミシェルと5人の子供たちに心からありがとう。

　　　　　　　　　　　　　　　　　　アンドリュー・ブッシュ

まえがき

　ウォール街に古くから伝わるジョークがある。「投資を始めると赤ん坊のような眠り方になるよ……２時間おきに泣いて目が覚めるから」。日々のニュースを追っていると、そう言われる理由が分かる。カリブ海に発生した熱帯低気圧がメキシコ湾のエネルギー生産に影響し、原油の高騰が株式市場を直撃する。新政権の誕生によってアメリカの対中政策が変わり、為替市場では中国製品に対する関税の導入を見込んだ動きが出始める。南米の社会主義国の指導者が電話会社の国営化に乗り出したが、その企業の大株主はニューヨーク証券取引所に上場するアメリカの企業。しかも、その南米の国はアメリカにとって第４位の石油供給国だ。これほどまでに、市場、国際社会、メディアが密につながる時代はない。１世紀半前、ロイター通信の創業者ユーリウス・ロイターは伝書バトを飛ばして、情報を待ちわびるヨーロッパの投資家に数日遅れのニュースを届けていた。それが今では、アフリカ沖で発達するハリケーンをリアルタイムで見ながら、メキシコ湾岸で生産される原油や天然ガスに売買注文が出せる。
　2005年を振り返ってみれば、薄商いの夏の市場を一変させたのは異例のハリケーンシーズンの到来だった。フロリダ南部を通過したハリケーン・カトリーナは勢力を弱めるどころか速度を上げて温暖なメキシコ湾に入り、アメリカの石油生産の拠点に接近した。当時、ニューオーリンズの港に立ち並ぶ倉庫にはあらゆるものが詰まっていた――バナナ、冷凍の鶏肉、トウモロコシ、木製パネル。気象レーダーに現れた名もなき点はやがて多くの人命を奪い、政府の危機対応のまずさを露呈することになった。南部の港町は完全にまひし、数万人の住民が路頭に迷い、アメリカ経済は大混乱に陥った。少なくとも100隻の貨物船がミシシッピ川の下流域に沈み、世界供給量の半分にあたる亜

鉛が倉庫もろとも冠水した。ほぼすべての産業が打撃を受け、「世界最後の超大国」はその評判を著しく落とした。しかし、そのわずか１年後、アメリカの株価は史上最高値に迫るまでに回復した。コストのかさむ湾岸戦争の終結、政権の交代、原油価格の上昇を味方につけ、アメリカの金融市場は底力を見せつけたのだ。

　しかし現実に目を向ければ、今後の自然災害は経済と市場にかつてないほどの打撃を与えるだろう。アメリカの沿岸部では住宅の建設ラッシュが続いており、地元住民の暮らしは危険にさらされている。国勢調査によると、大西洋ハリケーンの頻発地域に住む市民は8700万人で、これはアメリカの全人口のほぼ３割に当たる。ルイジアナ州からフロリダキーズにかけての沿岸部５万平方マイルには、1950年当時に比べて3.5倍の人口がひしめいている。それだけに災害が起きれば住民の避難は困難になり、対物被害は大きくなるだろう。市場も無傷ではいられない。損害保険料、トウモロコシの先物価格、株価に至るまでが影響を受けるはずだ。

　市場の大きな矛盾点は、過去の実績は未来の成果を約束するものではないが、それでも歴史は繰り返すということだ。そして私たちの記憶は時間とともに薄れていく。マスコミがカトリーナを話題にすることも、今ではほとんどなくなってしまった。それでも大災害は確実にやってくる。インフルエンザが再び流行しようものなら、テレビレポーターや市場アナリストは1918年のスペイン風邪の例を勇んで引き合いに出すだろう。母なる自然はマーケットにとって、もっとも難しい材料かもしれない。しかしマーケットにとって、もっとも大きなリスクは別にある──人間の介入だ。この点に関して、私はアンドリュー・ブッシュの専門家ならではの分析力を頼りにしてきた。「過去は未来の序章、人間は忘却の動物」と心得るブッシュは国際市場の展開を見事に言い当てる。

　ワシントンの武力外交、湾岸戦争、国際貿易の不均衡など、そのす

べてがどう絡み、どう市場を揺さぶるのかを彼はたちまち把握してしまう。この数年でブッシュのコメントを、たぶん100回は伝えてきたと思うが、そのコメントが加わると市況のニュースは一段とおもしろくなる。本文を読んでいただければ分かるとおり、慧眼の持ち主アンドリュー・ブッシュが市場の難解な動きを鋭い指摘とユーモアを交えて解説してくれる。

　　クリスティーン・ローマンズ（CNNリポーター兼キャスター）

パート 1

感染症
Infectious Diseases

第1章
黒死病(ペスト)
──現代の範例
The Black Plague : A Paradigm for Today

　ワールド・イベント・トレーディングを論じるにあたって、まずは過去にさかのぼってみたい。タイムマシーンの行き先を14世紀初頭に設定しよう。そこから話を始めるのは不可解に思えるかもしれないが、歴史をひも解けば、いつの時代の感染症にも共通のシナリオがあることが分かる。流行する感染症は変わっても、その根本的な特徴と社会に及ぼす影響は変わらない。

　そこで14世紀に流行した腺ペスト、いわゆる「黒死病」を例に取りながら、今日の国際社会を脅かす感染症について考えてみたい。黒死病のパンデミック（世界的流行）と社会的影響を理解するには、当時の社会背景や黒死病のメカニズムを知ることが先決だ。需要と供給の原則が14世紀の社会でも有効だったことを念頭において、当時の市場の混乱ぶりを探る。こうした市場の混乱、つまり価格変動から投資の機会は生まれるのだ。

　ちなみにペストの流行は現代でも散見される。そこで最後に、1994年にインドで発生したペスト禍を検証する。

「暗黒の時代」と呼ばれる理由

　たしかに14世紀はどこの国民にとっても暗澹たる時代だったが、と

りわけヨーロッパの人々には受難の時期だった。市民の生活は苦しくなるばかりで、経済情勢はこのうえなく不安定であり、大量の金銀が産出されるたびに、ひどいインフレに見舞われた。

国は打開策として物価統制に乗り出したが、これに反発したのが封建領主と呼ばれた有力な地主たちだ。地主が物価統制に対抗して地代を引き上げたために、農民は限られた耕地を繰り返し使わざるを得なくなり、農作物の収穫高が落ちた。耕地がやせれば、当然ながら作物はできなくなる。また人口の増加に伴って労働力も増えたことから1人当たりの賃金が低下した。イタリアの小さな都市国家からイギリスやフランスといった大国までが深刻な財政難に陥り、国家存亡の危機に立たされた。歴史家のデビッド・ハケット・フィッシャーは当時の状況について『ザ・グレート・ウエーブ（The Great Wave）』にこう記している。「強大な王国も小さな都市国家も財政破綻の危機に瀕していた。生き残りに必死だった各国は法外な利息を承知で借金を重ね、自国通貨の価値を落としてしまった。これによって西ヨーロッパ地域の物価は著しく不安定になったのだ」

事態が本当に深刻化するのはここからだった。感染症のパンデミックには時代を超えた特徴がある。それは、もっとも疲弊する地域にもっとも大きな災いと犠牲をもたらすということだ。中世の国際社会は財政難だけでなく、食糧難にも見舞われた。

1314～1316年の大飢饉

1300年代の主要産業といえば農業である。食糧供給が安定すれば、労働力も安定する。労働力の安定は社会の安定と技術の向上につながる。ところが、ヨーロッパ全土は1314年の年明けから1317年にかけて豪雨に襲われた。この悪天候によって農作物は3年連続の不作となり、各地で飢饉が発生した。

この事実から、当時の経済がいかに孤立していたかが分かる。国際市場がなければ、穀物や食料品は当然ながら輸入できず、自国の食糧不足が補えない。当時の人々の暮らしは地域の事情に大きく左右された。だからこそ国際間の貿易とその発展は今も昔も重要なのだ。国際貿易は物資の供給と物価の安定に一役買ってくれる（当時は機能的で成熟した国際金融市場も存在せず、潜在リスクを回避することもままならなかった）。他国との交易がなければ、自然が猛威を振るうたびに国民生活は被害を受けかねない。

前出のフィッシャーによると、このころヨーロッパ全土を長期にわたって豪雨が襲ったと言う。イギリスや北海沿岸部では堤防が決壊し、フランスでは平地が水没し、ドイツでは大洪水が村落をのみ込んだ。穀物と農作物はまたしても不作になったが、今度の食糧不足は一地域にとどまらなかった。歴史家のヘンリー・ルーカスの言葉を借りれば、「1315年は世界各地で穀物が不足した。深刻な穀物不足はピレネー山脈からスラブ地域、スコットランドからイタリアにまで及んだ」。このときの豪雨で河川が氾濫し、ダムは決壊して町はことごとく水没した。農地は水浸しとなり、貴重な作物もみな流されてしまった。

水害はヨーロッパのほぼ全域に及び、食糧供給は著しく落ち込んだ。被害を受けたのは人間だけではない。家畜もエサに事欠き、天寿を全うできなかった。その結果、穀物と同様に畜産物の価格が急騰した。各国の政府は早々に手を打ったが、対策を誤り、事態は悪化の一途をたどった。これも感染症の流行時によくあるパターンだ。行政の初動対応のまずさが感染の拡大と経済の悪化を加速させてしまうのである。1314年、イギリス議会は国王のエドワード二世に物価統制を迫り、食糧価格を抑えようとした。今なら分かることだが、商品の価格を規制すると、その商品の生産量はたいてい減少する。近代では1970年代にアメリカが行った物価統制が好例だろう。

1315年、飢饉はピークに達した。市民は生き延びるために口に入る

ものなら、ネコ、ネズミ、爬虫類、昆虫に至るまで何でも食べた。それも尽きた1316年には食人族に身をおとす人々も現れた。まだ温もりの残る死体、冷たくなった死体を食し、はては埋葬地から亡骸を掘り起こし、死刑囚の遺体を絞首台から引きずり下ろしてむさぼり食べた。ただでさえ逼迫していた中世のヨーロッパにとって、この大飢饉は弱り目にたたり目だった。この時期、ヨーロッパ人の10人に1人が餓死したと推定されている。

黒い死

そこへ追い討ちをかけるようにフランス、イギリス、スコットランド、ドイツ、そして複数の都市国家で次々と戦争が勃発した。人口と食糧の確保はますます難しくなり、市民生活と経済状態は困窮をきわめた。

1346年、タタール軍がジェノバの支配下にあったカッファという町を包囲した。だが、カッファは城壁に囲まれていたために攻め入ろうにも攻め入ることができない。それ以上にタタール軍を悩ませたのは「奇病」に倒れる兵士が相次いだことだ。遺体の舌は白く変色し、皮膚は黒ずんでいた。

黒死病と呼ばれたペストは現在でも発症例がある。黒死病という呼び名はどこか暗示的だ。次に掲げるのはCDC（米疾病管理予防センター）のホームページ（http://www.cdc.gov/ncidod/dvbid/plague/info.htm）から抜粋した黒死病の解説である。トレーディングの本で病気について長々と説明するのは筋違いに思われるかもしれない。しかし、長年の経験から言わせてもらえば、市場で勝つための戦略は感染症の実態をつかんでこそ立てられる。

ペストとは？

ペスト菌を病原体とする細菌感染症で、本来はノミを介してネズミからネズミへ伝播する。

ネズミの間で周期的に発生し、ネズミが大量死すると、宿主を失ったノミがほかの動物やヒトに寄生することがある。

ヒトからヒトへの伝播では、家ネズミに寄生するノミが媒介するケースが多い。また飼いネコ（まれに飼いイヌ）がノミにかまれたり、感染した野ネズミを食べるなどして感染源となり、ヒトにうつす場合もある。ペスト菌を保有するノミをペットが室内に持ち込む可能性もある。

感染経路

ペスト菌を保有するノミにかまれることで動物から動物、動物からヒトへ伝播する。ごくまれには感染動物の組織や体液が付着した手で傷口に触れると、そこから感染することもある。セキによる飛沫感染もあり得るので、肺ペストを発症しているネコにはとくに注意が必要だ。ヒトからヒトへの伝播はまれで、アメリカでは1924年を最後に発症例はない。しかし一部の開発途上国では、現在でもヒトを感染源とする集団感染が起きている。

診断と病態

診断の目安は激痛を伴うリンパ節の腫れが認められるかどうかだ。また高熱や極度の倦怠感といった全身症状やネズミ、ネズミに寄生するノミ、野ウサギ、動物の死骸との接触歴も診断の基準になる。

腺ペストの潜伏期間は通常で2～6日。高熱、頭痛、全身衰弱などの前駆症状に続いて、局所的にリンパ腺が腫れてくる（**筆者注**　発症前の前駆症状として高熱が挙げられていることに注目してほしい。SARSの事例では高熱のある人を隔離したことが感染拡大の防止につながった。ちなみにインフルエンザの場合は、かかり始めに高熱が出ることはまずない）。

　まれにリンパ節の腫れがほかの症状よりも1日ほど遅れて出ることがある。この場合は病状が急激に進行し、病原体が血流に乗って全身に回るために重篤な状態に陥る。このタイプを敗血症型ペストという。

　感染者は適切な抗生物質を服用しないと、重篤な急性肺炎を併発することが多い。ペスト菌は症状の進行に伴って血液に侵入し、最終的に肺を攻撃する。このように二次的に発生する肺炎をペスト性肺炎といい、患者のセキで飛沫感染する恐れがある。ペスト性肺炎患者の致死率は50％を超える。

　原発性肺ペストは1～3日の潜伏期間を経て重篤な肺炎を併発し、高熱、セキ、血痰、悪寒を伴う。

治療

　医師は感染が疑われる患者をただちに隔離し、地域の保健所に通知する。診断を確定するための検査をすみやかに開始し、血液検査に加えてリンパ節の生検も行うのが望ましい。検査後は投薬治療を行う。ストレプトマイシン、ゲンタマイシンが広く使われているが、ほかの抗生物質でも効果は期待できる。

　また患者と接触した個人の特定、追跡、診断も急がれる。肺ペスト患者と接触した個人に対しては接触の時期と程度によって経過観察もしくは抗生物質の予防投与を行う。

第1章 黒死病（ペスト）——現代の範例

投薬による予防

野ネズミに寄生するノミにかまれたり、感染動物の組織や体液に触れたりした場合は発症を予防するために抗生物質を投与する。

　以上の記述に所見を加えながら、この説明を引用した意味について述べてみたい。最初に注目すべき点は、肺炎を併発した場合の致死率の高さだ。これは現在でも50％である。中世においては100％に近かったのではないだろうか。当時は有効な治療薬（抗生物質）も開発されていなかった。2番目に、首やわきの下にできるリンパ浮腫は青黒いのが特徴で、それが黒死病という呼び名の由来になった。3番目に、これについては次章で詳しく触れるが、直接の死因になったのは合併症の肺炎だった。ペストであれ、インフルエンザであれ、感染症にかかると免疫力が低下して肺炎を起こしやすくなる。

　最後に、みなさんも当時にタイムトリップしたつもりで考えてほしい。道端でペスト患者に出くわしたら、どうするだろうか。相手が首やわきの下を青黒く腫らしていたら……。あまりの恐ろしさに、一目散に逃げ出すのではないだろうか。そしてペスト患者と遭遇しそうな場所は極力避けようとするに違いない。この人間心理を理解することが感染症の社会的・経済的影響を考えるときのポイントだ。

戦闘に勝って、戦争に負ける

　先ほどのタタール軍の話に戻ろう。いらだちを募らせたタタール軍は画期的な作戦に打って出た。黒死病で死んだ仲間の遺体を石弓に乗せ、城壁の向こうのカッファに放り込んだのだ。のちにこの奇策は細菌兵器の初期の使用例として記録に残ることになったが、はたして、その効果は絶大だった——いや、絶大すぎた。カッファでは黒死病が

蔓延して犠牲者が相次ぎ、街頭から人の姿が消えた。生き残った住民は船に乗って町を離れていった。こうしてタタール軍は勝利を収めたが、世界はペスト菌を相手に苦戦を強いられることになった。流行地域の包囲と住民の離散によって、感染が拡大したからである。これも感染症の流行時によくある現象だ。流行地域を離れた住民が行く先々で感染を広めてしまうのである。

解き放たれたペスト菌はジェノバから交易ルートを経由して急速に伝播した。1347年にシシリー、サルデーニャ、コルシカ、アフリカ、ヨーロッパへと広がり、1348年1月にベネチアとマルセイユに上陸した。同年12月にイギリスで、翌年にスコットランドとスカンジナビアで猛威を振るったのだ。

その伝播力と毒性はすさまじかった。ペスト菌に感染したネズミやそのネズミに寄生するノミに一度かまれただけで死亡するケースもあった。当時のペストは老若男女から動物までを分け隔てなく襲ったという点で平等主義と言えるかもしれない。厄介なことにペットのネコやイヌにも感染が広がり、家庭内に病原体が侵入した。こうしてペストは効率良く伝播し、大飢饉によって減少した人口はさらに落ち込んだ。当時の統計を見ると、イギリスのある村落では18〜25歳の人口が激減している。

今となっては、一連のペスト禍が個人と社会に与えた精神的なダメージはうかがい知れない。黒死病は人間同士のつながりを根本から変えた。いや、断ち切ってしまった。感染者の多くは治療も受けられずに放置された——それも家族によって。患者の家族は何もかも置き去りにしたまま逃げ出し、患者のほとんどは自宅で餓死したとされる。医者がいないわけではなかったが、簡単には見つからなかった。医者の多くも黒死病で亡くなり、生き残った医者は高い往診料をふっかけた。中世でも往診は高くついたようだ。追い詰められた人々は、救いと希望と死者の埋葬を求めて教会に駆け込んだ。

死の経済効果

　いよいよ、ここから市場経済の話に入る。当時の正確な人口は知る由もないが、歴史学者の推計によると、黒死病による死亡者はヨーロッパの全人口の25～40％に達し、人口の激減はモノやサービスの相場を一変させた。患者の看病を引き受けた聖職者は、修道士から司祭に至るまで大幅に収入を増やし、葬祭業者も（遺体に触れる勇気があれば）大繁盛した。遺体を包む布や葬祭用の香辛料を売る業者も大いに潤った。

　市民は感染を恐れて人の集まる場所を避けた。青果市場や宿屋や酒場は閑散としたが、教会と薬局だけは人の出入りが絶えなかった。生きる希望は商機につながったのだ。また当時のヨーロッパでは騒音禁止条例が徹底されたことも興味深い。教会は弔鐘を控えるように命じられ、街頭で訃報を触れ回ることも禁じられた。度重なる弔鐘や訃報は市民に死の恐怖を植えつけ、暗い気分にさせると考えられたからだ。

　大飢饉と物価統制の影響で高騰した食品価格は、黒死病の流行当初も上昇を続けた。しかし流行がピークに達し、人口が減り始めると不思議な現象が発生した。食糧需要と労働力の低下によって食品価格は下がったが、逆に人件費は上がったのだ。現代の読者に分かりやすく説明するならば、新築ブームのさなかにリフォームを頼める業者を探すようなものだろうか。首尾よく見つかったとしても、その業者は高い料金を吹っかけるわりに、ろくな仕事もせず、週に１日はゴルフへ行ってしまうといった具合だ。

　当時の職工は自らの市場価値にいち早く気づいた。労働組合などなかった時代にストライキを起こし、賃上げを要求した。彼らは需給バランスが賃金相場を決めることを心得ていたのだ。同業者が次々と死亡するなか、生き残った職工は引く手あまたで、いくらでも料金をつり上げることができた。そこでヨーロッパの自治体は都市間の商取引

や労働者の越境を規制した。自由市場を脅かす行政干渉とは、このことだろう。実際、この規制は失策に終わった。結果として景気は後退し、賃金インフレがさらに進んだからだ。

金融機関も崖っぷちに立たされた。イギリスとフランスの国王への融資がともに焦げついてしまったのである。シドニー・ホーマーとリチャード・シラは共著『ア・ヒストリー・オブ・イントレスト・レート（A History of Interest Rates）』のなかで、この件が新たな金融規制と金融改革を生んだと指摘する。例えば、ベネチアの各銀行は商品への投資を禁じられ、公債などの安全性の高い証券で資産を運用するように命じられた。その結果、諸侯は高い返済利息で融資を申し込まざるを得なくなり、年利80％でローンを組む貴族もいれば、宝冠を担保にしてその半値に当たる額を借りる公爵もいた。

個人向け融資の利息も高く設定された。ところが事業融資に限っては、14世紀初頭に15〜20％だった利息が14世紀末には5％にまで低下した。これは経済活動が全般的に落ち込み、事業資金の需要も減ったことが原因と思われる。

命あっての物種

当時の市場で勝つためには、何をおいても生き延びることだが、それができたのは、よほどの強運の持ち主か在宅医療を受けられる大金持ちだけだったかもしれない。言うまでもなく、14世紀では自由に売買できる金融商品は限られていた。しかし時代が時代なら、有望な投資対象はいくらでもあったはずだ。

第一に、人の死にかかわる業種は何であれ好調だった。遺体を包む布、喪服、葬儀用の香辛料やキャンドルを製造販売する企業は軒並み増収で、ペスト患者の往診や訪問看護を行う医療機関も同様だった。ただし元気でいられたらの話である。人口の減少によって農夫や一般

労働者の賃金は上がり、彼らが提供する商品やサービスも高く売れた。唯一の悩みは従業員の確保だったに違いない。

　一方で当事のような状況下では国民の税金で暮らす富裕層、例えば国王を相手に債務の買い取りや融資を行うのは禁物である。なぜ特権階級が問題なのだろうか。人口が減れば税収も減るからだ。当時のフランスやイギリスの国王は贅沢がやめられずに債務の返済を滞らせ、揚げ句の果てにイタリアの銀行を数行つぶしてしまった。同様に不動産担保ローンも有効な投資とは言えなかっただろう。人口が減れば、農地の需要も落ち込むからだ。

　当時は商品取引が活発だった。しかし残念ながら、金融商品が出そろっていなかったので、価格変動に乗じる機会はほとんどなかった。大飢饉によって高騰した物価は黒死病の流行後も上がり続けたが、人口と食糧需要の低下に伴って下落した。時代が違えば、貴金属の売買にもうまみがあっただろう。金や銀の産出量は14世紀初頭にピークに達し、インフレを誘発したが、労働人口が減少し産出量が落ちると、一転してデフレを招いた。通貨の価値は下がることもあったが、それでも金や銀は貴重な財源だった。金銀の供給が増えれば景気が上向き、インフレが起きたが、供給が減れば、逆の結果を招いた。

　黒死病という災いは多くの人命を奪い、社会構造を変えてしまうほどの大災害だった。そればかりか一時代を終焉させ、ヨーロッパ諸国を壊滅状態に追い込んだ。しかし一方ではまたとない範例や教訓として、感染症が国際社会に与える影響を教えてくれている。今後の章にもたびたび引用するつもりだが、14世紀の黒死病はその後に流行した感染症と多くの点で共通する。

　第一に、感染症のパンデミックは最悪の社会状況で発生する。流行地域が無防備だったり、疲弊していたり、困窮していたりする場合だ。たいていは、その３つのうち２つが重なったときに発生する。

　第二に、感染症は流行地域の住民が離散することで拡大する。検疫

が無駄な努力に終わることが多いのはそのためだ。住民のパニックは瞬く間に広まるため、検疫を実施するころには手遅れという場合が少なくない。この点を念頭において第4章のSARS（重症急性呼吸器症候群）や、第5章の鳥インフルエンザを検証しよう。

　第三に、政府が初動対応を誤ると防疫の問題も経済状況も悪化する。近年では米南部で発生したハリケーン・カトリーナの例が記憶に新しい。

近年の事例——1994年ネズミ雨

　14世紀の感染症が21世紀の現代にどうつながるのだろう。そんな疑問を感じている読者のために、1994年8月のインドにタイムトリップしてみよう。スーラトとビードで発生したペスト禍は、初動対応の遅れが招く悲劇を如実に示している。このペスト禍による経済損失額は短期間で6億ドルに達し、後手に回ったインドの産業界は対処のしようもなかった。もっとも打撃を受けた業種は、観光と運輸と輸出だった。ペストの猛威に恐れをなしたアラブ首長国連邦はインドからの国際郵便の受け入れを停止したという。郵便物を介してペストに感染してはたまらないと考えたのだろう。

　当時のインドは、14世紀のヨーロッパの情勢と不気味なほどに似ている。インドの人口9億人のうち、衛生的な環境で暮らしていた国民は13％にすぎず、3大都市で発生するゴミのうち収集される量は60％にとどまっていた。また当時のインドは1993年9月に発生した大地震によって疲弊しきっていた。震災による死亡者はマハラシュトラ州だけで1〜2万人に上った。死亡者数が正確でないのは、その大半が貧困層であり、正確な人数を把握しきれなかったからだ。多くの遺体は埋葬されることなくネズミの餌食になった。

　マハラシュトラ州に隣接するグジャラート州スーラトでは、150万

人の住民の多くが州境の貧民窟に暮らしていた。ジュディス・B・タイズマンズは『プレイグ・イン・インディア・1994（Plague in India 1994——Conditions, Containment, Goals）』と題した論文のなかで次のように述べている。

> 1994年8月、この一帯の貧しい人たちが住む地域はインド全土に散らばるスラム街を象徴していた。下水溝にはふたがなく、セメントやビニールでこしらえたバラックがひしめき、路地という路地には動物の腐乱死体をはじめ、ゴミや汚水が散乱していた。8月上旬に付近の河川が氾濫し、感染症の脅威はピークに達した。水が引いたあとの土手には、排泄物やゴミやヘドロが山積して病原体の温床と化していた。ゴミの山には、牛や犬や豚がよじ登り、住民は壊れかけた手押し車に野菜を積んで売り歩いている。ネズミが繁殖するのは、まさにこのような環境だ。

これが「疲弊」の極地である。

地元の保健当局はペストの兆候を知りながら、どういうわけか放置した。その兆候は「ネズミ雨」と呼ばれた。死んだネズミが天井から落ちてくる様子を表したものだが、言い得て妙である。その光景を想像してみてほしい。想像できただろうか。まさにその光景が8月上旬のマハラシュトラ州ママラ村で現実に起きていた。T・ヤコブ・ジョンは医学雑誌に寄せた記事『ラーニング・フロム・プレイグ・イン・インディア（Learning from Plague in India）』のなかで当時の状況をこう説明している。

> ペストの集団感染は正確には2カ所で発生した。いずれもインドの中西部だ。1件目は8月にマハラシュトラ州ビードで、2件目は9月にグジャラート州スーラトで発生。両都市は500キロば

かり離れており、2件の間に疫学的な関連があるかどうかは分からない。しかし重要なのは、いずれも兆候があったのに、それが見過ごされたということだ。原因は、保健当局の監視体制や防疫体制が整っていなかったことである。8月中旬の時点でビード地区のママラ村ではネズミ雨が降るという明らかな兆候が見られた。にもかかわらず、立ち入り調査が行われた形跡はいっさいない……9月中旬には村民の10人に1人が腺ペストを発症した。

似たような話は感染症が流行するたびに聞かれる。行政が早々に手を打たない、あるいは打てないために感染が拡大してしまうのだ。

この事例でも、行政の行動力や対応能力が欠如していたために、インド内外に不安が広がった。流行地域の住民は情報不足でパニックを起こし、あちらこちらへ避難した。これが感染の拡大につながり、死亡者を急増させたのである。

どうして、そのような事態になったのだろうか。前出のタイズマンズは次のように説明する。

ひとつには、経済上の理由から集団感染の事実と被害状況が伏せられることになった。ペストが流行したスラム地域には工場地帯がある（スーラトはダイヤモンドとシルクの生産拠点）。この一帯に防疫線が引かれたら、工員は通勤できなくなり、生産に遅れが出てしまう。

また、インド政府がペストの集団感染を否定し続けた背景には、1カ月後に夏休みを控えていたことも大きい。この時期は海外からの帰省者が増え、国際的な学会が開催され、世界中から観光客が集まる。観光産業はインドの主要産業のひとつだ。失うものが多すぎたインドは、世界のメディアにペストの件を知られるわけにはいかなかった。

第4章で詳しく触れるが、2003年にSARSが流行したときは中国も同様のジレンマに陥った。
　ここでインドの問題の根っこが見えてきた——情報の不足、衛生的な医療機関の不足、そして犠牲者の貧困。行政と医療機関の連携が機能しなかったということは、WHO（世界保健機関）が定めるペスト対策のガイドラインが無視されたか守られなかったということだ。要するに、防疫の体制も措置も十分ではなかったのである。実際にインド当局は感染患者やその同居家族に対して足取り調査を行わなかった。その結果、ペストは野放しにされたまま伝播し、流行の事実が公になると市中にパニックが発生して、さらに拡大が進んだ。流行地域の住民150万人のうち、4人に1人が避難したと推定される。
　パニックを起こしたのはインドの住民だけではない。ロシア、アメリカをはじめとする各国の旅行代理店はインド行きのツアーを中止した。ワシントン・ポストはインド旅行業者協会の話を次のように伝えている。「デリーとムンバイで集団感染が発生してから各国の反応が変わった。ペスト騒動でインドの観光業界が受けた打撃は、アヨダヤやムンバイで暴動が起きたときよりも深刻だ」
　諸外国のなかにはインドからの渡航者を拘束する国もあった。モスクワではインドからの入国者を6日間隔離するとともに、インドへの出国を全面的に禁止した。経済損失はスーラトだけで2億6000万ドルを超えた。さらに英BBCや米CNNがインドの惨状を伝えると、インド企業のGDRは急激に下げ、輸出関連銘柄は全面安となった。またインド製品の輸入を見合わせる国やインドとの国交を断絶する国もあった。繰り返すが、ペスト禍によるインドの経済損失は合わせて6億ドル強だ。
　一方でペストによる死亡者は56人にとどまった。ここは重要なポイントだ。つまり、金融市場と経済界に打撃を与えたのは感染症そのものよりも、市中の不安と混乱だった。

黒死病のところで感染症のパンデミックに共通する３つの特徴を説明したが、それはインドの事例にも当てはまる。またスーラトのケースが示すとおり、現代の感染症は貧困地域から流行する傾向がある。こうした地域では、人獣の接触が伝統的に濃密だ（一説によると、カッファ以前にペストが流行したのは極東地域だったという）。そこで検疫と並ぶ防疫手段として、感染源とみられる動物が殺処分される。スーラトの事例ではネズミが、中国と香港でSARSが流行したときはオオジャコウネコが処分された。今後、H5N1型鳥インフルエンザが流行すれば、渡り鳥やニワトリが処分の対象になるだろう。

第2章

1918年スペイン風邪
1918 Spanish Flu

　この年、世界は4年目に入った大戦とともに明け、その終結とともに暮れた。ヨーロッパの列強国は総力戦を展開し、その期間の長さと犠牲者の数は歴戦の勇士をも圧倒したほどである。米軍の司令部も大規模な派兵を決定したが、これが終戦への大きな契機となった。ウッドロー・ウィルソン米大統領は年頭の一般教書演説で講和の実現に向けた14カ条の提案を行い、戦後の世界に自由と民主の精神を根づかせようとした。ロシアでは建国以来初めて民主政治が実現しようとしていた。

　第一次世界大戦で戦死した兵士は連合国側が500万人、同盟国側が350万人。その10年間は20世紀を代表する動乱期であり、当時の政治判断の誤りはその後、半世紀にわたって尾を引くことになった。

　それでも医学、政治、産業、金融の各分野には目覚ましい進歩が見られた。アメリカの医学界は大きく前進し、医師の育成や医療技術の向上に力を入れ始めた。1900年以前は高校さえ卒業すれば、どこの医学部にでも入学できたものだ。医療現場には顕微鏡が導入され、難病の治療法が確立していった。

　政界においては国際連合の前身にあたる国際連盟が創設されたが、これは失敗に終わった。アメリカでは1913年の連邦準備法に基づいて中央銀行と12の地区連邦準備銀行が誕生した。産業界に目を転じれば、

フォード社がベルトコンベアを使った世界初の移動式組立ラインを導入し、T型フォードの大量生産に乗り出した。

本章では国際社会と金融市場をかく乱したウイルスを取り上げる。このウイルスによる死亡者は第一次世界大戦の犠牲者の4〜5倍に上る。スペイン風邪（H1N1型インフルエンザ）の破壊力は世界大戦にも引けをとらなかった。その殺傷力は胸部に命中した弾丸並みで、文字どおり道端で行き倒れになる人も出た。集団パニックを引き起こし、神にすがる人々を急増させた一方で、医学や公衆衛生を進歩させた点は黒死病に似ている。しかし今となってはスペイン風邪の影響を正確に測ることは難しい。というのも、当時は2つの大きな戦争が同時進行していたからだ。ひとつは人間対人間の戦い、もうひとつはウイルス対人間の戦いだった。

したたかにはびこる猛毒

インフルエンザには腺ペストやSARS（重症急性呼吸器症候群）とは大きく異なる特徴がいくつかある。本書の趣旨に照らし合わせると、もっとも重要な違いはインフルエンザは空気感染で、腺ペストとSARSは飛沫感染という点だ。つまり、患者との接近や接触で感染するSARSに比べて、インフルエンザは格段に伝播しやすい。

また、SARSの感染者には発症前に明らかな兆候がある。それは高熱だ。そのおかげで空港の検温所では感染者を早々に発見し、隔離することができた。ところがインフルエンザの場合は、感染してもすぐに熱が出るわけではないので、検疫を実施するころには感染者と非感染者がすでに接触している可能性が高い。

インフルエンザの潜伏期間は2〜3日と短いため、感染源を特定して、その足取りを調査している余裕はまずないだろう。空気感染し、目立った兆候もなく、潜伏期間が短いとなれば、インフルエンザが瞬

く間に伝播するのも無理のない話だ。

　風邪を引いた経験はだれにでもあるだろう。それよりもつらいインフルエンザにかかったことがある人も少なからずいるはずだ。インフルエンザウイルスは呼吸器官を攻撃する。通常は8〜10日で回復に向かう。主な症状はセキ、鼻水、くしゃみ、発熱、頭痛、全身の筋肉痛や関節痛だ。病原体がウイルスなので抗生物質は効果がない。予防方法は、ハシカの場合と同じでシーズン前のワクチン接種が一般的だ。しかし、理由についてはあとに譲るが、ワクチンが確実に効くとは言いがたい。

　インフルエンザウイルス、HIV（ヒト免疫不全ウイルス）、SARSコロナウイルスはいずれも遺伝子構造が似ており、その構造ゆえに厄介だ。インフルエンザウイルスの伝播力と増殖力はまさに驚異的である。驚異的どころか増殖するスピードが速すぎて、増殖途中でミスを起こすことがある。このミスである突然変異がくせものだ。変異したインフルエンザウイルスは非常に手ごわく、特定の型のインフルエンザには有効なワクチンも、季節の終わりごろに現れる変異した型にはまったく効かなくなる。変異の程度が小さい場合は感染しても軽症ですむが、変異が大きいと重症化する。インフルエンザがハシカと似ているもうひとつの点は、特定の型のウイルスに一度感染すると体内に抗体ができて、同じ型に再び感染しても発症せずにすむということだ。

　しかし1918年のインフルエンザの大流行は1918年だけでは終わらなかった。流行の波が繰り返し押し寄せ、1919年まで長引いたのである。第1波も壊滅的だったが、第2波はそれ以上に深刻で、変異したウイルスが毒性を増し、犠牲者はさらに増えた。インフルエンザが重症化すると体内の免疫機能が弱くなり、ほかの病原菌の侵入や攻撃を許してしまう。肺炎を併発すると一命にかかわるのはそのためだ。CDC（米疾病管理予防センター）の推計では年間3万6000人余りがインフルエンザと肺炎の合併症で亡くなっている。しかし、こうした事実も1918

年の初めには何ひとつ分かっていなかった。

　現代人にとって気がかりな情報がもうひとつある。1918年に流行したインフルエンザウイルスは鳥類由来のウイルスだったことが科学的に証明されたのだ。つまり当時のウイルスは、現在取りざたされているH5N1型高病原性鳥インフルエンザウイルスに構造が似ているのである。

20世紀の悲劇

　アメリカ国内で初の流行地域になったのはカンザス州の小都市ハスケルだった。ハスケルの一部の住民は州内のキャンプ・ファンストンに出入りしていた。当時のファンストンは全米で2番目に大きい陸軍基地で、若い兵士が常時5万6000人ほど駐屯していた。このキャンプがウイルスの温床となり、アメリカ内外にインフルエンザ禍を拡大させたのだ。ジョン・M・バリーは著書『グレート・インフルエンザ』（共同通信社）のなかで、その経緯を次のように記している。

　　ハスケルとファンストンを行き来する住民は数えるほどしかなかったが、ファンストンから全国の軍事基地やフランスへ移動する兵士は莫大な数に上った。ファンストンで最初の発症例が認められたのが3月18日で、その2週間後にはジョージア州のキャンプ・フォレストとキャンプ・グリーンリーフでも集団感染が発生し、両基地の駐屯兵のうち1割が体調不良を訴えた。以後はドミノ倒しのごとく、インフルエンザに倒れる兵士が全国の基地で続出した。ひと春で、全米に36ある主要駐屯地のうち24カ所で集団感染が確認された。軍事施設に隣接する34都市でもインフルエンザによる犠牲者が急増し、4月には超過死亡者数（ワクチンの有効率が100％であれば回避できたはずの死亡者数）が上昇した。

しかし当時は何ひとつ分かっていなかった。

ここで思い出すのは前章で紹介した黒死病のエピソードだ。包囲下にあった黒海の町カッファでペストの集団感染が発生し、住民が四方八方へ避難したためにほかの地域にも感染が広がった。このような感染症の拡散はよくある現象で、通常はパニックを起こした流行地域の住民が離散することによって起きる（1994年のインドが好例）。ところが1918年の流行拡大は個人がバラバラに移動した結果ではない。おびただしい数の兵士が隊列をなして海を渡った結果だ。

インフルエンザの世界的流行を食い止めるには感染者と非感染者の接触を断つのが何よりである。インフルエンザ患者が感染力をもつのは発症後5〜7日間だけで、その期間に患者を隔離することが伝播防止につながることは科学的にも実証されている。現在では多くの企業が、インフルエンザの初期症状がある従業員に休みを取ることを勧めている。無理を押して職場に来れば、同僚にうつす可能性があるからだ。

しかし1918年当時のアメリカは大戦への参加を決めた矢先で、ドイツ軍の大規模攻撃に備えてヨーロッパへの派兵を進めていた。戦線では英仏の軍事力が二手に分かれていたこともあり、アメリカからの援軍が急がれたのである。米軍は3月に8万4000人を派遣し、4月に11万8000人を追加派兵した。そのさなかに検疫を行うことは不可能に近かっただろう。こうしてインフルエンザは海を越え、瞬く間に世界各地に蔓延した。大勢の兵士が狭い空間で寝食をともにしていたことも伝播を加速させた。参戦の準備に追われていた米軍部はインフルエンザの件を重く見ておらず、まして人命にかかわる問題とも認識していなかった。その軍部がようやく危機感を覚えたのは、ボストン近郊のキャンプ・デブンズで集団感染が発生してからだ。

デブンズは3万5000人の収容能力をもつ駐屯地として1917年に完成した。しかし、1918年9月には4万6000人を超える兵士が駐屯してお

り、ウイルスの格好の温床となっていた。9月7日、ひとりの兵士が医務室を訪れ、髄膜炎の診断を受けた。それから24時間以内に12人の兵士に同じ診断が下った。9月下旬には駐屯兵の2割近くが疾病者リストに名を連ね、1日で1543人がリスト入りすることもあったという。発症した兵士のうち75％が外部の医療機関に送られたと前出のバリーは述べている。

　軍医総監のウイリアム・H・ウエルチ博士がデブンズ入りしたのは9月23日だった。その時点でインフルエンザの感染者は1万2604人に上り、そのうち66人が死亡していた。10月になると感染者は1万7000人、死亡者は780人に膨れ上がった。

　兵士という壮健な集団に死亡者が相次いだことは市中に不安を広げた。インフルエンザによる死亡者は通常、乳幼児か高齢者だ。しかし、この事例では年代別の死亡者数を折れ線グラフにすると異様なW字型が表れる。0〜9歳を起点にしたグラフの線は10〜19歳にかけて下降し、20〜29歳でいったん上昇、そこから再び下がるが、60歳以上でまた上昇している（アルフレッド・W・クロスビー著『史上最悪のインフルエンザ――忘れられたパンデミック』［みすず書房］にその折れ線グラフが掲載されている）。ケンタッキー州ルイビルでは死亡者の4割が20〜35歳だった。

　このウイルスにはもうひとつ特徴がある。それは体内に侵入してから数日で患者を死に至らしめることだ。患者のなかには肺炎を併発後48時間以内に死亡する者もいた。患者の肺は激しいセキによって張り裂け、皮膚は酸素の欠乏が原因で青黒くなった。この点も黒死病を連想させた。

減りゆく世界の人口

　スペイン風邪の社会的影響は黒死病のケースと同様に、まずは人口に表れた。アメリカの人口は移民の受け入れに伴って20世紀初頭から順調に増加していた。第一次世界大戦で各国は多くの戦没者を出した――ドイツ180万人、ロシア170万人、フランス140万人、イギリス94万7000人だ。しかしアメリカは参戦が遅れたこともあり、犠牲者は前線の兵士を中心に4万8909人にとどまった。ところが1918〜1919年のインフルエンザによる死亡者は推計で67万5000人に上った。これは当時のアメリカの人口のざっと7％にあたる。全世界の死亡者数は控えめに見ても3000万人、多いところでは1億人とする推計もある。当時の世界人口が18億人だったことを考えると、ぞっとするような数字だ。

　当時では、生き延びることができれば幸運だった。推定死亡者数が実際よりも少ないのは、当時は肺炎などの合併症に対して知識がなかったことや、戦時中ならではの厳しい報道規制が敷かれていたことが原因だろう。現在の推計によると当時の発病率（感染者が発症する割合）は25％と高めだが、致死率は2.5〜5％にすぎなかった。しかし当時は正確な情報が不足していたために、人々は底知れぬ恐怖に震えた。1918年のインフルエンザがスペイン風邪と呼ばれるのは、大戦中に中立国だったスペインの記者が比較的自由にインフルエンザの件を報道できたからだと言われる。スペイン各紙は連日のようにインフルエンザ関連のニュースを伝え、国王のアルフォンソ13世が発症したときは特に大きく報じた。

　恐怖は社会を翻弄し、人々の行動パターンを変えてしまう。黒死病の流行時に見られたシナリオはここでも繰り返され、生き残るためには感染しないことが何よりも重要になった。人々は互いに接触するのを避けるようになり、保健当局はセキやくしゃみやつば吐きを禁じるキャンペーンを展開した。ほとんどの都市部で集会やパレードは禁止

され、学校、教会、酒場、劇場といった人の集まる場所は閉鎖や業務停止に追い込まれた。市中から人の姿が消え、公共の交通機関は大損害を被った。外出を控える人が増えたためにバスや電車の利用が激減したからである。

金融界と産業界の動向

　当時、ほとんどの企業が満足に活動できず、減収を余儀なくされたことは言うまでもない。交通機関、ホテル、小売り、旅行業者、娯楽施設はどこも客離れに苦しんだ。例によって医療機関と健康産業は大盛況だった。医療機関はインフルエンザによる欠勤者や死亡者が相次ぎ、深刻な人手不足に陥った。しかも急増する患者に対応するために施設を拡張しなければならず、看護師や清掃員や栄養士の不足はさらに深刻化した。「手とヤル気があれば、だれでも歓迎」と求人広告を出した病院まであった。

　通信事業も、インフルエンザに関する問い合わせが殺到したことを受けて、大幅に業績を伸ばした。しかし、それだけの需要に対応しきれず、一部のサービスを休止する企業も出てきた。電話会社は不要不急の通話を取り次ぐことをやめたりした。ペンシルベニア州フィラデルフィア市は「情報局」なる部署を新設し、24時間対応のインフルエンザ電話相談窓口を開設した。

　遺体を扱う業者が需要を伸ばす一方で、健康と公衆衛生の分野も急成長した。防護マスクのメーカーや「くしゃみは危険」と書かれた掲示物の製造元などは売り上げが倍増した。葬式や埋葬を請け負う業者も軒並み増収になったが、医療機関と同じで需要をさばき切れず、増える一方の遺体を前に墓掘りや棺職人は悲鳴を上げた。葬儀社のなかには、2000年問題のときのIT技師よろしく、通常の6倍の料金を取るところもあったという。各自治体は遺体安置所を増やすとともに職

員の確保に奔走しなければならなかった。この時代、人の死が商機につながったことは議論の余地もない。

前出『史上最悪のインフルエンザ』のなかでアルフレッド・W・クロスビーはフィラデルフィア市の経済損失についてこう述べている。

> 行政の閉鎖命令によって市内の劇場、映画館、宿泊施設が被った損失額は合わせて200万ドル、飲食店などが合わせて35万ドルに達した。公共の交通機関は路面電車の利用者が激減したのを受けて25万ドルの損失……当時の保険会社の算出方法に従えば、スペイン風邪による人口の減少でフィラデルフィア市が被った経済損失額は、10月1日から第一次世界大戦が終結した11月11日までの間で6000万ドルに上る。スペイン風邪が終息するのは、それから数カ月も先だった。

スペイン風邪は第一次世界大戦のさなかに流行した。したがって相場への影響が、どちらのイベントによるものなのかを判別するのは至難の業である。インフルエンザによる死亡者が急増しているときに戦時国債が発行されたら、その値動きはどう予測すればよいのだろうか。参戦を決めたアメリカで経済活動が活性化し、産業基盤も上向きになっているのに株式相場が落ち込むとはだれが想像できただろう。どんなイベントにも横風がつきもので、それがイベントの影響を強くも弱くもする。この事例ではスペイン風邪が世界中で猛威を振るった12〜18カ月間、アメリカの株式と国債はほとんど動かなかった。

しかし米国内で流行がピークに達した時期のダウ平均に注目すると、株式と債券の日々の値動きには興味深いものがある。債券相場は市中の集団心理と連動し、安全性の高い利付債に人気が集まった。いわゆる「安全な資産への避難」である。流行地域の住民が感染を恐れて、よそへ避難するのと一緒だ。

この時期はリスクの高い商品から安全性の高い商品への乗り換えが目立った。国債の価格がその年の高値を付けたのは11月中旬だった。この時期は10月の月間死亡者数が発表され、人々の不安がピークに達したころと一致する。その後、相場は年末にかけて徐々に下落し、再び11月の高値の水準に達することはなかった。また11月はダウ平均の変動がもっとも激しい月だった。値幅は8.19ポイントもあり、11月の高値はその年の2番目に高かった月の高値よりも1.6ポイント上だった。

　しかし、金融市場は一筋縄では行かない。ここで思い出してほしいのは第一次世界大戦の休戦協定が11月11日に締結されたことである。となると、相場を動かしたのはスペイン風邪の脅威か、それとも終戦の歓喜なのだろうか。両者の影響を分けて考えることはできないし、また重要でもない。重要なのは、結果として相場がどの方向に動いたのかということだ。この事例では、どちらのイベントも大きな値幅を伴う価格変動を招き、どちらのイベントも債券を買う理由になった。

　スペイン風邪の流行は発生から1年未満で沈静化したが、それでも世界各地に黒死病以来の惨禍をもたらした。極端な事例とはいえ、感染症がいかに短期間で拡大し、犠牲者を急増させるのかを如実に物語っている。

第3章

狂牛病
Mad Cow Disease

　1996年に端を発した政治と経済の問題は今なお国際社会を悩ませている。この年の2月25日、自爆テロによって25人のイスラエル人が死亡した。3月3日には19人、翌4日には12人が犠牲になった。一連の自爆テロは和平への道を閉ざし、パレスチナ自治に向けた動きをも封じた。3月13日、エジプトのシャルムエルシェイクで各国首脳会談が開催された。それから2週間は1件の攻撃も起きなかった。3月31日、レバノン南部の武装組織ヒズボラがイスラエル北部にロケット弾を打ち込み、その攻撃は4月半ばまで続いた。反撃に出たイスラエルは空爆を開始し、レバノン南部やベイルート郊外のヒズボラの拠点を破壊した。

　同年8月、新生ロシアでは国内初の民主選挙が行われ、ボリス・エリツィンが初代大統領に選ばれた。共産党の対立候補を僅差で破っての当選だった。これ以降、ロシア国内の選挙は回を重ねるたびに接戦が少なくなり、民主性も薄れていく。

　その選挙戦のさなか、アフガニスタンではロシア軍撤退後の混乱に乗じてイスラム原理主義の武装組織タリバンが台頭し、アフガニスタン政府が崩壊した。9月27日に首都カブールを支配したタリバンはブルハヌディン・ラバン大統領の共産党政権を倒し、独自のイスラム法を制定した。女性が高等教育を受けることを禁じ、男性にひげを伸ば

すことを義務づけ、姦通罪を犯した男女を石打ち刑に処するとした。また、タリバンの勢力拡大によってオサマ・ビンラディン率いるテロリストの養成所がアフガニスタン国内に次々と誕生する。

　一方で、WHO（世界保健機関）は天然痘ウイルス株の在庫を3年以内に破棄すると発表した。これは事実上の科学の勝利宣言であった。3500年にわたって人類を苦しめてきたウイルスをついに地上から追放することができたのである。最後の2株の在庫はジョージア州アトランタのCDC（米疾病管理予防センター）とシベリアのコルツォボにあるロシア国立ウイルス研究所が1つずつ保管することになった。しかし、この年の後半、WHOとCDCは新たな感染症と対峙することになる。この感染症の致死率は天然痘を超える高さだった。

未知の感染症

　ここからは狂牛病について詳しく説明する。申し訳ないが、これも国際社会の反応を知り、ひいては金融市場が受けた打撃を読み解くために欠かせないプロセスとご理解いただきたい。狂牛病ことBSE（牛海綿状脳症）は難病のプリオン病の一種だ。プリオン病にかかると脳の中にスポンジ状の空胞ができ、脳細胞や中枢神経が破壊されて、脳からの指令が全身に伝わらなくなってしまう。WHOのホームページ（http://www.who.int/mediacenter/factsheets/fs113/en/）は次のように解説している。

　　BSE（牛海綿状脳症）はウシの間で発生する伝達性の脳疾患で、感染すると神経系統に変性を来す。潜伏期間は4〜5年と長いが、発症後は数週間から数カ月で確実に死に至る。BSEが専門家に注目されるようになったのは、イギリスの飼育牛の間で新型の神経疾患が出現した1986年11月だった。

BSEに感染したウシは例外なく死亡する。その点はヒトの黒死病やスペイン風邪と異なるところだ。BSEを含むプリオン病のなかには人獣に共通するものがいくつかある。
　WHOの解説に戻る。ホームページを読み進めると、BSEと並ぶプリオン病としてクロイツフェルト・ヤコブ病が紹介されている。その新型にあたる変異型クロイツフェルト・ヤコブ病は1996年3月にイギリスで初めて確認された（http://www.who.int/mediacenter/factsheets/fs180/en/を参照）。それがなぜ重要なのだろうか。新たに出現した変異型の病原体は毒性がきわめて強く、従来型のクロイツフェルト・ヤコブ病に比べてヒトへの伝播力が格段に高いからだ。両者の違いについてWHOはこう説明している。

　　変異型クロイツフェルト・ヤコブ病は従来の病型に比べて若年層に感染者が多く（平均29歳。従来型の感染者は平均65歳）、罹病期間が長引く傾向にある（中間値で14カ月。従来型の罹病期間は4.5カ月）。また変異型の患者は食品を介してBSEに感染した疑いがあり、近年の研究によって変異型クロイツフェルト・ヤコブ病は孤発型クロイツフェルト・ヤコブ病とも異なることが確認されている。1996年10月から2002年11月までの変異型の発症件数はイギリスで129件、フランスで6件、アイルランド、イタリア、アメリカで各1件。今後の発症件数については、現時点で情報が不足しているため、正確に予測することは難しい。監視体制の整っている国も限られており、患者の分布を把握することも困難である。変異型クロイツフェルト・ヤコブ病とBSEの病原体には共通点が多く、どちらも自然に、あるいは人為的に伝播することが分かった。これは二度にわたるWHOの発表とも合致する。WHOは1996年に「変異型クロイツフェルト・ヤコブ病の集団感染はBSEと同じ病原体によって引き起こされた」とする見解を発

表した。

「集団感染」という表現に注目してほしい。これは感染症の病原体が変異したことを示す重要なキーワードだ。この場合は、再興率の低いまれな感染症（クロイツフェルト・ヤコブ病）が急速に伝播するタイプ（変異型クロイツフェルト・ヤコブ病）へ変化したことを意味する。

もうひとつ注目に値するのは、ウシのBSEとヒトの変異型クロイツフェルト・ヤコブ病との因果関係は仮説の域を出ておらず、正式に立証されたわけではないという点だ。つまり現時点でもBSEには多くの謎が残されているのである。そのBSEと変異型クロイツフェルト・ヤコブ病が立て続けに発生したイギリスで、どれほどの混乱が起きたか想像してほしい。BSEも変異型クロイツフェルト・ヤコブ病も致死率は100％である。治療法は確立されておらず、感染すれば確実に死ぬ。それだけにイギリス国内の不安とパニックは大変なもので、イギリスと交易のある諸外国も敏感に反応した。

今度はCDCのホームページをのぞいてみよう（http://www.cdc.gov/ncidod/dvrd/bse/）。BSEについてさらに詳しい情報と解説が掲載されている。

　　BSE（牛海綿状脳症）はウシに見られる中枢神経系の感染症で、プリオンと呼ばれる珍しい伝達性病原体に起因する。プリオンの実態はよく分かっていないが、正常な細胞膜に存在するプリオン蛋白が異常化したものとする説が有力だ。病原性のプリオン蛋白は正常なプリオン蛋白とは異なり、消化酵素に抵抗し、分解されにくい。

　　ウシの間で最初にBSE感染が広まったのは1970年代と見られ、1986年に2頭の感染牛が初めて確認された。感染源はスクレイピー（プリオン病の一種）に感染した羊の肉骨粉と見られ、これが

ウシの飼料に配合されていた。さらに感染牛の肉骨粉が仔牛の飼料に使用されたことでイギリス全土に感染が広まったと考えられる。

イギリスにおけるBSEの流行は1993年1月にピークを迎え、週に1000件近い発生が報告された。2005年4月末の時点で累積発生件数は18万4000件を超えた。

疫学上や臨床上の見地から、ヒトの変異型クロイツフェルト・ヤコブ病とウシのBSEには因果関係があると思われる。BSEに汚染された食品が一般に出回った時期は1984～1986年で、変異型クロイツフェルト・ヤコブ病の第一次発生期は1994～1996年。両者の時間差は変異型クロイツフェルト・ヤコブ病の潜伏期間と一致する。

以上の説明を総合すると、当時の金融市場を理解するためのポイントは次の3点だ。
1．BSEと変異型クロイツフェルト・ヤコブ病との因果関係は立証されていなかった
2．感染牛の肉骨粉が仔牛のエサに混じっていた
3．BSEはイギリス全土に拡大した

この3点を踏まえて畜産業者や食肉業者への風当たりの強さを想像してほしい。食の連鎖を考えれば、その一端を担う企業は例外なく打撃を受けるだろう。

イギリスの事例

CDCの説明にあるように、イギリスで2頭の感染牛が初めて確認されたのは1986年である。当時、イギリスの保健当局はBSEがヒト

に伝播するとは考えていなかった。何しろスクレイピーは数世紀前から知られる疾患で、ヒトに感染した例はひとつもなく、感染羊の肉を食べても人体に影響はなかったのだ。盲点だったのは、変異型クロイツフェルト・ヤコブ病は感染から発症までの期間が長いということだ。スクレイピーは潜伏期間も、発症から死に至るまでの期間も短いが、変異型クロイツフェルト・ヤコブ病はそうではなかった。当時の英農水食糧省（現在の環境食糧農村地域省）のキース・メルドラム獣医局長も英BBC放送の取材に対してこう発言している。「BSEの主因はスクレイピーであり、スクレイピーが羊や山羊から人間に感染するという科学的根拠はありません。それを前提に考えれば、BSEが人間に感染するとはとうてい考えられない」

この見解がくつがえることになったきっかけは、かつてない年齢層にクロイツフェルト・ヤコブ病とみられる患者が増え始めたことだ。その年齢層とは10〜30代の若年層である。BSE感染牛が初めて確認された1986年よりも以前は、10代のクロイツフェルト・ヤコブ病患者は世界でも4人しかいなかった。それも数十年間で4人である。ところが1990〜1995年にかけて確認された10代の患者はイギリスだけで4人、若年層全体では10人に上った。BSEに感染すると、ヒトの脳もウシの脳も同じ状態になる。1996年3月25日、スティーブン・ドレル英保健相はBSEがヒトに伝播したことを公表したが、それ以上に深刻だったのは感染源がBSEに汚染された牛肉と見られることだった。

市況の背景

相場の記事を読んでいていつも疑問に思うのは、市況の背景についてほとんど触れられていないことだ。お粗末な報道はこっちの株価指数が2％上がったとか、あっちの経済指標が5％下がったとは伝えても、その数字に至る経緯や市場の観測については説明しない。これで

はその数字にどんな意味があるのか、あるいは市場の読みは正しかったのかどうか判断のしようがない。イベントトレーディングで利益を上げるにはイベントに伴う世の中の動きを理解しておくことが必要だ。そうでないと、カンだけを頼りに次の展開を予想するしかなくなってしまう。これから何が起こり、事態がどう推移していくのか——本書ではその点を読者のみなさんに冷静に判断してもらうことが狙いだ。

さて、変異型クロイツフェルト・ヤコブ病の件が明らかになった当時、イギリスの政情はきわめて不安定だった。ジョン・メージャー首相率いる保守党政権は崖っぷちに立たされていた。何かの拍子に不信任決議が出されたら、可決されることは間違いなかった。そうなればすぐに解散総選挙となり、労働党が勝利することは目に見えていた。そんな事態をどうにか回避できたのは、1980年代にイギリス企業がイラクに武器を密輸していたとするスコット報告書が明らかになったからだ。こうした政界事情によって変異型クロイツフェルト・ヤコブ病の公表はあと回しにされ、のちにBSE騒動を大きくすることになった。

1996年3月8日、イングランド銀行は政策金利を0.25％引き下げて6％とした（**図3.1**）。これは年初来二度目、直近4カ月間で三度目の利下げだった。FTSE100種総合株価指数（**図3.2**）とイギリス10年国債（**図3.3**）は一時的に上向いたが、アメリカの大幅な雇用悪化を受けて下落に転じた。しかし同日、米労働省は2月中の就業者数が43万5000人ほど増加したと発表した。これは市場予測の倍に当たる数字だ。この発表を受けて各国の市場は、アラン・グリーンスパン率いるFOMC（米連邦公開市場委員会）が3月26日の会合で金利の据え置きを決定すると読んだ。FOMCは1月にも政策金利を5.5％から5.25％へ引き下げていたのだ（**図3.5**）。利下げが見送られるとの観測によって、世界の株式市場はFTSEを含めて全面安になり、イギリス10年国債の利回りは0.4％上昇し、英ポンドは前月の安値を下回った（**図3.6**）。英政府がBSEのヒトへの感染を発表する前はイギリスの株式、

図3.1　イギリスの政策金利

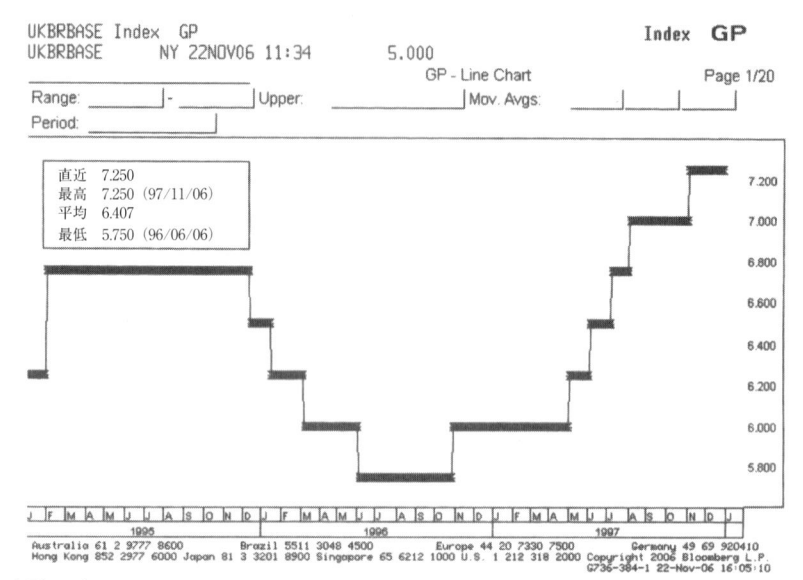

出所＝ブルームバーグ

図3.2　FTSE100種総合株価指数

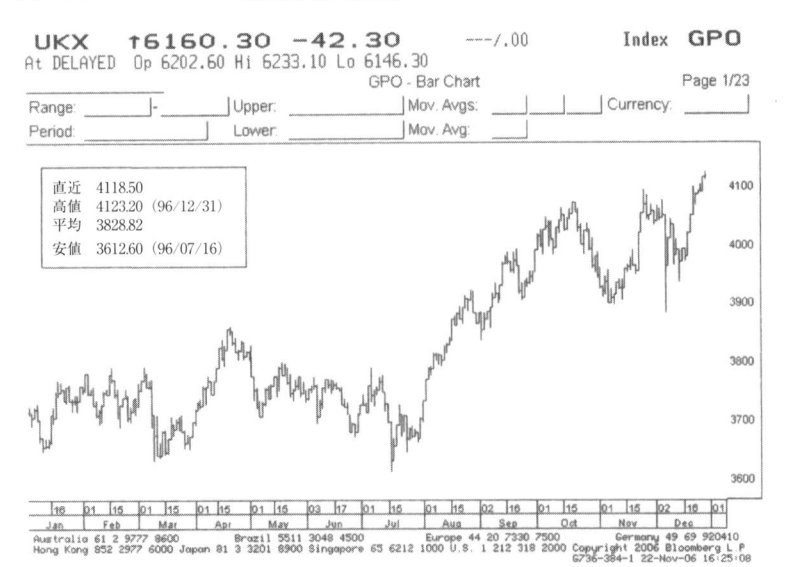

出所＝ブルームバーグ

第3章 狂牛病

図3.3 イギリス10年国債の利回り

出所＝ブルームバーグ

図3.4 アメリカ非農業部門雇用者数

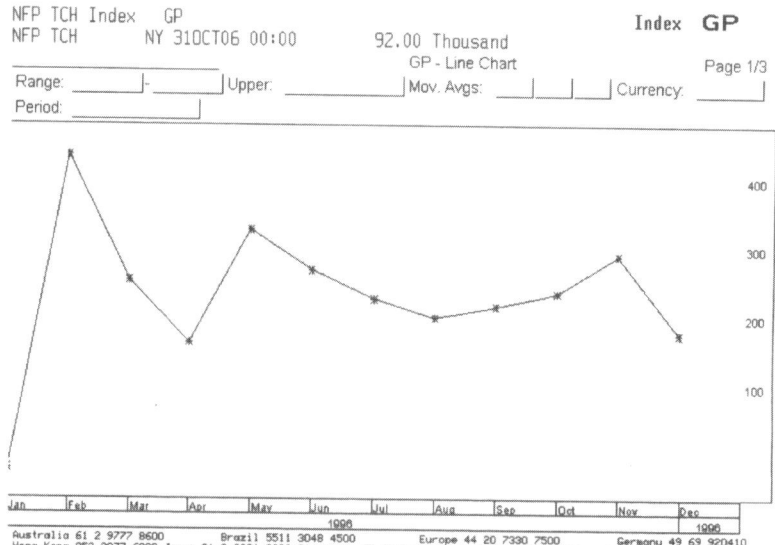

出所＝ブルームバーグ

図3.5 アメリカの政策金利

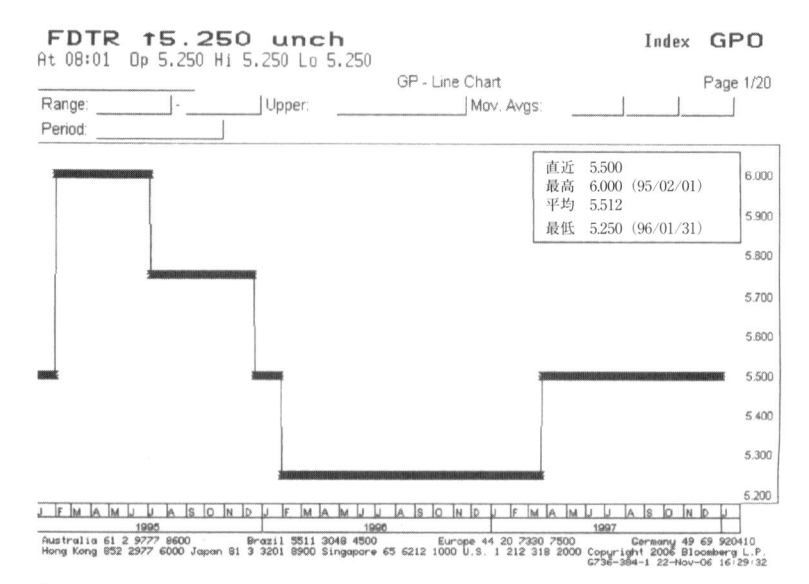

出所＝ブルームバーグ

図3.6 英ポンド

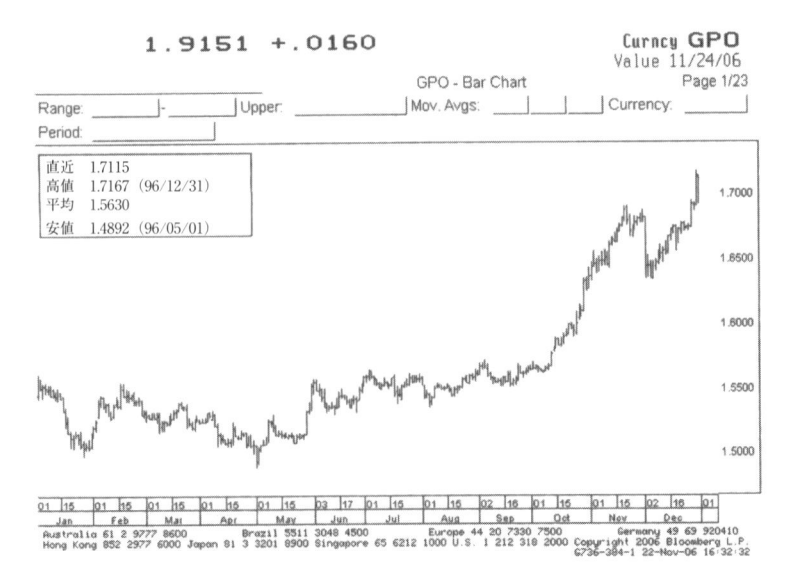

出所＝ブルームバーグ

第3章 狂牛病

図3.7 ノーザン・フーズ

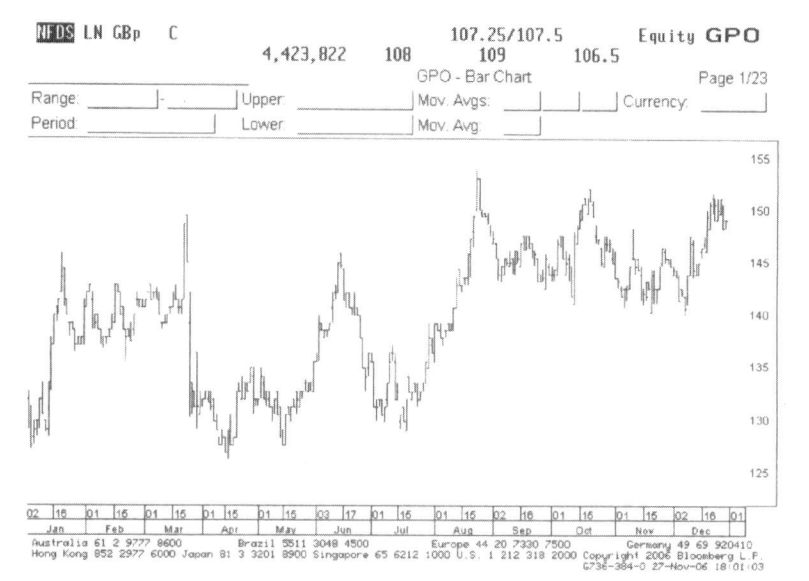

出所＝ブルームバーグ

債券、為替はいずれも安定し、回復基調にあった。

　イギリスの事例でとくに興味深いのは、BSEがヒトに感染するという事実を市場がどの時点でつかんだかということだ。狂牛病に関する書籍をひも解くと、その事実が公になったのはドレル英保健相が発表した3月25日となっている。ところが3月21日の時点で、BSE専門調査団の結論を知ったドイツはEU各国に対してイギリス産牛肉の輸入禁止を呼びかけていた。調査団の結論では、変異型クロイツフェルト・ヤコブ病患者の多くが1986～1989年の第一次BSE発生期に感染牛肉を食べた可能性が高いということだった。フランスはドイツが呼びかけた以前からイギリス産牛肉の輸入を停止していた。つまり調査団の見解が出てからイギリス政府が発表するまでに時間が空いたわけで、この時間差は積極的なトレーダーには千載一遇のチャンスだっただろう。

　こうしたハプニングを見通すことは当然ながら至難の業だ。しかし確実に読める展開もいくつかあった。ひとつはイギリス産牛肉の需要

図3.8　マクドナルド

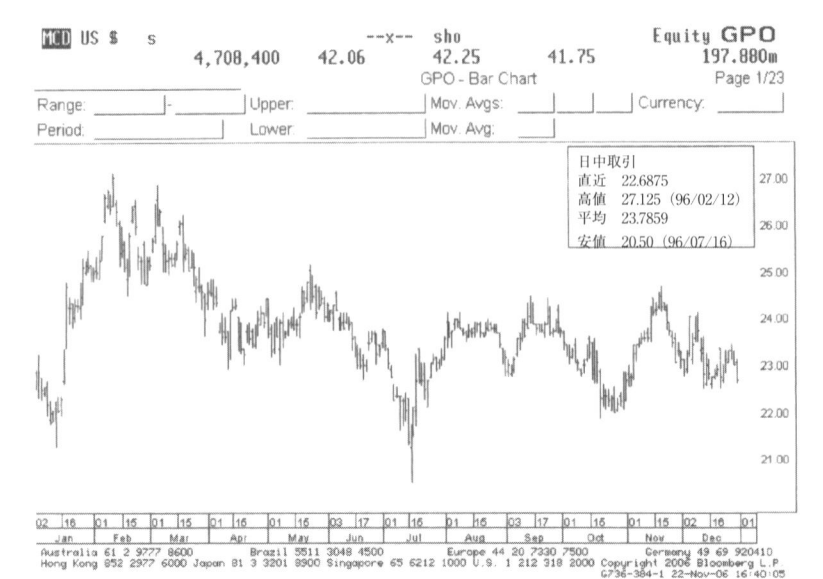

出所＝ブルームバーグ

が著しく落ち込むだろうということで、現にライブキャトルは一時、半値近くまで下落した。また食肉や食肉加工品の売り上げが減少することも読めたはずだ。当時は飼育牛の処分も決まっておらず、牛乳や乳製品から感染する可能性も否定できなかった。そのためノーザンフーズ（**図3.7**）やユニゲート（現ユニク）といったイギリスの乳製品メーカーの株価は3月25日に急落した。ということは3月21日（木）か3月22日（金）に両銘柄を空売りすれば、利益になったわけだ。

　牛肉を扱う外食産業にも影響は及んだ。ハンバーガーや牛肉加工品を主力商品とするマクドナルド（**図3.8**）を筆頭にファストフードチェーンは全面安の展開になった。当時は感染の拡大範囲が不明だったために市場に懸念が広がったのだ。これも容易に予測できる展開である。イギリスの飼育牛が殺処分される映像を見せられたら、だれだって産地不明の牛肉を使ったハンバーガーを食べようとは思わないだろう。その一方で鶏肉関連の銘柄が一時的に急騰するという意外な展開

も見られた。消費者の牛肉離れによって鶏肉の需要が増えるという観測が広まったのだ。しかし鶏肉業者が喜んだのもつかの間、この観測も長くは続かなかった。今度は鶏肉もBSEに汚染されているのではないかという不安が広まったのである。イギリスの食肉関連株は3月末から4月中旬にかけて安値を付け、その後回復に向かった。

　似たような展開は為替相場でも見られた。3月21日の時点でBSEがヒトに感染したという情報をキャッチしていれば、その日に英ポンドを売ることができた。あるいは24日まで待ったとしても、英ポンドはその後も続落したのだから遅くはなかった。3月26日、FOMCは市場の観測どおりに金利の据え置きを決定した。しかし、ドレル英保健相の発表と英米の金利差が拡大するとの懸念が重なり、英ポンドは下げ続け、5月上旬にその年の安値を付けた。

　イギリス10年国債も影響を受けたが、ほかの商品に比べて小幅な値動きにとどまった。その背景を考えてみたい。BSEの流行は国家と経済にとって一大事である。そこで市場は、経済が失速して金利が下がれば国債価格が上がると読んで、国債を買い進めようとした。しかし飼育牛の処分問題が浮上した3月25日、ダグラス・ホッグ農水食糧相は450万頭の焼却処分を検討していることを発表した。国の命令で牛が殺されると聞けば、ジョージ・オーウェルの名著『動物農場』を連想するが、こちらは小説の話ではない。市場は即座に反応し、飼育牛を処分される畜産農家には相応の政府補償が支払われるとして、補償総額を4～7億英ポンドと見積もった。その後、物価の高騰を不安視する声が上がった。飼育頭数が回復しないうちは牛肉や乳製品を海外から輸入しなければならないからだ。3月28日、こうした不安材料を受けてイギリス10年国債の利回りは8.2％を超え、その後3カ月間は7.9～8.25％の間で推移した。これは予想外の展開である。BSE問題はイギリスの食肉産業を直撃し、不況すら招きかねない決定的なマイナス要因だ。ところが多額の政府補償と物価の高騰が予測されたために、

国債の利回りは上昇したのである。ワールド・イベント・トレーディングには、このような反動や二次効果がつきものだ。しかし大半のトレーダーはそれを知らずに損を出してしまう。

　今後の教訓として覚えておきたいことがいくつかある。第一に、感染症関連の情報は必ずしも正確ではないし、平等に伝わるとも限らない。逆を言えば、きちんと予習をすませ、最新のニュースを注視していれば、市場での勝負時が分かるということだ。第二に、もっとも打撃を受ける業種に注目し、より大きな相場の動きをうかがうことだ。関連銘柄はいずれ下がるものと割り切って、いつでも売る準備をしておきたい。逆に需要の増加が見込まれる業種（この事例では鶏肉関連や漁業関連）は積極的に買い進めるのが得策だろう。ここは教科書どおりにヘッジして、牛肉と無関係の企業は買い、牛肉を主力商品としている企業は売る。第三に、幅広い金融商品も影響を受けるが小幅にとどまる傾向がある。例えば、海外資産で運用しているポートフォリオマネジャーなら、イギリスの乳製品メーカーに見切りをつけ、英ポンドも一時的に手放すだろう。あるいはポンドの一部を手元に残して、それをイギリスの別の業種に投資する可能性もある。忘れないでほしい。為替や国債を含めた幅広い商品に影響するのは、国や地域を超えた国際的なイベントだ。ただし小国の金融商品は、通貨も国債も含めて、国内のイベントに大きく左右される傾向が強い。

報酬

　本書の趣旨は市況の背景を理解してもらうことにある。それならば今回は一般的な見通しについても触れないわけにはいかないだろう。これまで説明してきた市場戦略はワールド・イベント・トレーディングの性格上、短期トレーディングを想定したものであり、そのようにご理解願いたい。リスクを進んでとり、迅速に行動できる積極的なト

レーダーならば、こうした機会をとらえて短期売買で利益を上げることは可能だ。しかし戦い方はそれだけではない。中期的な投資においてもイベントは大いに利用できる。そのためには現在の価格変動が投資環境を根底から変えるものなのか、それとも一時の変動にすぎないのかを見極めなければならない。当然ながらその見極めは容易ではない。イベントの展開と影響を見通す力が求められるからだ。

しかし俗に言われるように、リスクなくしてリターンはない。本書も投資家のための書籍という性格から、分析に使えるツールや賢明な判断を促すツールを提供するところに力点がある。中期的な売買では長いスパンで相場に影響する材料を見ることが大切だ。例えば、金利、財政政策、税制、商品相場など。こうした材料をすべて吟味することは本書の管轄外であるが、ひとつだけ、経済全般のカンフル剤である政策金利について考えてみたい。

1996年、イングランド銀行は金利の引き下げに踏み切り、1月と3月にそれぞれ0.25％ずつ下げた。簡単に言えば、金利が下がると法人と個人の資本コストが下がり、ひいては経済成長が促される。もっと言えば、これが産業の活性化につながり、企業の株価を押し上げる。不況のさなかでも株式相場が上昇することがあるのは、中央銀行が金利を下げた場合だ。金利が下がれば買い、上がれば売るか手仕舞いするというのが株式投資の基本である。

1996年のイギリスに話を戻そう。3月の利下げを受けてイギリス株は全面高の展開になった（一部の銘柄は利下げに対する期待感から、利下げの実施前に上昇）。その後アメリカの雇用情勢が大幅に改善されたことが分かり、イギリスをはじめとする各国の株式相場は軒並み下落した。市場の観測どおり、FRB（米連邦準備制度理事会）が金利の据え置きを決めたからだ。イギリス株は一時的に下げたものの徐々に上昇し、BSE問題と国産牛肉の輸出停止による影響は小幅にとどまった。

さきほどの株式投資の基本を守れば、イギリス株は持ち続けて正解だった。むしろ一時的に急落した食品関連銘柄を積極的に買い進めるべきだっただろう。3月に底を打った食品株も年末には大半が上昇に転じたからだ。イングランド銀行は6月に0.25％の利下げを実施して投資家に報いた。この利下げによって株式相場は上昇し、3月に3650まで落ち込んだFTSEは10月に入って4050の高値を付けた。つまり市場にとって大きなマイナス要因のBSE騒動のさなかにリスクをとって買っておけば、7カ月間で11％のリターンを得られたのである。

このパターンがカナダとアメリカの事例にも当てはまるかどうか見ていくことにしよう。

カナダの事例

2003年の初頭、カナダの経済成長率はG7参加国のなかでもトップを走っていた。カナダの中央銀行はイギリスやアメリカとは逆に、金利の引き上げを実施して3月に2.75％から3％とし、翌4月にも3％から3.25％に引き上げた（図3.9）。株式相場は3月にその年の安値を付けたが（図3.10）、これは3月に続いて4月にも利上げが行われるとの観測が広まったからだ。またSARS（重症急性呼吸器症候群）の流行によってトロントの観光業が落ち込んだことも株安の一因だった。3月に4.8％だったカナダ10年国債の利回りは、4月に5.21％に達した（図3.11）。対米ドル相場は高金利と経済成長に後押しされて1月の1.57カナダドル（1カナダドル＝0.6370米ドル）から5月には1.35カナダドル（1カナダドル＝0.7407米ドル）に上昇した（図3.12）。

5月20日、カナダ政府は国内でBSEが発生したことを発表した。北米地域でBSEが報告されるのは10年ぶりのことだった。カナダのライル・バンクリーフ農務相は、1月31日に処分されたアルバータ州の飼育牛からBSEが検出されたとしながらも、人畜の食物連鎖には影響が

図3.9 カナダの政策金利

出所＝ブルームバーグ

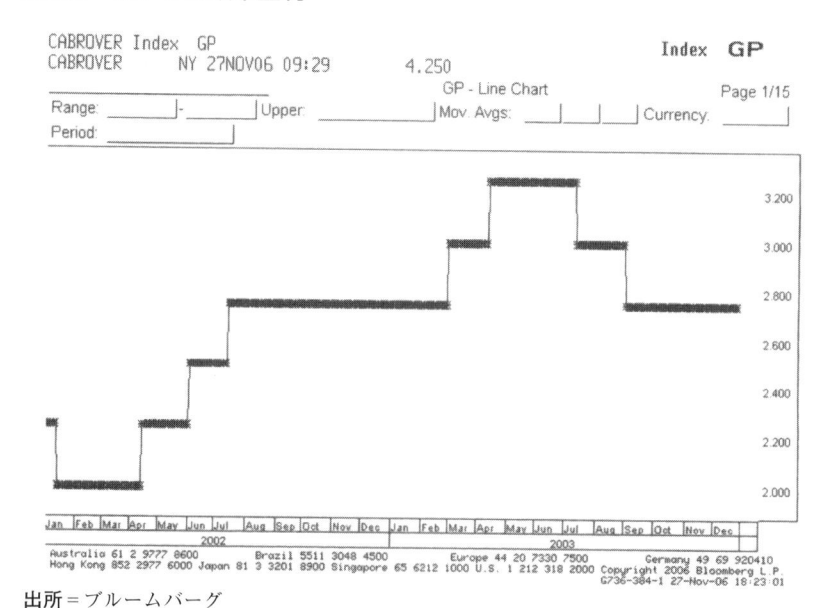

図3.10 S&Pトロント総合指数

出所＝ブルームバーグ

図3.11 カナダ10年国債の利回り

出所＝ブルームバーグ

図3.12 カナダドル

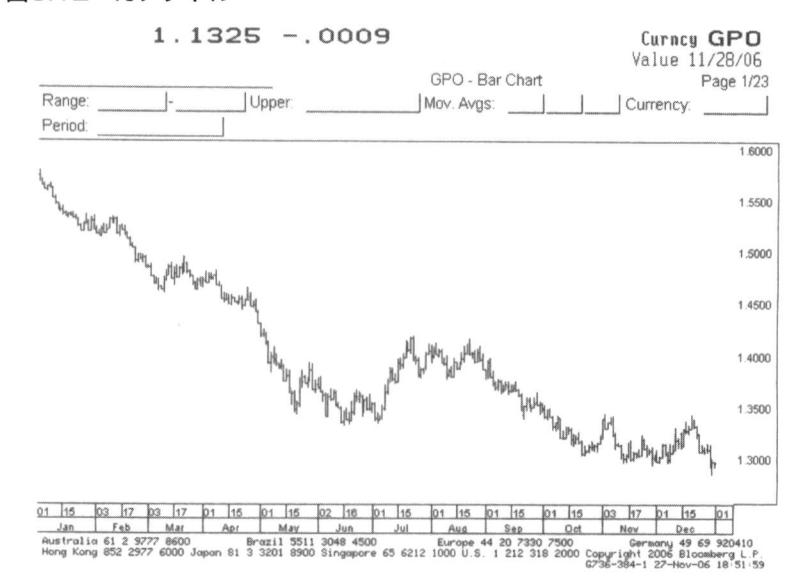

出所＝ブルームバーグ

ないと断言した。カナダ経済は輸出に依存しており、輸出業がGDP（国内総生産）に占める割合はおよそ３割に上る。最大の輸出相手国はアメリカで、全輸出品の85％が南に位置する大国に向かう。そのアメリカがカナダ産牛肉の輸入停止を決めたことで、年間260億カナダドルを売り上げるカナダの畜産市場は大きな痛手を受けた。日本をはじめとする33カ国もあとに続き、カナダ産牛肉の輸入を差し止めた。

　カナダの畜産農家は飼育牛の処分命令を恐れた。先のイギリスの事例では行政命令によって数百万頭が処分されている。カナダでも1993年に１頭のBSE感染牛が確認されたとき、予防措置として全頭が処分された経緯がある。このころ感染牛が原因と見られる変異型クロイツフェルト・ヤコブ病患者のうち、死亡者はイギリスだけで125人、イギリス以外の国々で80人に上っていた。また当時はカナダ政府が情報を隠蔽しているのではないかと見る向きも多かった。１月に感染牛が確認されていたにもかかわらず、発表までに４カ月を要したからだ。

　その５月20日の発表を受けて金融市場は「１にパニック、２に自問自答」という得意の反応を見せた。ライブキャトルは1.5セント安の72.4セントとなり、直近４カ月で最大の下げ幅を記録した。サヤ取りではリーンホッグが買われ、ライブキャトルが売られた。株式では牛肉の生産業者や卸売り業者、牛肉商品を主力とする外食チェーンが全面安となり、マクドナルドは6.7％、ウェンディーズは6.6％、タイソンフーズは4.9％下落した。食肉業界にとってはこれ以上ないというほど悪いタイミングだった。アメリカではバーベキューシーズンの本番を控え、祝日や夏休みも目前に迫っていたのである（ハンバーガー？　いえ、チキンにしておきます）。

　その一方でBSEの検査キットを製造する企業、例えばバイオ・ラッドラボラトリーズなどの株価は軒並み上昇した（**図3.13**）。カナダ経済の失速が懸念されるなか、4.60％だったカナダ10年国債の利回りは５月末に4.40％を割り込み、６月中旬にはBSE問題とSARSの再流行

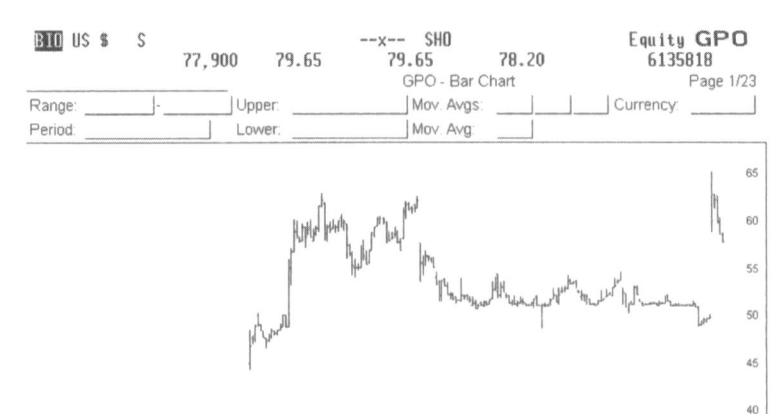

図3.13 バイオ・ラッドラボラトリーズ

出所＝ブルームバーグ

というダブルパンチを受けて４％にまで落ち込んだ。今回も、スペイン風邪の事例と同じで、各相場を動かした要因はひとつではなかったが、相場の動き方には一定のパターンがあった。対米ドル相場は５月20日から30日にかけて1.35カナダドル（１カナダドル＝0.7407米ドル）から1.395カナダドル（１カナダドル＝0.7168米ドル）へ急落。それとは対照的にS&Pトロント総合指数は小幅な下落にとどまり、それも１週間と続かなかった。

　イギリスで見られた一連のシナリオはカナダでも見事に繰り返された——発生当初の大混乱、正確な情報の不足、金融市場の過剰反応。具体例を挙げると、USペットパントリーはBSEに汚染された可能性があるとしてドッグフードを自主回収した。しかしイヌが感染する、あるいは感染源になるという科学的根拠はどこにもなかった。市場の混乱が収束したきっかけはやはり金利だ。今回は諸外国による金利政策が功を奏した。

図3.14　アメリカの政策金利

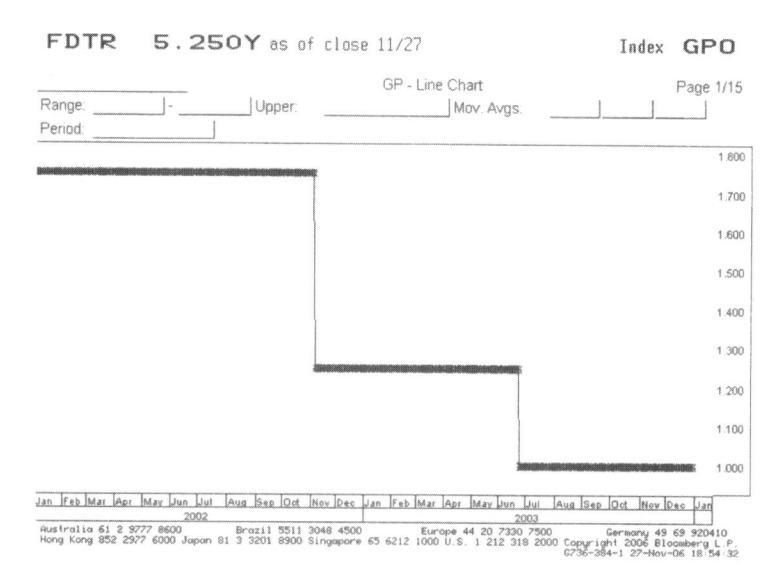

出所＝ブルームバーグ

　アメリカは政策金利を1950年代以来の水準にまで引き下げ（図3.14）、2003年6月に1％とし、そのまま年末まで据え置いた。日本は緊急措置として金融市場に資金を投入した。この量的緩和によって各国の株式市場や債券市場は大いに救われた。当時は世界同時不況への不安が強く、各国が超低金利政策に踏み切る懸念もあった。その当時、FRB理事だったベン・バーナンキは「いざとなれば、ヘリコプターからドルをばらまくことも辞さない」と発言して量的緩和を訴え、「ヘリコプター・ベン」の異名をちょうだいした。その後、彼はFRB議長に就任することになった。

　アメリカに続いてカナダも7月と9月に利下げに踏み切り、3.25％から2.75％とした。この影響でS&Pトロント総合指数は、カナダ政府がBSEの発生を公表した5月20日の時点から20％余り上昇した。カナダドルも7％、マクドナルド株にいたっては55％以上も上げた（その後アメリカでもBSEが発生し、同銘柄は下落に転じる）。意外なこ

とにライブキャトルの価格も上がったが、その経緯はいささか複雑である。市場ではカナダ産以外の牛肉も需要が落ち込むと見込んで売りが進むはずだった。しかし市場は見方を変え、感染牛の殺処分が決まればアメリカはカナダ産牛肉の輸入を再開するのではないかと考えた。この期待感が追い風となり、7月には75セント近くにまで落ち込んだライブキャトルも9月には107セントに迫る高値を付けた。上昇率40％強は、大した数字である。

アメリカの事例

　2003年末、BSE禍はついにアメリカにも押し寄せた。12月23日、米農務省はワシントン州のホルスタイン牛からBSEの陽性反応が検出されたことを発表した。これを受けて台湾、韓国、日本は米国産牛肉の輸入停止を早々に決めた。アメリカの牛肉産業は年間約1750億ドルを売り上げ、カナダの10倍近い規模がある。しかし、ここでも背景を読むことが肝心だ。アメリカでは牛肉産業のGDP比は1.5％にすぎないが、カナダでは2％を超える。米農務省の発表を受けて、まっさきに打撃を受けたのはやはり大手外食チェーンだった。かつてアン・ベネマン米農務長官は問題のホルスタイン牛を「腰の立たない、へたり牛」で片づけてしまったが、その「へたり牛」の全頭検査はまだ終わっていなかった。私は当時のメールマガジン(ブッシュ・アップデート〔The Bush Update〕)にこう書いた。「うむ……政府の見解にケチをつけるわけではないが、病気であろうとなかろうと、腰の立たない牛を食べるのはいかがなものか」

　米農務省の発表直後、マクドナルドの株価は3.7％、ウェンディーズは2.3％、アウトバック・ステーキハウスは2％、ローンスター・ステーキハウス＆サロンは7.9％下げた。食品メーカーもあおりを受け、世界最大手のタイソンフーズは10％近く下落した。それ以上に下

げたのはライブキャトルで、1ポンド当たり90セントだったのが、年明け早々に74セントを割り込んだ。270億ドル市場の畜産業界にとっては水を浴びせられた格好だ。イギリスとカナダのBSE問題で一時は不況に陥った畜産業界も、炭水化物の摂取を控えるアトキンス・ダイエットの流行に乗って復調の兆しを見せていたからだ。一方、主要な株価指数はさほど反応しなかった。ダウ平均、S&Pトロント総合指数はいずれも小幅な下落にとどまった。当時の情報がいかに不完全なものだったかは市場の予測に見て取れる。市場は、アジア諸国が米国産牛肉の輸入を停止したことからカナダの景気が上向くと判断した。米国産に代わってカナダ産牛肉の輸出量が大幅に増えると考えたのだ。ところが12月29日、ひとつの事実が判明した。ワシントン州のへたり牛はカナダからの輸入牛だったのだ！

　以下は12月29日付の私のメールマガジンだが、当時の状況を端的に表している。

　　ひとつ確かなのは畜産業者に対する締めつけが一段と厳しくなるということだ。それはチャールズ・W・ステンホルム民主党下院議員の「手のひら返し」にも表れている。テキサス州選出の同議員は自身も牧場経営者とあって疾病牛の食用禁止に反対を唱えていた。議会では、「あちらの議員が掲げている写真だが、あの牛が食物連鎖のなかに入ることは断じてない。以上！」と強気に発言した。それが今では「疾病牛の生育暦を詳しく調べる必要がある」とトーンダウンし、「その牛肉が食卓に上ることのないように、あらゆる手段を尽くしたい」と語っている（2003年12月28日付のニューヨーク・タイムズ）。

　　ニューヨーク・タイムズによると、全米で1億400万頭いる飼育牛のうち、へたり牛は20万頭にすぎず、畜産業者はごく一部のへたり牛のために過剰なリスクを負って食肉を販売することにな

りかねない。さて困った。テキサスの議員先生はこのジレンマをどうするつもりなのか。一方で同業者の反発を買い、もう一方で消費者の不安や海外市場の懸念を早急に解消しなくてはならない。とくに日本は、米国産牛肉の安全性が確保されるまでは輸入を再開しないと断言している。アニメーション映画の『サウスパーク』ではないが、カナダを責めたい気持ちは理解できる。しかしカナダに怒りをぶつけたところで問題は解決しない。イギリスのように飼育牛が大量に処分されるとは思えないが、畜産業界にとっても、ドルにとっても、今のままでよいわけがない。

イギリスとカナダで展開したシナリオは、またしても繰り返されることになった。ライブキャトルの価格、マクドナルドやタイソンの株価はいずれも回復した。BSE以前のより大きなトレンドは各国の中央銀行の介入によって維持または強化された。例えばドルの下げ幅はBSEの発生が発表された12月23日よりも翌24日のほうが大きい。これは耐久財受注額が大幅に落ち込んだことが判明したからで、市場はそれを受けて政策金利が据え置かれると判断したのである。

まとめ

BSEの主な3事例を見てきたが、全般的に言えることがいくつかある。

第一に、流行中の感染症が新しいものだった場合、市場の反応と混乱は一段と大きくなる。第二に、特定の産業への影響はGDPとの兼ね合いを見ることが重要だ。その産業がGDPに占める割合が高くなるほど、金融市場は大きく反応する。第三に、感染症に関する情報の不足や錯綜は誤解と失政を招きかねない。

第四に、イギリスの事例とカナダの事例には時間的に開きがあった。

その間に各国はBSE対策を見直し、流行の拡大を抑えることができた。家畜の飼料から反芻動物を排除したのが功を奏したようで、BSEの感染リスクは確実に減った。つまり感染症のインパクトは最初の流行時がもっとも大きい。二度目、三度目になると、その影響は程度も期間も縮小する。

　最後に、BSEの流行当初は影響の大きい銘柄でパニック売りが進んだ。しかし市場の混乱は一時的であり、そこから短期トレーディングのチャンスが生まれた。また、この混乱は中期運用を行う投資家にも好機となった。資産価格に影響したのはBSE問題そのものよりも金利や経済活動のトレンドだ。したがって、混乱のさなかに安く買い、混乱が落ち着いてから高く売ることが可能だったのである。

第4章

SARS
Severe Acute Respiratory Syndrome

　2003年の年明け、私はシカゴのウエブ放送局で「ポリティクス・アンド・マネー（Politics and Money）」という討論番組を引き続き担当していた。1月8日の放送では番組の冒頭でゲスト出演者に次のような質問をした。

- 今回の減税案は富裕層が得をするだけなのか、それとも景気の底上げにつながるのか
- 民主党にはもっと良い代案があるか
- 核兵器を持つ独裁国家（北朝鮮）と生物化学兵器を持つ独裁国家（イラク）なら、どちらがましか

　当時のブッシュ大統領は減税案を含む景気刺激策を打ち出し、向こう10年間で6750億ドルの消費拡大を目指すと発表した。予想を超える規模となったこの政策には2004年と2006年に減税を実施することや、配当所得に対する二重課税を廃止して企業の設備投資を促すことが盛り込まれた。配当所得の減税だけでも株価は20％上がると予測する識者もいた。この政策の推進役はR・グレン・ハバード経済諮問委員会委員長、ジョン・スノー財務長官、ビル・フリスト上院多数党院内総務だ。

一方でトム・ダシュル上院少数党院内総務は、この刺激策を「いかがわしい」と一蹴した。また、これを実施すれば、財政赤字が膨らむか第二の不況を招くとして論議が起こった。あとになって分かることだが、当時の米経済にはこの刺激策だけでなく、年間を通じての低金利政策も必要になった。

　そのころ北朝鮮は核拡散防止条約（NPT）からの脱退を宣言。1985年からNPTに加盟してきた北朝鮮は「NPTは北朝鮮に対する敵視政策に利用されており、アメリカは北朝鮮の体制崩壊と武装解除をもくろんでいる」と主張した。これに対してジェームズ・ケリー国務次官補は「北朝鮮とはいつでも話し合う用意がある。北朝鮮の核問題が解決すれば、アメリカも諸外国も企業も北朝鮮を支援しやすくなるだろう」とロイター通信にコメントした。米政府の対応は冷静かつ戦略的で、イラク外交のときとは大違いだった。しかし北朝鮮に対する外交成果は一向に上がらず、米朝関係は今なお膠着状態が続いている。2003年3月末、北朝鮮は核ミサイル実験を行い、世界を震撼させた。

　しかし、それ以上に国際社会の注目を集めたのはイラクであり、ハンス・ブリクスとモハメド・エルバラダイ率いる国連兵器査察団だ。イラクと査察団は大量破壊兵器の有無を巡って、しばし「いたちごっこ」に興じた。国連に戻ったブリクスは中間報告書を提出したが、そこにはこう書いてあった。「イラクはミサイルの解体を進める一方、他方で査察団への全面協力を拒んでいる」。サダム・フセイン大統領はアメリカの人気キャスターだったダン・ラザーとの単独インタビューに応じて、得意のパフォーマンスを披露し、「いつでもお膳立てしましょう。そちらの大統領との会談、いや討論会を。お互いに言いたいことを言い合えばよい。すべてはアメリカ国民のため、イラク国民のため、そして世界の人々のためです。戦争になったら、シャレになりませんからね」。そのとおりである。フセインが国連の言うとおりにアルサムードミサイルを廃棄していれば、おそらく戦争は避けられ

ただろう。

　事態は進展しないまま３月を迎え、英米両国は国連とフセインにしびれを切らし始めた。そこへイラクのウラン密輸疑惑が浮上し……このあとの展開は別の章に譲るとしよう。３月６日、ゴールデンタイムのニュース番組でブッシュ大統領の会見が全米に中継された。大統領はアメリカを守るためなら「だれの許可も必要ない」と発言した。その後、米政府は国連に新たな議題を提出したが、それはあからさまに武力行使の承認を求める内容だった。フランスとロシアは断固反対を表明し、投票拒否権を行使することを明言した。３月18日、ブッシュ大統領はサダム・フセインに対して48時間以内にイラク国外に退去するように通告した。これを受けて米国土安全保障省はテロ警戒レベルを５段階の４に引き上げた。

　9.11後もアメリカは炭素菌によるテロに見舞われた。それだけに国土安全保障省は生物兵器や核兵器によるテロリズムをことさらに警戒した。テロリストの摘発に血道をあげるあまり、人権を侵害していると批判されたこともある。しかし同省の判断は正しかったと言わざるを得ない。アメリカが恐れていたことが同盟国で続々と発生したからである。テロリストのアジトと見られるロンドンの集合住宅では猛毒性物質のリシンが見つかり、１月にはイギリスのマンチェスター市内で強制捜査に加わったイギリス人警察官がテロリストとおぼしき一味に殺害された。トニー・ブレア首相がロイター通信に語った言葉は、どこか予言めいていて、ドキッとさせられる。「テロとの戦いに何十億ポンド、いや何百億ポンドを注ぎ込んだところで……次の標的を特定するのは不可能だろう。テロの可能性を考え出せばキリがない」

　国際社会の内憂外患は３月末にピークに達した。それを受けて株式、債券、為替、商品の各相場も激しく動いた。この動きはSARS（重症急性呼吸器症候群）発生時の市場心理にも影響した。すでに市場はきたる対イラク戦に向けて緊迫していたのだ。私は３月17日（月）付の

メールマガジンに次のように書いた。「私の市況観測——開戦が迫っているとはいえ、ドルは思うほど反応しないのではないだろうか。現在、金はピーク時に比べて45ドル安。ダウ平均は2002年10月の安値を500ポイント上回っている。原油は最高値まで、あと3ドルに迫った」

そのときは私も国際社会も気づいていなかった。テロとは別の脅威が忍び寄り、対イラク戦に先だって犠牲者を出していたことを。アジアに端を発したこの脅威によって、世界の医学界は総力戦を展開することになった。

病原体のメカニズム

CDC（米疾病管理予防センター）のホームページ（http://www.cdc.gov/ncidod/sars/factsheet.htm）によると、SARSはウイルス性の呼吸器疾患で、病原体はSARSコロナウイルスという新種のコロナウイルスである。2003年2月に東アジアで初の症例が認められた。WHO（世界保健機関）の統計では2003年の流行時に感染した人は全世界で8098人を数え、そのうち774人が死亡した。米国内でSARSコロナウイルスが検出されたのは8人で、いずれも流行地域への渡航歴があった。

SARS患者の症状はインフルエンザ患者のそれに酷似している。通常は40度を超える高熱、全身の筋肉痛、頭痛などが表れ、下痢の症状を訴える患者も10～20％ほどいる。感染後2～7日で空セキが出る場合もある。潜伏期間は2～10日。ほとんどの患者はインフルエンザの場合と同様に肺炎を併発し、それが重症化すると肺の組織が破壊されて死に至る場合が多い。第2章のスペイン風邪でも述べたが、SARSがインフルエンザと大きく異なるのは発熱という前駆症状があることだ。そのおかげでSARS感染者の早期特定、隔離が可能になった。

インフルエンザが空気感染であるのに対し、SARSは感染者との接

近や接触によって伝播する。同じエレベーターや飛行機に乗り合わせた場合が"接近"にあたる。だからこそ感染の拡大防止に検疫が有効だった。黒死病の時代に開発された防疫手段が21世紀の今でも役に立つとは皮肉な話である。また感染者との"接触"とは「感染者と生活を共にするか感染者の治療に当たること」であり、「感染者の体液や呼吸器官からの分泌物に触れること」を指す。具体的にはキス、抱擁、食器類の共有、半径1メートル以内での会話、スキンシップといった行為が相当する。SARSの流行中に欧米人がアジア人を避けたのも、接近や接触による感染を恐れてのことだった。

　SARSを引き起こすウイルスはセキやくしゃみによって伝播する（飛沫感染）。CDCの説明は次のとおりだ。

　　　飛沫感染は、ウイルスを含んだ気道分泌物がセキやくしゃみによって空中に飛散（通常の飛散距離は半径1メートル以内）し、非感染者の口、鼻、目の粘膜に付着することで発生する。ウイルスの付着物を触った手指で口、鼻、目に触れると感染する場合もある。このほか空気感染や未知の感染経路によって伝播する可能性も否定できない。

　今でこそ明らかになったこうした情報もWHOやCDCをはじめとする保健機関が3年がかりで研究した成果である。しかし2003年当時は何も分からなかったために、世界は混乱に陥った。この正体不明の感染症は伝播力が強く、治療の最前線にいる人々をも犠牲にした。もしSARSが空気感染していたら、とてつもない数の死亡者が出ていただろう。しかし、そうではなかったからこそ検疫と渡航規制が功を奏したと言える。

　1918年のスペイン風邪、近年の狂牛病、そしてSARSの一件でも、金融市場と社会をかく乱させたのは感染症そのものというよりも、正

確な情報の不足だった。犠牲者は増え続け、感染は拡大する一方なのにだれも歯止めをかけられない——そんな当時の状況を頭に入れておいてほしい。

流行の経緯

SARSをめぐる国際社会と金融市場の混乱を理解するには、中国で発生したSARSがアジアから世界へ拡大していった経緯を知る必要がある。さらにWHOの役割にも注目したい。WHOによる前代未聞の勧告——渡航延期勧告は国際社会を混迷させた。

それではSARS関連の出来事を時間を追って見ていこう。表4.1はWHOのホームページを基に作成したもので、要所要所に私のコメントを加えてある。感染症というイベントがどのように展開し、どのような紆余曲折を経て金融市場に波及するのだろうか。それをこの機会にぜひ学んでほしい。第1章、第2章とはやや構成が異なるが、それは今回の感染症がインターネット時代の産物だからだ。情報の伝達がハイスピードになった今、感染症に対する国際社会の反応も短期間に集中する傾向がある。

金融市場への影響

表4.1からも分かるように、SARSは国際社会の一致協力によって早々に終息し、金融市場への打撃も短期間にとどまった。しかし教訓にできることはいくつかある。

第一に、感染症発生時の相場にボラティリティをもたらすのは不安とパニックである。裏を返せば、市場心理が判断材料になるということだ。規模の小さい市場や、まっさきに打撃を受ける銘柄はとくに値動きが激しくなる。そこで私が注目したのはシンガポールドルであり、

シャングリ・ラやキャセイパシフィックなどの銘柄だ。シンガポールは小さな島国で自国通貨の取引高も少ない。韓国はシンガポールに比べて国も経済も大きいが、シンガポールとの共通点もある。経済大国の日本もアジア域内のSARS発生によって多少なりとも影響を受けた。アジアを中心に展開するホテルチェーンのシャングリ・ラは流行地域での予約取り消しが相次いだことから、業績の悪化が懸念された。スターウッド、ヒルトンといった大手チェーンも影響を受けたが、流行地域の同業者ほどではなかった。香港に拠点を置くキャセイパシフィック航空は業績も株価も落ち込んだ。

　キャセイ株の下落は半端ではなかった。原油価格が下がったにもかかわらず、売られた。注目すべきは航空大手各社の株価が軒並み下げたことだ。エール・フランス、ルフトハンザ、英国航空、ユナイテッド航空、コンチネンタル航空、アメリカン航空はそれぞれ3〜5％の下落で、弱含みだったエア・カナダは3カナダドルから1カナダドルにまで下げ、経営破綻の危機に直面した（図4.8）。反対に、SARSの治療薬や検査薬を手がける製薬会社はおおむね好調で、ギリアドサイエンシズ（GILD）はエア・カナダの下落とは対照的に上昇した（図4.9）。

　第二の教訓は、金融市場への影響は短期間に集中するため、相場のトレンドは大きく乱れるか一時的に反転する。第3章でも述べたが、SARSの発生当初、FRB（米連邦準備制度理事会）は超低金利政策を推進していた。金利の引き下げは自国通貨には向かい風、株式には追い風になるのが定石だ。このケースでも株式相場は急速に回復し、打撃を受けた各国通貨の対米ドル相場も復調した。

　感染症の発生はトレーダーや投資家に絶好の売買チャンスを提供してくれる。**ただし、冷静な判断と行動が伴えば**の話だ。感染症の拡大に合わせて流行地域の持ち株を売るのもよいが、急落相場に向かって近い将来に上昇の見込める銘柄を買い進めておくのも手である。後者

表4.1 SARS流行の経緯

日付	出来事
2002年11月16日	中国広東省の仏山市で非定型肺炎が発生。しかしSARSと認定されるのは、かなりあとになる。
2003年2月10日	WHO北京事務所が一通の電子メールを受信。それによると広東省で「謎の伝染病」が発生し「死亡者はすでに100人を超えた」とのこと。また「市中はパニックに陥っている。人々は薬局に殺到し、伝染病に効くと評判の薬はすべて売り切れた」という。
2月11日	中国衛生部がWHOに一報。それによると広東省で発生した急性呼吸器症候群の感染者は現時点で300人、死亡者は5人。
2月12日	広東省の保健当局が急性呼吸器症候群の累積発生件数を報告。2002年11月16日から2003年2月9日までの間で感染者は305人、死亡者は5人に上った。インフルエンザ反応はいずれも陰性。
2月14日	中国衛生部がWHOに一報。広東省で流行中の感染症は臨床的見地から非定型肺炎と考えられ、流行は終息に向かいつつあると説明する。
	（筆者注　終息に向かいつつあるというのは明らかな間違い。それだけSARSが未知の感染症だったということだ。中国をはじめ各国の医療関係者のほとんどは感染症のパンデミック［世界的流行］を経験したことがなかったために、その可能性をはなから否定してしまった。その結果、感染はさらに拡大し、混乱は大きくなった）
2月17日	中国福建省へ家族旅行をした男性（33）が香港に帰国後、原因不明の疾患で死亡。男性の娘（8）も中国滞在中に原因不明の疾患により死亡していた。息子（9）は帰国後に入院。
2月19日	その息子（9）からH5N1型鳥インフルエンザウイルスが検出され、香港当局は鳥インフルエンザの発生をWHOに報告。
	これを受けてWHOは各国の研究機関をつなぐ国際共同研究網を発足。世界各国に監視体制の強化を要請する。
2月20日	香港衛生署が2月17日に死亡した男性（33）もH5N1型鳥インフルエンザウイルスに感染していたことを確認。
	（筆者注　鳥インフルエンザの出現で世界の医学界は惑わされ、SARSにたどり着くまでにさらに長い時間を要することになった）
2月21日	広東省広州市の中山大学で教鞭をとる中国人医師（64）が結婚式に出席するため香港を訪れ、メトロポールホテル9階の911号室に宿泊。5日前から呼吸器疾患の症状が出ていたが、とくに支障はなかったので、香港在住の義弟（53）と観光や買い物に出かける。
	（筆者注　この中国人医師が最初の感染源である。同じホテルの宿泊客が方々へ移動し、世界各地に感染が拡大した。ホテルが感染の舞台になったことから、ホテル全般に対する不安が広がり、アジア地域でホテル事業を展開する企業の株価は相次いで下落。シャングリ・ラ・アジアはその筆頭で、2月から4月末にかけて30％近く値を下げた［図4.1］）

日付	出来事
2003年2月22日	中国人医師（64）が香港の廣華病院に緊急入院。呼吸器不全に陥り、集中治療室に移る。医師は広東省で非定型肺炎患者の治療にあたったことがあり、入院先で「きわめて毒性の強い感染症」にかかった可能性があると訴えた。香港の保健当局が調査したところ、医師に症状が出始めたのは2月15日で、このとき医師はまだ中国国内にいたと見られる。
2月23日	香港を訪れていたカナダ人女性（78）がメトロポールホテルをチェックアウトし、帰国の途につく。トロント到着後、同居する家族のもとへ。
2月24日	GPHIN（世界公衆衛生情報網）が、広州市の病院職員50人が「原因不明の肺炎」を発症したことを把握。
	香港在住の男性（26）が気道感染症を発症。しかし医師の診察は受けなかった。男性はメトロポールホテルの9階に宿泊していた知人を2月15〜23日にかけて訪ねていた。
2月25日	中国人医師（64）の義弟（53）が廣華病院に入院するが、まもなく退院。
2月26日	中国系アメリカ人男性（48）がハノイのフランス系病院に入院。3日前から発熱や呼吸器疾患の症状が出ていた。この男性は1月に上海へ出張し、2月8〜10日にかけて広東省とマカオを観光。2月17日から香港に滞在し、香港からハノイへ渡った23日に体調を崩した。香港ではメトロポールホテルに宿泊しており、部屋は中国人医師（64）の向かいだったという。ベトナムで活動するWHO職員カルロ・ウルバニ医師が男性の担当医になる。
2月28日	この男性を診察したウルバニ医師は異常な病態を認めてWHOマニラ事務所に一報を入れ、鳥インフルエンザの疑いがあると報告した。WHO本部はインフルエンザに対する警戒レベルの引き上げを
3月1日	中国人医師（64）の義弟（53）が廣華病院に再入院。
	シンガポール在住の女性（26）が呼吸器疾患の症状を訴えて入院。女性は2月21〜25日まで香港のメトロポールホテルに宿泊していた。
3月4日	中国人医師（64）が入院先の廣華病院で非定型肺炎により死亡。
3月5日	ハノイで入院中の中国系アメリカ人男性（48）の容体が悪化。救急ヘリで香港のプリンセス・マーガレット病院に搬送される。男性が入院していたハノイの病院では医療スタッフ7人が院内感染し、ウルバニ医師は院内感染の拡大防止に乗り出す。
	前出のカナダ人女性（78）がトロント市内のヌカボロー・グレース病院で死亡。同居家族5人も感染が認められ、同病院に入院する。
	（筆者注　カナダドルの対米ドル相場は2週間ぶりに上昇。前にも述べたとおり、FRBは政策金利を第二次世界大戦以来の低水準に引き下げており、SARSの発生当初に1.25％、6月末に1％とした［図4.2参照］）

日付	出来事
2003年3月7日	香港のプリンス・オブ・ウェールズ病院の医療スタッフが気道感染症から肺炎を併発。スタッフはいずれも同じ病棟を担当していた。
3月8日	広東省に渡航歴のある台湾のビジネスマン（54）が呼吸器症候群を発症して入院。
3月10日	前出のハノイの病院で22人の医療スタッフがインフルエンザに似た症状を訴える。そのうち20人は肺炎の兆候を示し、1人は人工呼吸器を装着、もう1人は重体に。
	中国衛生部がWHOに技術支援や研究支援を要請し、広東省で集団発生した非定型肺炎の調査に乗り出す。
3月11日	ウルバニ医師がタイ系航空会社の旅客機でバンコクへ出発。翌日の学会で熱帯病について講演を行う予定だったが、バンコクに到着するなり体調不良を訴えて入院。
3月12日	香港とハノイの医療関係者の間で重症非定型肺炎が流行していることを受け、WHOは各国に注意を呼びかける。 （筆者注 WHOの呼びかけは金融市場にも警戒を促した。為替ではシンガポールドル、韓国ウォン、日本円といったアジア諸国の通貨が売られた［図4.3～図4.5］。ドルは対イラク戦の早期終結が期待されて上昇）
3月13日	シンガポール保健省が非定型肺炎の発症者3人を確認。3人とも香港から帰国して間もない若い女性で、2月下旬にメトロポールホテルの9階に宿泊していた。
	トロントで最初の犠牲者となったカナダ人女性（78）の息子（44）が入院先のスカボロー・グレース病院で死亡。
3月14日	香港の3つの医療機関で計39人の医療関係者がインフルエンザに似た症状を訴えて治療を受ける。うち24人は肺炎の兆候を示し"重篤な状態"に陥る。
	トロントで非定型肺炎患者4人のうち2人が死亡したことを受けて、オンタリオ州の保健当局が州内の医師、医療機関、救急隊員、保健所に注意を喚起。トロントの4人の患者はいずれも家族内感染だった。
3月15日	午前2時、シンガポールの保健当局がWHOに緊急通報。シンガポール国内で非定型肺炎患者2人を治療していた医師（32）がニューヨーク発の帰国便に搭乗したという。この医師はニューヨークの学会に出席後、フランクフルト経由シンガポール行きの便に搭乗したが、その直前にシンガポールにいる同僚に体調不良を訴えたため、その同僚が保健当局に知らせて事態が明らかになった。WHOは医師と同行者2人が乗った便名を特定。医師、妊娠中の妻（30）、義母（62）の3人は経由地のフランクフルトで降機したあと、そのまま隔離され、ドイツ国内で初のSARS患者となる。
	WHOは空路による流行拡大を懸念して異例の渡航勧告を発出。この新興感染症を「重症急性呼吸器症候群（SARS）」と命名し、世界的脅威と位置づける。
	WHOがSARSの症例定義（疑い例と可能性例）を発表。渡航者に注意を喚起するとともに航空各社に対応を指示。

日付	出来事
2003年3月15日	カナダで8人が非定型肺炎を発症し、うち2人が死亡。
	集中治療の専門医4人がハノイに到着し、GOARN（地球規模感染症に対する警戒と対応ネットワーク）に合流。
	シンガポールで16人が非定型肺炎を発症。
	（筆者注　SARSの感染拡大に旅客機が一役買ったことは明々白々。アジア系航空会社の株価が急落したのも無理はない。なかでもキャセイパシフィックは30％近く下げた。しかし市場の動きは鈍く、値が下がるまでに2週間近くを要したことからキャセイ株を売る猶予は十分にあった。というのも、市場では対イラク戦の即時終結と原油価格の下落が観測されたからである。繰り返すが、感染症の流行だけで相場が大きく動くケースはほとんどない。今回も市場の最大の関心はSARSよりもイラクでの戦況に向いていた。感染症の流行がピークを迎えても株価が持ち直す、それも急速に持ち直す理由はここにある[図4.6]）
3月16日	疑わしい例、可能性例の報告件数が全世界で150件を超える。
3月18日	香港、ベトナム、シンガポールに加えて、カナダ、ドイツ、台湾、タイ、イギリスからも発生報告が相次ぐ。この日までにWHOが把握した累積感染者数は219人、累積死亡者数は4人。
	累積感染者数が香港123人、ハノイ57人、シンガポール23人に。
	集計の結果、感染者の大部分は医療従事者とその家族、および感染者と濃密な接触歴のある者と判明。これによって、SARSの感染経路はセキやくしゃみなどによる飛沫感染の可能性が高くなった。
	（筆者注　この集計結果により市中に混乱と不安が増大した。患者を治療する立場の人間も感染、死亡することが明らかになったからだ）
3月19日	前出の中国人医師（64）の義弟（53）が香港の病院で死亡。
3月20日	アメリカで初の感染例が報告される。
	全世界の累積感染者数は306人、累積死亡者数は10人に上る。
3月22日	3大陸13カ国を合わせた累積感染者数は386人、累積死亡者数は11人に。
3月23日	WHOのGOARNのメンバー5人が北京に入り、広東省への立ち入り許可を申請。
3月24日	シンガポール保健省が自宅隔離措置を発表。SARS患者と接触歴をもつすべての人を対象に10日間の自宅待機を命じた。対象者は300人余り。
3月25日	3月15日の北京行き旅客機を利用した乗客9人が香港に帰国後、SARSを発症。この便に乗り合わせた乗客乗員のうち、合わせて乗客22人、客室乗務員2人が感染。
	トロントのヌカボロー・グレース病院が新患と見舞客の受け入れを中止する。

日付	出来事
2003年3月26日	中国が広東省の感染者数と死亡者数を発表。2002年11月16日から2003年2月28日までの感染者数は792人、死亡者数は31人。前回の発表（対象期間は2002年11月16日から翌年2月9日）では感染者数305人、死亡者数5人だった。
	中国の最新報告を受けて、全世界の累積感染者数は1323人、累積死亡者数は49人に膨れ上がる。
	（筆者注　SARSの発生を認めようとしない中国政府に対して国民は猛反発。北京市長と中国衛生部トップが辞任に追い込まれた。中国政府も態度を一変させ、SARS問題に積極的に取り組み始める。これを機に中国の感染者に関する調査が進み、SARSは終息に向かう。しかし金融市場への影響はすでに出始めていた）
	オンタリオ州の保健当局が緊急警戒を呼びかける。
3月27日	WHOの国際共同研究網が病原体の正体をほぼ突き止める。複数の研究機関の報告から、病原体は新種のコロナウイルスである可能性が高くなった。
	香港の全学校が4月6日まで休校となり、1080人が自宅待機。
	中国当局が広東省以外の地域でSARSが発生したことを報告。
	WHOが海外渡航者と航空各社に対して強い警戒を呼びかけ、一部の空港でスクリーニング検査を実施するように指示。
	（筆者注　これを機に航空各社の株価とアジア地域の通貨は急落した）
3月28日	中国がWHOの国際共同研究網に参加。
	一部の航空会社が、流行地域から出国する乗客を対象にスクリーニング検査を開始。
	金融アナリストが株式市場への影響を予測。6月を過ぎても事態が収束しない場合は深刻な経済危機が発生すると指摘。
3月29日	カルロ・ウルバニ医師が入院先のタイで死亡。感染症の専門家だったウルバニ医師はSARSの発生を最初に報告したWHO職員で、ハノイでは感染患者の治療にあたっていた。
3月30日	カナダのヨーク中央病院が行政指導を受けて新患の受け入れを中止し、数百人の職員を自宅待機させる。トロントの住民数千人も自宅待機の対象に。
	（筆者注　この後カナダドルは上昇。対米ドル相場はSARS前の水準を回復した）
	香港の大型集合住宅アモイ・ガーデンズで集団感染が発生。香港当局が感染報告を開始して以来、延べ213人の入居者が入院した。そのうち107人は35階建てのE棟の入居者で、感染は各階に及んでいた。

日付	出来事
2003年3月31日	香港当局が感染者に対して前代未聞の隔離入院を命じる。
4月1日	アモイ・ガーデンズの入居者の間で感染者が続出。医療機関に次いで集合住宅が集団感染の舞台となった。
	WHOの疫学チームが、香港に渡航歴のある外国人の感染状況を発表。それによると3月19日以降、北京、台湾、シンガポールに住む計9人が香港から帰国後にSARSを発症していた。
4月2日	WHOが渡航者に対して異例の勧告。香港と広東省への不要不急の渡航を延期するように呼びかける。WHOがこのような渡航延期勧告を発出するのは55年の歴史のなかでも初めて。
	(筆者注　この渡航延期勧告によって、シンガポールドルを含むアジア通貨の対米ドル相場は一時的に上がったが、それもつかの間、シンガポール政府は感染者の隔離入院を決めた。結果的にはこの措置が感染拡大防止に大きく貢献した。WHOの勧告がSARS騒動のピーク直前で発出されたことに注目してほしい。金融市場はこの勧告を希望の光と受け取ったのではないだろうか。WHOが大上段から号令をかければ、各国は総力を挙げてSARSの封じ込めに乗り出すと観測されたのだろう。「夜明け前の闇は一番暗い」というところだ)
4月3日	中国衛生部のトップが全国放送のテレビに出演し、国内のSARSの現状について言及。
4月4日	中国で全国規模の日報システムが発足し、各省の感染者数と死亡者数が電子ネットワークをとおして日々集計されることになった。
	シンガポール当局が国内のSARS患者94人を調査した結果、いずれもメトロポールホテルと接点のあることが判明。
4月7日	モルガン・スタンレーのチーフエコノミスト、スティーブン・ローチがSARSによる経済損失額を試算。世界各国を合わせて約300億ドルに上ると発表。
4月8日	17カ国の累積感染者数は2671人、累積死亡者数は103人に。
4月9日	北京滞在中のWHO調査団が強い懸念を表明。北京市内で発症件数を毎日報告している医療機関はごく一部に限られ、市内の保健所もSARSに関する通報をまともに取り合っていなかった。
4月10日	複数の報道機関が、北京の陸軍病院が虚偽の報告を行っていると伝える。
4月11日	南アフリカで初の感染例が報告される。これでSARSの発生地域は4大陸19カ国に。
4月14日	北京滞在中のWHO調査団が陸軍病院への立ち入りを拒否される。
	全世界の累積発症件数が3000の大台を突破。
4月15日	WHO調査団が陸軍病院への立ち入りを許可される。1件目の調査を終了した時点で、とくに不審な点は認められなかった。
	香港で感染者9人が死亡。1日の死亡者数としては現時点で最多。

日付	出来事
2003年4月16日	WHOの国際共同研究網がついにSARSの病原体を突き止める。人獣の間に見られなかった、まったく新しいタイプのコロナウイルスであることが正式に判明する。
	香港アモイ・ガーデンズの感染患者が従来の治療に反応しないことを医師団が報告。
	北京滞在中のWHO調査団が市内の感染者数を100～200人と推定。2日前に現地の当局が発表した37人とは大きく食い違った。調査団は別の陸軍病院への立ち入りを許可される。
4月17日	アジアの経済アナリストが域内の経済損失額を試算。SARS発生当初の損失額はアジア全体で106～150億ドルに上るとした。
	そのうち中国の推定損失額は22億ドルで最大。しかし香港の損失額はすでに17億ドルに達しており、最終的な損失額はアジア域内で最大になった。
	香港で小売業の売り上げが3月中旬以来、半減。中国本土からの観光客は75～80%も減少し、娯楽産業と外食産業は80%の減益に。
	（筆者注　この時点でSARSの猛威はピークを迎え、市場の動きもあわただしくなった。「流血が起きたら投資のチャンス」という格言どおりだ）
4月18日	北京滞在中のWHO調査団が陸軍病院の相次ぐ不正報告に懸念を示す。市中でも陸軍病院がSARSの症例数をごまかしているとの噂が飛び交う。
	香港当局がアモイ・ガーデンズの集団感染に関する調査結果を発表。感染経路は排水設備が有力だが、ほかの可能性についても調査中とした。アモイの一件で特徴的なのは感染者の66%に下痢が見られたこと。通常、下痢の症状を訴える感染患者は2～7%だ。
4月19日	中国政府が国内の医療機関にSARSの発症件数を正確に報告するように指導。
	トロントの保健当局が宗教団体の集団感染について調査を開始。この団体では疑い例と可能性例が合わせて31件発生しており、感染者の同居家族、感染者を治療した医療従事者、外部の接触者が調査対象となった。この団体は3月28日と29日に大きな集会を開いており、集団感染の拡大が懸念された。
	ベトナム政府が中国との国境1130キロの封鎖を検討。
4月20日	北京当局が、今まで報告されていなかった発症例が339件あったことを公表。これにより中国全土の累積感染者数は1959人になった。また当局はメーデーをはさむ連休を返上して業務に当たることを発表。
	SARS問題への対応が不十分だったとして、北京市長と中国衛生部トップが共産党から追放される。
	シンガポールの保健当局が国内最大級の青果市場を閉鎖。市場関係者3人が相次いでSARSを発症しており、感染源は青果業者（64）と判明。

第4章 SARS

日付	出来事
2003年4月22日	中国全土の累積感染者数が2001人、累積死亡者数が92人に達する。
4月23日	北京市内の小中学校が2週間の休校を決定。
	中国全土の累積可能性例件数が2305件、累積死亡者数が106人に達する。北京市内だけで累積感染者数は693人。
	シンガポールで発生した8件の疑わしい例と14件の可能性例は、いずれも前出の青果業者（64）が感染源と判明。
	WHOが北京、山西省、トロントへの渡航延期勧告を発出。
	全世界の累積可能性例件数が4288件、累積死亡者数が251人に上る。累積死亡者数は中国で106人、香港で105人に。
	（筆者注　ここがSARS騒動の山場である。この2日前、WHOは流行のピークは越えたと発表した。アジア諸国にとっては最後の峠だ）
4月25日	ハノイ、香港、シンガポール、トロントで流行が沈静化。
4月28日	ベトナムがWHOの定めた伝播確認地域から除外され、世界で初めてSARSの封じ込めに成功。
	全世界の累積感染者数が5000人を突破。
4月30日	WHOがトロントへの渡航勧告レベルを引き上げる。
	（筆者注　SARSに伴うカナダドル相場の変動はアジア通貨ほどではなかった。それでも娯楽関連と旅行関連の銘柄は観光業の落ち込みを受けて下落。カナダに本社を置くフォーシーズンズホテルズは高級ホテルチェーンのフォーシーズンズやリージェントを傘下に置き、この時期の株価はさすがに不安定だったが、カナダ国内のSARS発生には大して反応しなかった。カナダの流行はアジア諸国に比べて規模が小さかったため、娯楽と旅行の関連銘柄も大きく下げることはなかったのである）
	中国の累積可能性例件数が他国の合算件数を上回る。全世界の累積件数5663件のうち中国が3460件を占めた。
5月2日	全世界の累積感染者数が6000人を突破。
5月3日	WHOが台湾に調査団を派遣し、可能性例が100件に上ることが判明。
5月7日	WHOがSARSの死亡率を発表。年代によって0～50％まで開きがあるが、平均で14～15％と推定される。
5月8日	渡航延期勧告の対象地域に天津、内モンゴル自治区、台北が加わる。
5月13日	各地域で流行が沈静化し、SARSが制圧可能であることを示す。
5月14日	トロントが伝播確認地域から除外される。
5月17日	渡航延期勧告の対象地域に中国河北省が加わる。
5月21日	渡航延期勧告の対象地域に台湾全土が加わる。
5月22日	カナダの保健当局がWHOに院内感染を報告。トロント市内の医療機関で急性呼吸器疾患の患者が5人確認された。
	全世界の累積感染者数が8000人を超える。

日付	出来事
2003年5月23日	香港と広東省が渡航延期勧告の対象地域から外れる。
	(筆者注　この発表を受けてシャングリ・ラ株、キャセイパシフィック株、シンガポールドルはいずれも上昇。幸いだったのは、これらの銘柄を数日遅れで買っても"いい投資"になったことだ。つまり市場にあと乗りする形になっても安く買うチャンスはあった。SARSの影響で一時的に落ち込んだ株式相場も超低金利政策の恩恵を受けて上昇した)
	香港と中国の調査チームがハクビシンとタヌキからSARSの病原体に似たウイルスを検出。中国南部では昔からこうした野生動物を食べる習慣がある。
5月26日	トロントが渡航延期勧告の対象地域に再び加わる。
5月31日	シンガポールが伝播確認地域から除外される。
6月3日	中国で可能性例の発生件数が減少。週平均で2件強に。
6月12日	中国国内の沈静化を確認するため、WHO職員が北京に到着。
6月13日	河北省、内モンゴル自治区、山西省、天津市が渡航延期勧告の対象地域から外れる。また、広東省、河北省、湖北省、内モンゴル自治区、吉林省、江蘇省、陝西省、山西省、天津市が伝播確認地域から除外される。
6月17日	WHOが台湾への渡航勧告レベルを引き上げる。
6月18日	SARSの世界的流行が確認されてから100日目。日々の発症件数は世界各国を合わせて一桁台に減少。
6月23日	香港が伝播確認地域から除外される。
6月24日	北京が渡航延期勧告の対象地域から外れ、これで渡航延期勧告はすべて解除。北京は伝播確認地域からも除外される。

出所＝WHO

図4.1 シャングリ・ラ・アジア

出所=ブルームバーグ

図4.2 カナダドル

出所=ブルームバーグ

図4.3　シンガポールドル

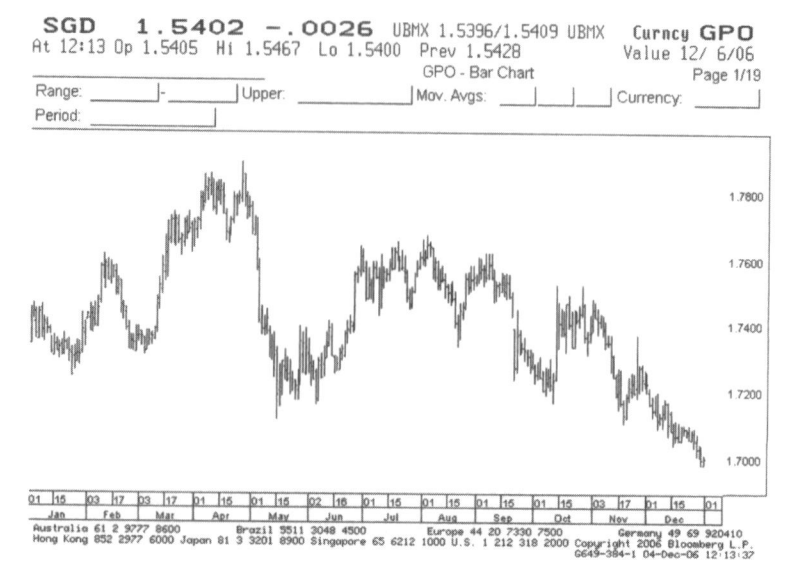

出所＝ブルームバーグ

図4.4　韓国ウォン

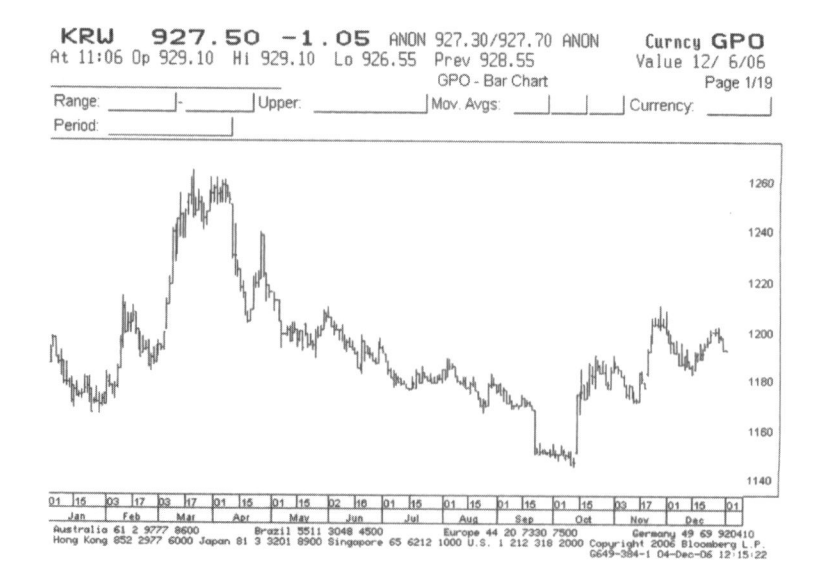

出所＝ブルームバーグ

図4.5　日本円

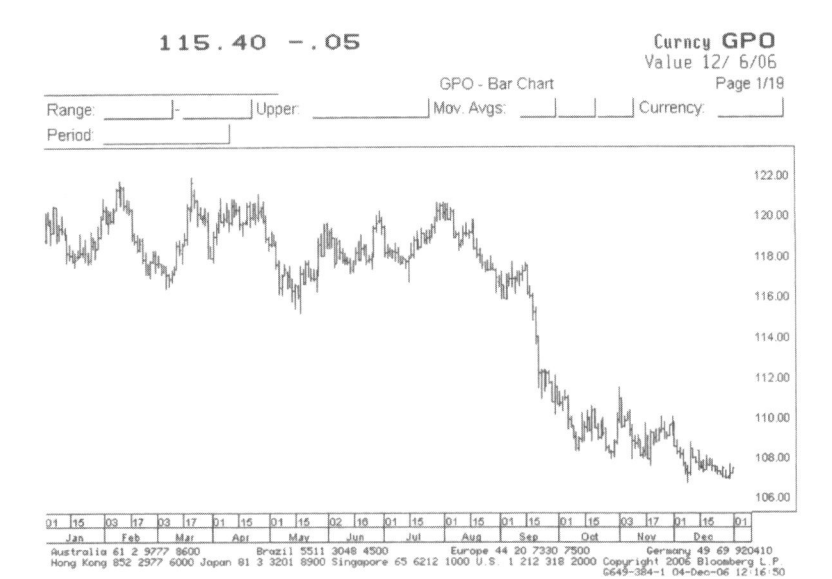

出所＝ブルームバーグ

図4.6　キャセイパシフィック航空

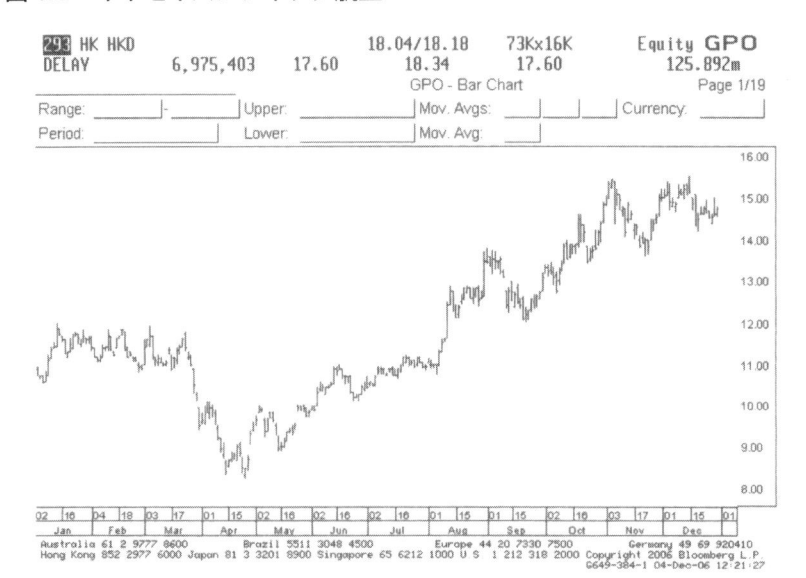

出所＝ブルームバーグ

図4.7　フォーシーズンズホテルズ

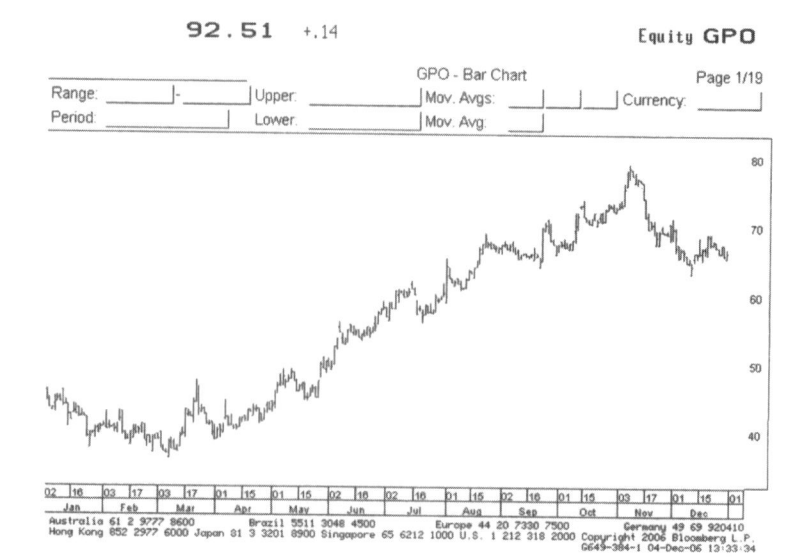

出所＝ブルームバーグ

図4.8　エア・カナダ

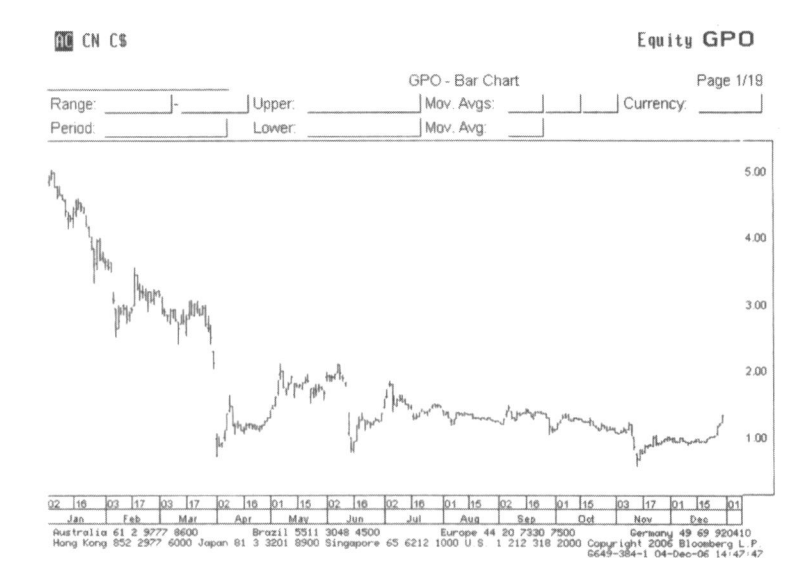

出所＝ブルームバーグ

図4.9 ギリアドサイエンシズ

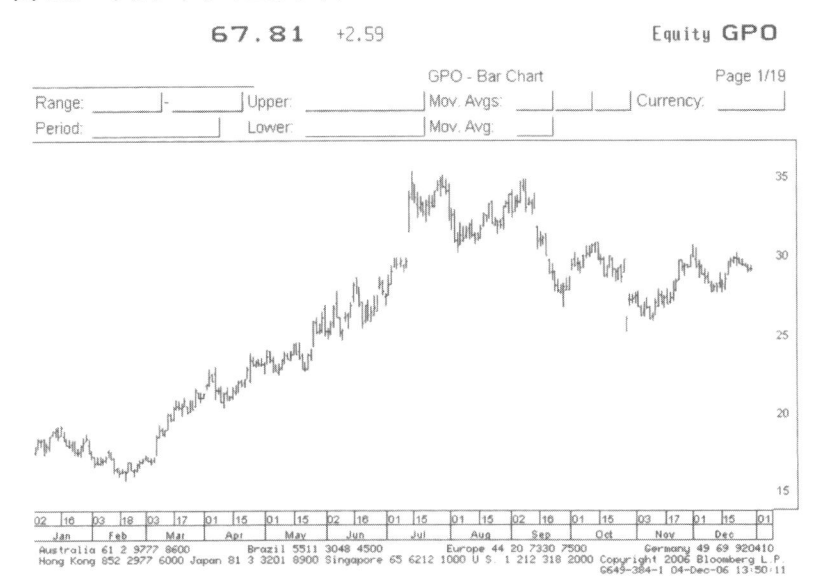

出所＝ブルームバーグ

のリスクは感染症の流行が予想外に長引く場合だ。そのときは黒死病のときと同様に生き延びることを第一に考える。そのうえでリスクを軽減するために感染症の影響をじかに受けると思われる業種の銘柄、それも流行地域以外の銘柄を狙うべきだろう。一部の銘柄が下落すると、その業種全体まで落ち込むのが株式相場の常だ。しかし、こうした機会に安く買っておけば、その業種の主力銘柄が回復したときに大きな利益を得ることができるだろう。これは「濡れ手で粟」ではない。プロのトレーダーが有事に乗じて大儲けできるのは、来るチャンスに備えて戦略を用意しているからにほかならない。

第5章
鳥インフルエンザ
Bird Flu

　鳥インフルエンザはこれまで取り上げてきた感染症とは勝手が異なる。過去に流行した疫病とは違って各方面への影響がすでに予測されているからだ。ただ、いまだにパンデミック（世界的大流行）には至っていないため、本当に流行するのかどうかは定かでない。今回は、そんな特殊な状況を今まで学習してきたことを生かして検証してみたい。本章は言わば『クリスマス・キャロル』に登場する「未来のクリスマスの霊」だ。まだ起きてはいないが、これから起こり得る事態をシミュレーションしようという趣向である。

　鳥インフルエンザの歴史は古く、致死率の高い家禽類の感染症として1901年から知られている。1955年、ＦＡＯ（国連食糧農業機関）はこのインフルエンザを「家禽ペスト」と呼び、その病原体がH5N1型インフルエンザウイルスであることを突き止めた。1997年、香港の養鶏場と食肉市場からH5N1型が検出された。その直後に香港でヒトへの感染が確認され、18人の感染者のうち6人が死亡し、H5N1型がヒトにも感染することが初めて報告された。

　その後も鳥類の死亡報告が相次ぎ、1918年のスペイン風邪の再来を思わせるスピードで世界各地に感染が拡大した。渡り鳥の移動経路に沿ってヒトへの伝播も広がり、インドネシア、アゼルバイジャン、イラクで感染例が確認された。H5N1型は急速に流行域を広げ、ついに

東南アジア全域に拡大した。近い将来、ヨーロッパやアフリカにも拡大する可能性がある。パンデミックの拡大防止に必要とされる研究費や予防対策費は世界各国を合わせて2年間で13〜15億ドルと試算されている。また、現在出現している鳥インフルエンザウイルスが変異を起こし、ヒトからヒトへ伝播する新型インフルエンザウイルスになった場合、死亡者数は全世界で数百万人に上ると推定される。

それでは鳥インフルエンザをめぐる現状と今後の展望、パンデミック発生時の対応について考えていこう。

インフルエンザの基礎知識

次に挙げる10項目はWHO（世界保健機関）のホームページ（http://www.who.int/csr/disease/influenza/pandemic10things/en/）に掲載された「鳥インフルエンザのパンデミックに関する10の懸念」である。

1．新型インフルエンザと鳥インフルエンザは違う

鳥インフルエンザウイルスは鳥類の間で伝播するインフルエンザウイルスの総称。このウイルス群はごくまれに種の壁を越えてブタやヒトに感染することがあるが、大半はヒトへ伝播することはない。ヒトの間でパンデミックが発生するのは、ヒトが感染したことのない新しい型のウイルスが出現したときである。

鳥類由来のウイルスもヒトへの伝播性を獲得したときは世界的に流行する恐れがあり、そうなった場合は鳥インフルエンザからヒトインフルエンザへと名称が変わる。パンデミックを引き起こすのは、ヒトへの伝播性を獲得した新型インフルエンザウイルスだ。

2．インフルエンザの世界的流行は繰り返し発生する

　パンデミックはまれではあるが、繰り返し発生する。20世紀では1918年のスペイン風邪、1957年のアジア風邪、1968年の香港風邪と３件のパンデミックがあった。そのうちスペイン風邪による死亡者数は全世界で推定4000〜5000万人。この比類なきパンデミックは人類史上最悪の災害に数えられている。その後に発生した２件のパンデミックは規模が小さく、推定死亡者数は1957年の事例で200万人、1968年の事例で100万人だった。

　パンデミックを引き起こす新型インフルエンザウイルスは通常のインフルエンザウイルスと同様にセキやくしゃみによって効率良く伝播する。新しい型のウイルスだけにヒトは抗体を持ち合わせていないため、感染すると重症化する恐れがある。

3．次のパンデミックはいつ発生してもおかしくない

　公衆衛生の専門家はきわめて毒性の強いH5N1型インフルエンザウイルスを８年がかりで監視してきた（2005年10月14日現在）。H5N1型のヒトへの感染は1997年に香港で初めて確認され、感染者18人のうち６人が死亡した。同じウイルスによる鳥類の集団感染は2003年中旬から増加の一途をたどっており、同年12月には鳥類からヒトへの感染が確認された。

　それ以来、感染者はアジア４カ国（カンボジア、インドネシア、タイ、ベトナム）で100人を超え、そのうち半数以上がすでに死亡した。死亡者の多くは持病を持たない乳幼児と若年層だった。幸い、このウイルスは鳥からヒトへ効率良く伝播するには至っておらず、ヒトからヒトへの連続的な感染も今のところ確認されていない。しかしH5N1型が通常のインフルエンザウイルスと同程度の伝播性を獲得すれば、ヒトの間で世界的に流行する可能性が高い。

4．被害は全世界に及ぶ

　ヒトへの伝播性を獲得した新型インフルエンザウイルスが出現すれば、地球規模の流行は避けられない。国境閉鎖や渡航規制などの対策によってウイルスの上陸を遅らせることはできても、食い止めることは不可能である。20世紀に発生したパンデミックでは、主な移動手段が列車や船だった時代にもかかわらず、6～9カ月で世界中に感染が広がった。空路による大量輸送時代の現代では、ウイルスが全大陸に上陸するのに3カ月とかからないだろう。

5．感染者が急増する

　ほぼすべての人が新型インフルエンザウイルスに対する抗体を持たないため、感染率と罹患率は通常の季節性インフルエンザを上回るとみられる。その場合、治療を必要とする人は世界各国で相当数に上るだろう。しかし大半の国の医療現場では、人員や設備や器材が不足しており、多数の急患を受け入れるだけの病床も足りない。

6．医薬品が不足する

　感染者の重症化を防ぐにはワクチンと抗ウイルス薬が欠かせないが、パンデミックの発生から数カ月間は世界各地でどちらも不足することが予想される。とくにワクチンは感染の拡大防止に有効であるから、その不足は深刻な問題である。現状ではパンデミックが発生した場合、多くの発展途上国がワクチンを調達できない恐れがある。

7．おびただしい数の死者が出る

　歴史をひも解くと、パンデミックによる死亡者数はそのときど

きで大きく変わる。死亡率を決定づける要因は、①感染者数、②ウイルスの毒性、③流行地域の特色と脆弱性、④予防対策の有効性——の４つである。正確な死亡率が判明するのは新型ウイルスが出現し、伝播したあとになるために、現段階で発表されている死亡者数の予測はいずれも憶測の域を出ない。

WHOが見込んでいる死亡者数は200〜740万人とやや控えめだが、それは各国に対して具体的な事前対策を指示しているためである。WHOの予測は1957年と同程度のパンデミックを想定して算出されたもので、もっと毒性の強いウイルスが出現し、1918年並みの大流行に至った場合は死亡者も当然増加するだろう。しかし、1918年の事例はきわめて異例と考えられる。

8．経済と社会に深刻な影響が及ぶ

罹患率や欠勤率が高くなれば、社会的にも経済的にも大きな影響が出るだろう。過去のパンデミックは流行の波を何度か繰り返しながら世界中に拡大した。したがって、次のパンデミックも各国や各地を同時に襲うとは考えにくい。しかしグローバル化が進む現代では、たとえ短期間のパンデミックであっても、甚大な影響が及ぶと考えられる。とくに電気、運輸、通信などのインフラ機能がまひしたときは深刻な事態に陥るだろう。

9．世界規模の事前対策が欠かせない

WHOでは新型インフルエンザの流行に備えた行動計画を提起している。これによって、各国は流行のレベルに応じて多角的な拡大防止策を講じられる。行動計画には、新型ウイルスへの警戒、新型ウイルスの出現、パンデミック宣言、世界規模の伝播——といった段階別の行動案が盛り込まれている。

10. WHOが世界に向けて警戒を発する

WHOは各国の保健相や保健機関と密に連携しながらインフルエンザウイルスの監視に努めている。高感度の監視体制は新型ウイルスの早期検出に欠かせない。

またWHOは新型ウイルスの発生状況を6段階（フェーズ）で示し、段階ごとの対応策に加えて、政府、産業界、WHOの役割を定めている。現在の状況はフェーズ3。これは新しいウイルスによる感染は認められるが、ヒトからヒトへの効率的な伝播は認められないという状態を意味する。

聞き捨てならない

こんな話を聞くと、今すぐにマスクを買いに走り、水と食糧を確保して自宅にこもりたくなる人もいるのではないだろうか。じつは私もフォーリン・アフェアーズ誌で同様の記事を読んだときは、そんな衝動に駆られてしまった。さらにゾッとしたい方は米政府が発表している「パンデミックに向けた準備」を一読するとよい。http://www.pandemicflu.gov/ を見ると、2週間分の水と食糧をストックすることなどが推奨されている。

しかしパンデミック対策が進む一方で、新たなパンデミックが発生するのかどうかは今も分からない。インフルエンザウイルスが世界的に大流行した例はわずか3件だけだ。しかも膨大な犠牲者を出し、甚大な社会的影響をもたらしたのは最初の1件だけである。2件目と3件目はウイルスの毒性も弱まり、1918年の流行で4000～5000万人に上った死亡者も、1957年では200万人、1968年では100万人にとどまった。こうした経緯を考えると、次の流行のシナリオは数パターンを想定する必要があるだろう。

第2章では1918年に大流行したH1N1型インフルエンザウイルスを

取り上げた。そのときウイルスの突然変異とは、ウイルスが急激に増殖する過程で発生する遺伝子レベルのミスであることを説明した。この突然変異によってウイルスの伝播力と毒性は強くなる。

　FAO（http://www.fao.org/）の調べによると、ベトナムでは都市部でも農村部でも半数近くの世帯が家禽を飼っている。800万世帯が暮らす農村部では4軒に3軒がニワトリを飼育し、水鳥をペットにしているという。アジア全域を見わたしてみると、東部と東南部で飼われている家禽の数は合わせて60億羽ほどで、それだけの鳥が、ベトナムに代表されるように、狭いスペースにひしめきながら暮らしている。だから感染拡大防止の一環として、鳥の殺処分が行われるのだ。2005年11月に中国の9つの省で鳥インフルエンザが発生したときは約2000万羽が処分された。

　要するに現状では、感染した鳥に接触しなければ感染することはまずない。だったら鳥を処分すれば事はすむはずだが、問題はウイルスの突然変異だ。H5N1型が変異を起こすと、鳥からヒトへ、さらにはヒトからヒトへ伝播するようになると専門家は指摘する。ヒトへの伝播力を得たとき、インフルエンザウイルスは殺人ウイルスに変容し、人類に大惨禍をもたらすだろう。しかもインフルエンザはSARSと違って空気感染するので、伝播力はケタ違いである。さらにインフルエンザの場合、検疫は役に立たないという点にも注意が必要だ。感染力をもつインフルエンザ患者は目立った前駆症状がなく、健康そうに見える。つまり症状が出てから患者を隔離しても、すでに手遅れである可能性が高い。

　もし新型ウイルスがスペイン風邪のウイルス並みに強毒ならば、感染者は発症後2〜3日で死亡するだろう。これは不幸中の幸いと言える。しかし、ひとたびパンデミックが発生すれば医療や行政の措置によってウイルスを制圧することはほぼ困難と思われる。むしろスペイン風邪のケースと同様にウイルスが自滅するのを待つしかないかもし

れない。

未来の観測——長い歴史の短い経緯

鳥インフルエンザの流行の歴史については要点をだけ紹介しておこう。というのも今のところパンデミックには至っておらず、金融市場も目立った反応を見せていないからだ。それでも注目すべきところはいくつかある。

> ここに紹介する流行の歴史は1996年に始まり、1918年にまでさかのぼる。私が初めて危機感を覚えたのは2005年の夏で、きっかけはフォーリン・アフェアーズ誌に掲載されたローリー・ギャレットの記事「ザ・ネクスト・パンデミック？（The Next Pandemic?)」だった。

WHOの年表を見ると、高病原性H5N1型鳥インフルエンザウイルスは鳥類の間で流行したあと、ヒトに伝播して世界各地に拡大した。3年間でベトナムから中国へ北上し、ロシアを横断してヨーロッパに上陸した。本書が出版されるころには北米にも到達して感染者を出しているかもしれない。H5N1型は変異しやすく、SARSの感染源にもなったオオジャコウネコにまで感染が拡大している（2005年7月15日現在）。

2005年11月、米国土安全保障会議のインフルエンザ対策室は次のような見解を発表した。

> 新型インフルエンザの大流行が懸念される根拠は、アジアと

ヨーロッパで空前の集団感染が発生していることだ。病原体のH5N1型インフルエンザウイルスが鳥類に感染した例は16カ国で確認されている。また感染や殺処分によって死亡した鳥はアジア全体で約2億羽に上る。対策が講じられてきたにもかかわらず、東南アジアでは渡り鳥の間で感染拡大が止まらず、終息のめどは立っていない。

　出現中のH5N1型について特に懸念すべき点は、鳥やヒトを含む広範囲の宿主を獲得していることだ。現時点でヒトへの感染は4カ国121人に及び、過去2年間で62人が死亡した。ヒトからヒトへ効率良く伝播することはまだないが、遺伝子の変異や既存のインフルエンザウイルスとの交雑を繰り返すうちに、季節性インフルエンザウイルス並みの伝播力を獲得する恐れがある。

　出現中のH5N1型が新型ウイルスに変容するかどうかは定かでない。しかし、多くの鳥類が宿主になっていることや変異の可能性を考え合わせると、H5N1型が新型ウイルスに変容して世界中に壊滅的な被害をもたらす可能性は否定できない。たとえH5N1型が新型に変容しなかったとしても、いずれは別の新型ウイルスが出現し、パンデミックを引き起こすであろうことは歴史が教えるところである。

この話のなかで着目すべき点は新型インフルエンザウイルスはいずれ出現するということだ。やはり備えは欠かせないのである。

有効な治療法

治療法についてはWHOのホームページ（http://www.who.int/csr/disease/avian_influenza/avian_faqs/en/index.html#drugs2）の「鳥インフルエンザに関するよくある質問」から抜粋する。

ノイラミニダーゼ阻害薬のオセルタミビル（商品名タミフル）とザナミビル（商品名リレンザ）は季節性インフルエンザによる症状を緩和し、罹病期間を短縮する効果がある。ただしノイラミニダーゼ阻害薬は発症後48時間以内に服用しないと効果が期待できない。H5N1型ウイルスの感染患者に対しても早期に投与すれば重症化を防げる可能性はあるが、臨床データが不足している。今のところノイラミニダーゼ阻害薬に耐性を持つウイルスはほとんど検出されていない。しかしパンデミック発生時に広く使用することによって、耐性ウイルスが出現する可能性はある。

　従来の抗ウイルス薬であるM2蛋白阻害薬（アマンタジン、リマンタジン）も新型インフルエンザの治療薬として使用できるが、ウイルスが急速に耐性を獲得することが予想されるため、効果は著しく制限されるだろう。現在出現しているH5N1型ウイルスのなかにもすでに耐性を獲得しているものがある。しかしウイルス同士の交雑によって出現した新型ウイルスに対しては、ある程度の効果が期待できる。

　ノイラミニダーゼ阻害薬の大きな問題点は生産量に限界があることと価格が高いことで、多くの発展途上国は入手不可能である。タミフルの生産量は近年になって4倍に増えたが、それでも世界人口の2割の供給分を賄うには10年を要するとされる。タミフルの生産過程は複雑で生産拠点を増やすことも容易ではない。

　H5N1型ウイルスの感染者に見られる重症肺炎は病原体がウイルスであるため、抗生物質では治療できない。しかし細菌の侵入による肺炎を併発した場合は抗生物質の効果が期待できる。以上の理由から、WHOは抗生物質の備蓄を進めるように各国に通達している。

　重症化を防ぎ、回復を早める薬としてタミフルとリレンザが上がっ

図5.1　ロシュ・ホールディング

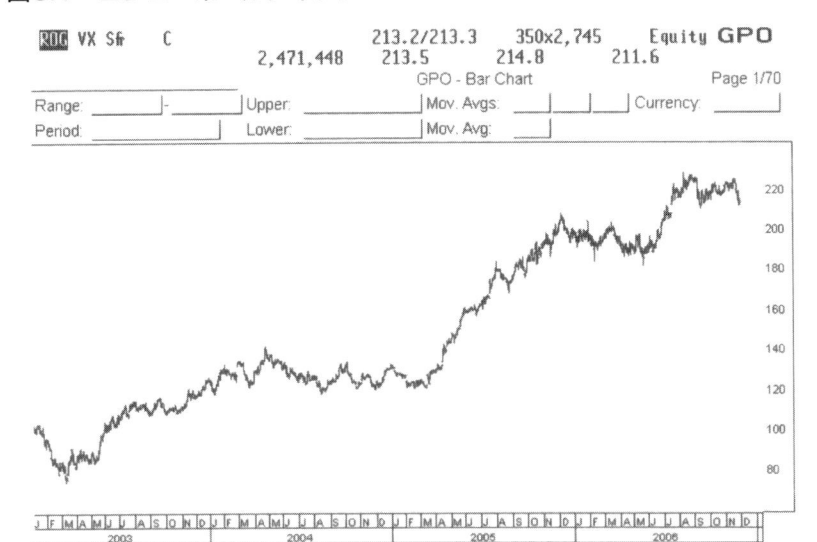

出所＝ブルームバーグ

ていることに注目してほしい。

　パンデミックの脅威を前に世界も手をこまねいているわけではない。アメリカでは国を挙げて対策に取り組んでいる。詳細は、http://www.whitehouse.gov/homeland/pandemic-influenza.html を参照してほしい。

　米政府は医薬品の備蓄を進めており、すでにロシュ・ホールディングとグラクソ・スミスクラインに600万人分のインフルエンザ治療薬を発注し、最終的には2600万人分の確保を目標にしている。ブルームバーグによれば、「政府からの発注内容はロシュのタミフルが380万人分、グラクソのリレンザが220万人分で、いずれも鳥インフルエンザウイルスがヒトへ伝播することを前提とした備蓄分である」。つまりパンデミックの発生を待つまでもなく、国際社会は対応に乗り出しており、医薬品の売り上げにも影響が出ている。図5.1と図5.2はロシュ・ホールディングとグラクソ・スミスクラインの株価の推移を示し

図5.2　グラクソ・スミスクライン

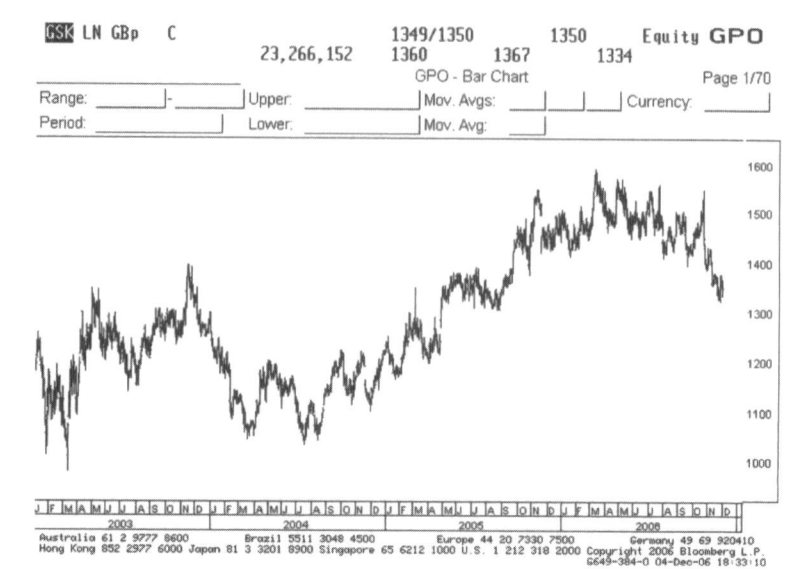

出所＝ブルームバーグ

たものだ。これを見れば分かるように、すでに金融市場はパンデミックの発生を視野に入れており、それを受けて両社の株価は上昇基調にある。両銘柄が値上がりした2005年は鳥インフルエンザの認知度が上がり、米政府がタミフルとリレンザの備蓄を開始した年だった。

３つのシナリオ

　鳥インフルエンザをめぐる今後の展開だが、ウイルスの変異の程度によって数通りのシナリオが考えられる。１つめは感染の規模が小さく、流行地域が限られる場合だ。一部の専門家はこのシナリオがもっとも現実的と見ている。というのも前に述べたとおり、H5N1型には長い歴史があり、鳥からヒトへの感染は見られるものの、ヒトからヒトへの伝播はいまだに確認されていないからだ。ネイチャー誌に掲載された最近の研究によると、H5N1型はセキやくしゃみでは簡単にう

つらないという。つまり効率良く空気感染するわけではないのだ。したがって、現段階ではH5N1型ウイルスがパンデミックを引き起こすとは考えにくい。このシナリオが現実になると、製薬各社の株は激しい下げに見舞われるだろう。というのも市場では、すでに鳥インフルエンザの流行に備えて大量の関連銘柄が買われているからである。

　２つめのシナリオは中規模の流行が発生するが、東アジア地域にとどまる場合だ。これはSARSの事例と同じ経緯をたどる可能性が高い。SARSが大流行したときは流行地域の市場が一時的に影響を受けたが、それ以外の地域には大して飛び火しなかった。第４章で検証したように、まっさきに打撃を受けるのはホテル、航空会社、大型商業施設、娯楽産業だろう。一方で対応能力を超えるほどの患者が殺到する医療機関は早々に勝ち馬に乗れるはずだ。流行国の通貨も当初は弱含みになるだろうが、絶好の買い場になる可能性もある。それはFRB（米連邦準備制度理事会）が金融緩和に踏み切るなどの大きな動きがあったとき、あるいは、過剰反応を起こした各国の中央銀行が世界経済の失速を懸念して一斉に緩和の方向に舵を切ったときだ。投資もトレーディングも簡単ではないし、簡単であってはならない。だからこそ、このような有事に備えて大きな組織の動きや政府の対応を知っておくことが大切なのだ。言うまでもなく、鳥インフルエンザに有効なワクチンや治療薬を開発製造している製薬会社は大幅に収益が上がるだろう。現に、その観測だけですでに業績を伸ばしているところもある。しかし潤うのは製薬会社だけではない。どの業種も低金利政策の恩恵には浴することができる。とくに金融機関は労せずして中央銀行から資金提供を受けられるだろう。また住宅ローン金利も下がることから、住宅市場も一時的に上向くと考えられる。

　最後は1918年型のシナリオを想定してみよう。新型インフルエンザが世界的に大流行し、世界各国で金融政策が必要になるケースだ。この場合、G7（先進７カ国）の各中央銀行は緊急の緩和策に踏み切り、

金融機関の流動性を確保することで金融業務の安定化や円滑化を図ると考えられる。日本銀行、欧州中央銀行、FRBが足並みをそろえて準備金を増やし、流動性を高めれば、各国の国債価格は上昇するだろう。

　こうした金融政策は国境が閉鎖された場合にとりわけ重要になる。国境が閉鎖されると金融機関の流動性に問題が出るからだ。他国から国交を断たれるのは、公衆衛生に十分な予算を割けない貧しい国々だろう。またこうした国々は人獣の接触が頻繁で、新型インフルエンザがいち早く流行する可能性が高い——つまり東アジア諸国ということになるだろうか。金融緩和策はパンデミックの発生に伴うデフレの予防にも有効だ。

　一方、ビジネスの現場では感染を恐れて欠勤する従業員が相次ぎ、経済活動が低下する恐れがある。多くの人手を必要とする産業はとくに深刻な打撃を受けるだろう。パンデミック発生時の欠勤率は30％に上るという試算もある。また人々が自宅にこもり、買い物に出なくなるため、消費も落ち込むだろう。

　ここで出番となるのが特定のサービス業者だ。例えば宅配便のUPSやオンラインスーパーマーケットのピーポッドは飛躍的に業績を伸ばすことが予想される。それは、感染者との接触を避けたい消費者がネットショッピングを頻繁に利用し、配送業者を必要とするからだ。

　その結果、オンラインショップは全般的に活況を呈するだろう。これがクリスマスシーズンなら、あるいは国民的なスポーツイベントを控えた時期だったらどうだろうか。黒死病のときと同じで不特定多数の人が集まる場所は嫌われるから、スポーツバーや競技場は閑散とし、ビールやアルコール類の売り上げも減少するはずだ。その反対にインターネットの需要は高まるので、通信事業分野は全般的に好調だろう。さらに踏み込んで考えると、ホームエンターテインメント産業も大いに期待できる。コンテンツを提供するマイクロソフト、任天堂、ブロックバスター、ネットフリックスに加えて、薄型TVや映像機器のメ

ーカーも大幅な黒字になるに違いない。

　保険業界では生命保険に力を入れているところは打撃を受けるが、個人年金保険を主力にしている企業は救われそうだ。したがって、前者を売り、後者を買うのが究極のヘッジトレードになるが、あいにく保険会社も自身のリスク回避のために同様の手段に出ると思われる。

　一般消費財セクターに目を転じると、超のつく有望業種がひとつある。1918年の事例に倣えば、葬儀事業者には対応能力を超える需要が殺到するに違いない。全米最大手の葬儀社のサービスコーポレーションインターナショナル（SCI）などは人口の激減を招く異常事態に対するヘッジとして最適だ。この場合、人の死が最大の商機になる。おしなべて遺体の後始末を請け負う業者はどこも有望だろう。

パート2

自然災害
Natural Disasters

第6章
ハリケーン
Hurricanes

　ハリケーン・カトリーナとハリケーン・リタがメキシコ湾岸を直撃してからというもの、金融界は毎年6月1日から11月30日にかけてアフリカ沖で発生する熱帯低気圧によく目を光らせるようになった。両ハリケーンはアメリカ全土を席巻し、自然の脅威が経済の要所のもっとも弱いところを突くことを見せつけた。

　ハリケーンは気象界の怪物だ。米市民が好んで住み、好んで休暇を過ごす地域を標的にするところが、とくに手ごわい。また、エネルギーの生産拠点を襲う点では経済活動の破壊者と言えよう。

　ハリケーン（hurricane）の語源はカリブ海のアラワク族にある。彼らはこの暴風を、悪霊を意味する「フラカーン（hurakan）」と呼んだ。ポール・ダグラス著『レストレス・スカイズ（Restless Skies）』によると、先人たちはハリケーンを畏怖するあまり、非情な海の神ユーラカンにいけにえを捧げて、その怒りを鎮めようとしたそうだ。今の時代にいけにえは考えられないが、先人の心がけは見習うべきではないだろうか。われわれもハリケーンを大いに警戒し、畏怖すべきである。

　本章ではハリケーンの成り立ち、分類、進路をつまびらかに説明する。感染症の事例と同じで、経済と金融市場に及ぼす影響を読み解くには、そのメカニズムを知ることが先決である。次に、過去20年間に発生した5個の大型ハリケーンを例に、被災地や経済全般に与えた打

111

撃を探る。最後は金融市場と企業への波及効果を検証しよう。

専門機関の情報

　NOAA（米海洋大気庁　http://www.noaa.gov/）によると、ハリケーンとは熱帯地方で発生する低気圧のトロピカルサイクロンの一種だ。この渦巻状の強風は海水温の高い海上で発生し、北半球では時計と反対に回転する。ハリケーンは海面付近で放出される潜熱をエネルギーにして発達する。

　ハリケーンは大西洋でも太平洋でも発生し、直径は大きいものでおよそ1100キロ以上にもなり、その寿命は、竜巻とは違って、数週間に及ぶ場合がある。

●ハリケーンの中心にある「目」は比較的穏やかで雲のない領域で、直径は30〜65キロほど。
●目の周囲は「目の壁雲」と呼ばれる積乱雲の集団で、最大の強風域。
●ハリケーンの周囲の雨域（強風域を伴うことが多い）は帯状の雷雲が発生しやすい。雨域の幅は数キロから数十キロ、長さは80〜480キロに及ぶ。
●一般的にハリケーンの進行方向の右側は高潮、強風、竜巻が発生しやすい。
●ハリケーンの移動速度と進路は海洋と大気の状態に左右され、ほかの気象条件にも影響される。さまざまな条件が絡み合うため、速度と進路を予測することはきわめて難しい。
●ハリケーンの目や進路にばかり気をとられてはならない。ハリケーンは複雑な動きを見せるので、進路の予測は困難だ。その大きさ、強さ、移動速度、進行方向の変化に注目することが大切。

最後の項目は大きな懸念だ。正確な進路が専門家にも分からないとなると事前の対策も立てようがない。

ハリケーンの命名は？

　NOAAによれば、大西洋ハリケーンの名称は1953年から米国立ハリケーンセンターが決めている。当初は女性名しか使われなかったが、1979年から男性名が登場した。現在、名称のリストを管理しているのは世界気象機関の国際委員会で、リストは全部で6パターンあり、輪番制で使用される。つまり2005年のリストが2011年に再び使われることになる。ハリケーンの名前に聞き覚えがあるとしたら、過去に使われた可能性がある。

　ただし記録的な被害をもたらしたハリケーン名はリストから除名される──いわば永久欠名だ。「アンドリュー」「カトリーナ」は永久欠名組である。

　ハリケーンのレベルはサファ・ソンプソン・ハリケーンスケールなるものを使用し、風速、中心気圧、被害予想などを基準として決まる。表6.1を参照してほしい。

良い知らせと悪い知らせ

　ここでハリケーンにまつわる良い知らせと悪い知らせを交互に紹介しよう。良い知らせは、米本土に上陸するハリケーンは平均すると3年間で5個、そのうちカテゴリー3以上の大型は2個にすぎない。悪い知らせは、2005年は平年並みとはいかず、名前のつく嵐は計28個発

表6.1 サファ・シンプソン・ハリケーンスケール

カテゴリー	風速 (メートル/秒)	予想される被害	高潮 (フィート)
1	33〜42	**小さい**——一部のトレーラーハウスが横転	4〜5
2	43〜49	**並**——すべてのトレーラーハウスが横転。屋根や小型船舶に被害が出て、洪水が発生	6〜8
3	50〜58	**大きい**——中小のビルが損壊し、低地の道路が寸断される	9〜12
4	59〜69	**非常に大きい**——屋根が破損し、街路樹が倒れ、道路が寸断される	13〜18
5	70以上	**壊滅的**——ほとんどの建造物が倒壊し、街路樹が倒れ、幹線道路が寸断される。家屋が浸水	18以上

出所＝米連邦緊急事態管理庁

生し、そのうち15個がハリケーンだった。15個のうち大型は7個、米本土に上陸したのは4個（デニス、カトリーナ、リタ、ウイルマ）に上った。良い知らせは、2006年に米本土に上陸したハリケーンは1個もない。悪い知らせは、大型ハリケーンが発生しやすい気象条件は今後も続くと予想される。

　良い知らせは、ハリケーンの進路予測は精度が上がっている。悪い知らせは、米市民は依然として注意報や警報に耳を傾けず、市町村、州、国の防災対策は依然として足並みがそろっていない。良い知らせは、ここ100年間でハリケーンによる犠牲者の数が減少した（約1300人の犠牲者を出したカトリーナは例外）。悪い知らせは、ハリケーンの常襲地帯に移り住む人々は増加の一途をたどっており、ハリケーンによる被害額も年々増加している。

最悪中の最悪

　ハリケーンによる経済被害を評価する基準は2つある——名目金額と実質金額だ。**表6.2**にずらりと名を連ねているのは1900〜2004年にかけて発生したハリケーンとトロピカルストームのなかで、米本土に甚大な被害をもたらしたものとその推定被害額である。リストには入っていないが、2004年にフロリダ南部、ミシシッピ、アラバマを襲った名無しの暴風は当時の金額で相当な被害を出した。

　興味深いのは、リスト入りした上位30個のうち7個が2000〜2004年に発生していることである。また4個の大型ハリケーンに見舞われた2005年は空前のハリケーンイヤーだったが、このリストには含まれていない。2005年を含めると、過去106年間に発生した被害額の大きいハリケーンとトロピカルストームのうち3割強が最近の6年に集中している。最近の20年ではその数は4割に上る。

　物価上昇率を度外視すると、その割合はさらに跳ね上がる。2005年を含めた場合、巨額の被害をもたらした歴代のハリケーンのうち、実に7割が2004年と2005年に集中している。ハリケーンの発生頻度と被害額に関しては上昇トレンドを歓迎することはできない。

　被害額が増加している背景には、人口分布の推移が大きく関係している。アメリカでは海辺の暮らしに憧れる人が増え続けているのだ。フロリダの先住民は海岸から遠く離れた土地に集落を作ったが、現代人はその逆のことを行っている。フロリダ、アラバマ、ノースカロライナ、ジョージアの4州は大型ハリケーンの常襲地帯で、それに続くのがテキサス、ルイジアナ、ミシシッピ、サウスカロライナ、テネシーの6州だ。2005年を含めた歴代被害額1〜6位までのハリケーン（アンドリュー、チャーリー、アイバン、カトリーナ、リタ、ウイルマ）はいずれもこの10州に被害をもたらした。

　以上のことを念頭に置いて、歴代被害額上位5個のハリケーンを年

表6.2　米本土に記録的な被害をもたらしたハリケーンおよびトロピカルストーム上位30

順位	名称（主な被災地）	発生年	カテゴリー	被害額
1	アンドリュー（フロリダ南東部、ルイジアナ南東部）	1992	5	265億ドル
2	チャーリー（フロリダ南西部）	2004	4	150億ドル
3	アイバン（アラバマ、フロリダ北西部）	2004	5	142億ドル
4	フランシス（フロリダ）	2004	2	89億ドル
5	ヒューゴ（サウスカロライナ）	1989	4	70億ドル
6	ジーン（フロリダ）	2004	3	69億ドル
7	アリソン（テキサス北部）	2001	TS	50億ドル
8	フロイド（大西洋岸中部諸州、北東部諸州）	1999	2	45億ドル
9	イザベル（大西洋岸中部諸州）	2003	2	33億7000万ドル
10	フラン（ノースカロライナ）	1996	3	32億ドル
11	オパール（フロリダ北西部、アラバマ）	1995	3	30億ドル
12	フレデリック（アラバマ、ミシシッピ）	1979	3	23億ドル
13	アグネス（フロリダ、北東部諸州）	1972	1	21億ドル
14	アリシア（テキサス北部）	1983	3	20億ドル
15	ボブ（ノースカロライナ、北東部諸州）	1991	2	15億ドル
15	ジュアン（ルイジアナ）	1985	1	15億ドル
17	カミール（ミシシッピ、ルイジアナ南東部、バージニア）	1969	5	14億2070万ドル
18	ベッツィー（フロリダ南東部、ルイジアナ南東部）	1965	3	14億2050万ドル
19	エレナ（ミシシッピ、アラバマ、フロリダ北西部）	1985	3	12億5000万ドル
20	ジョージ（フロリダキーズ、ミシシッピ、アラバマ）	1998	2	11億5500万ドル
21	グロリア（東部諸州）	1985	3	9億ドル
22	リリ（サウスカロライナ、ルイジアナ）	2002	1	8億6000万ドル
23	ダイアン（北東部諸州）	1955	1	8億3170万ドル
24	ボニー（ノースカロライナ、バージニア）	1998	2	7億2000万ドル
25	エリン（フロリダ北西部）	1998	2	7億ドル
26	アリソン（テキサス北部）	1989	TS	5億ドル
26	アルベルト（フロリダ北西部、ジョージア、アラバマ）	1994	TS	5億ドル
26	フランシス（テキサス）	1998	TS	5億ドル
29	エロイース（フロリダ北西部）	1975	3	4億9000万ドル
30	キャロル（北東部諸州）	1954	3	4億6100万ドル

出所＝NOAA

代順に見ていこう。それぞれがどのような経過をたどって米本土に上陸し、金融市場に影響を与えたのだろうか。そして最後に意外な展開を検証する——2006年、米本土を襲った大型ハリケーンはひとつもなかった。

1992年ハリケーン・アンドリュー

　カトリーナ以前にアメリカでもっとも大きな被害を出したのがハリケーン・アンドリューだ。アンドリューの前身は通常の大西洋ハリケーンと同様に、アフリカ近海で発生した熱帯波だった。8月14日に誕生したこの熱帯波はやがて熱帯低気圧に変わり、8月17日にトロピカルストーム・アンドリューに発達した。**図6.1**はフロリダからルイジアナに向けて北上するアンドリューの進路を示している。

　NHC（米国立ハリケーンセンター）はアンドリューについて次のように説明している（http://www.nhc.noaa.gov/HAW2/english/history_printer.shtml#andrew）。

　　西北西に進んでいたアンドリューは上層の気圧の谷に阻まれて、発達のペースが鈍かった。8月20日には、垂直方向のウインドシアの影響も重なって、いったん消滅しかける。バミューダとプエルトリコの中間に停滞していたアンドリューは21日、支障の少ない西へと進路を変えた。その後は急速に勢力を拡大して翌22日にハリケーンとなり、23日にカテゴリー4に発達した。バミューダ諸島に上陸したあとはいったん衰えたものの、再びカテゴリー4に達して24日にフロリダ南部を通過した。さらに西へと進み、メキシコ湾に達したあたりから徐々に北上を開始した。26日、カテゴリー3の勢力でルイジアナ沿岸に接近したあと、北東寄りに進んだが、28日に米中東部の上空で前線と合流した。

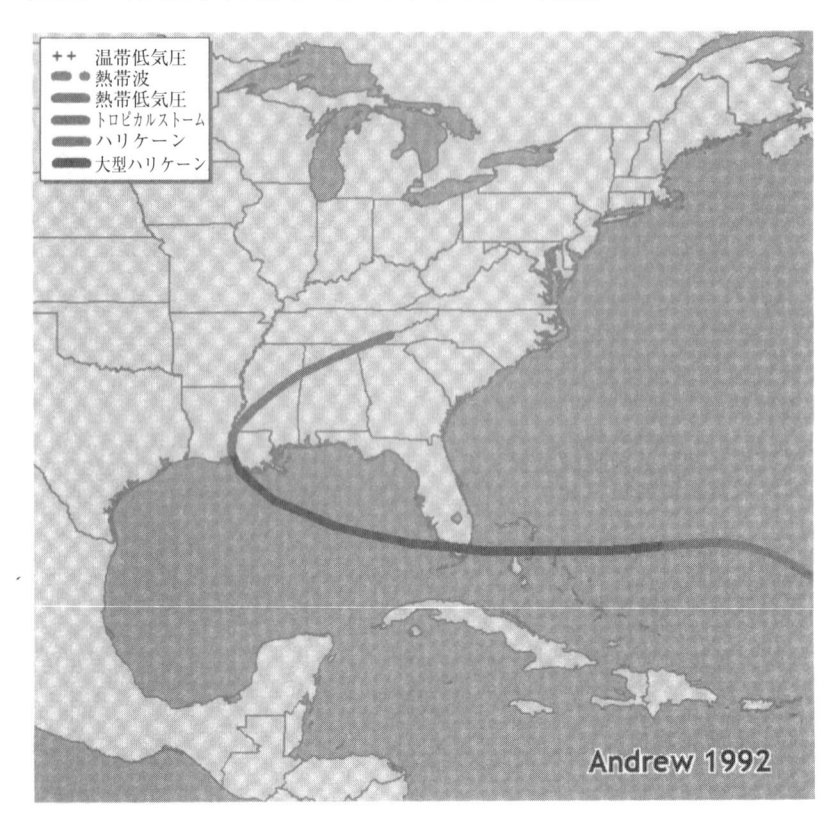

図6.1　1992年のハリケーン・アンドリューの進路

凡例：
++ 温帯低気圧
熱帯波
熱帯低気圧
トロピカルストーム
ハリケーン
大型ハリケーン

Andrew 1992

出所＝NOAA

　アンドリューによる犠牲者は26人、被害総額は265億ドルだった。ハリケーンにしては珍しいことだが、主に災害を引き起こしたのは高波であり、鉄砲水や高潮による洪水ではなかった。NHCはハリケーンに伴う4つの危険な現象を危険度の高い順に紹介している。

1．内陸部の鉄砲水
2．高潮

3．高波
4．竜巻

　通常、ハリケーンの経済的影響を考えるときは「被災者」「支払い責任者」「品薄になる商品」の３分野を対象にする。それを踏まえたうえで損害を被った側から検証してみよう。
　まずは被災者、次に被害を補償しなくてはならない保険会社だが、後者については1992年８月のナスダック保険株指数に注目してほしい。これは、ナスダックに上場する保険業種の全銘柄を対象にした時価総額加重平均指数である。**図6.2**を見ると、ハリケーン・アンドリューが勢力を増し、フロリダで猛威を振るった期間は下落しているのが分かる。フロリダの保険業界は壊滅的な打撃を受け、保険金の支払総額は実に160億ドルに上った。これを契機に、州議会はフロリダ州ハリケーン災害基金を設立した。今後のハリケーン災害に備えて保険会社を保護し、保険業務の安定化を図ることが狙いだ。
　住宅メーカーは、プラスの材料が見当たらないと判断されて、当初は株価を下げた。しかし1992年10月以降、センテックス（CTX、**図6.3**）をはじめとする銘柄が順調な伸びを見せた。住宅業者がフロリダ再建という一大事業の担い手であることに市場が気づいたのだ。アンドリューの発生時は建設中の住宅が被害を受けるとして住宅関連株は売られたが、９月後半から値上がりし始めた。
　アンドリュー特需でとくに好調だった商品が３つある。原油、天然ガス、木材だ。ブルームバーグのホームページで木材（LB1）を検索すると、８月中旬から９月上旬にかけて相場が急上昇したのが分かる（**図6.4**）。しかし、ぐずぐずしていたら、この好機をものにすることはできなかっただろう。木材価格はあっという間に元の水準にまで下げてしまったからだ。
　原油（CL1）も同様の値動きを見せ、８月から上げたものの、10月

図6.2　ナスダック保険株指数

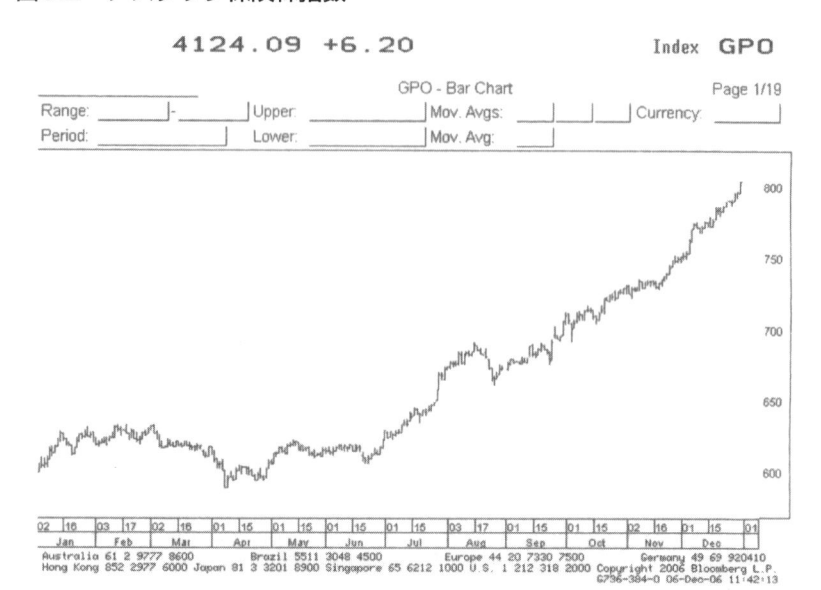

出所＝ブルームバーグ

図6.3　1992年　センテックス

出所＝ブルームバーグ

第6章 ハリケーン

図6.4　1992年　木材

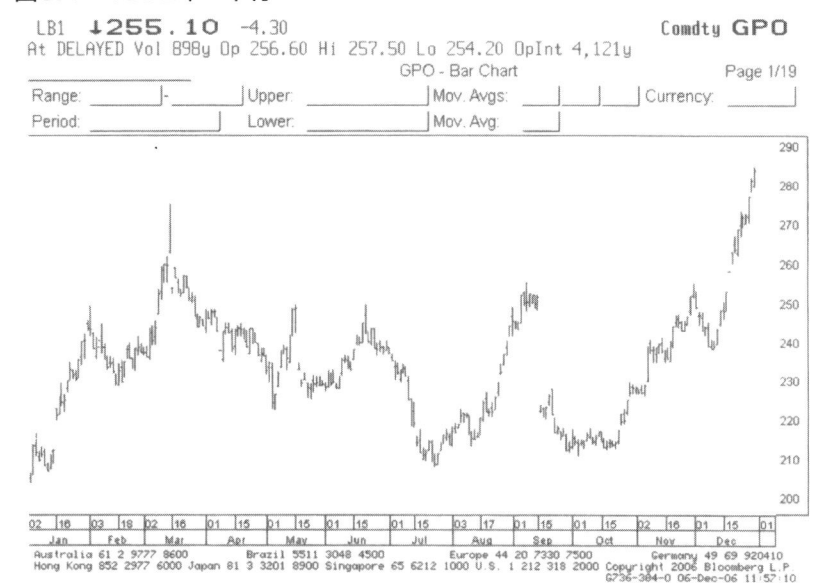

出所＝ブルームバーグ

図6.5　1992年　原油

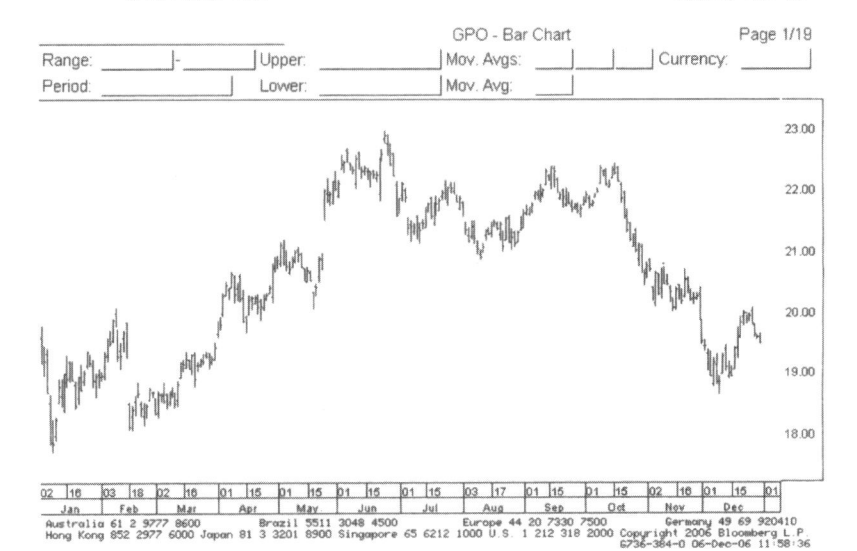

出所＝ブルームバーグ

図6.6　1992年　天然ガス

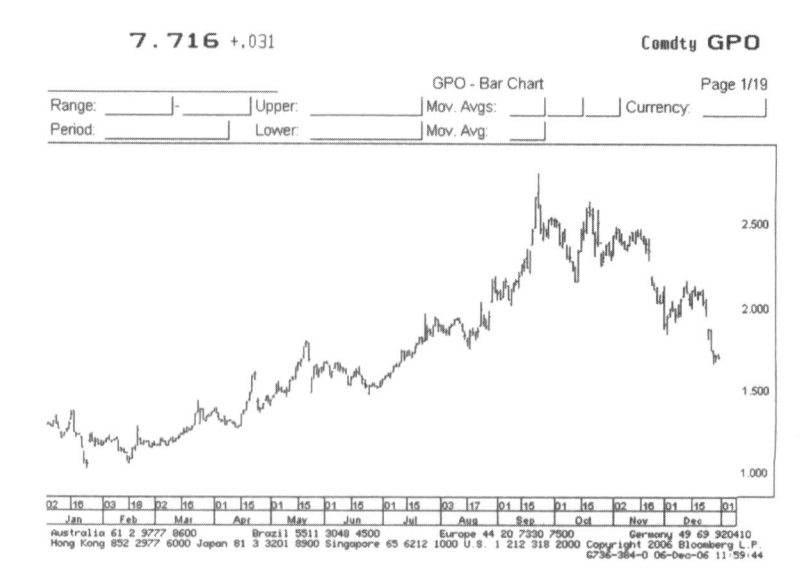

出所＝ブルームバーグ

図6.7　1992年　ダウ工業株平均

出所＝ブルームバーグ

図6.8　1992年　米ドル指数

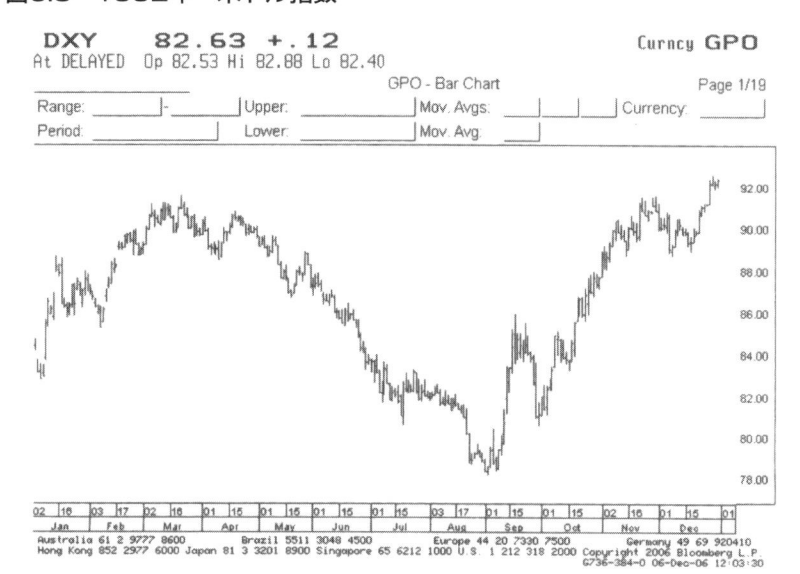

出所＝ブルームバーグ

図6.9　1992年　10年物Tノートの利回り

出所＝ブルームバーグ

に下落した（図6.5）。

天然ガス（NG1）も似たような展開だ（図6.6）。3銘柄とも一時的に急騰したが、2カ月以内には下げている。木材だけは8月の高値を大きく上回ってその年を終えた。

主要な指数に目を転じると、アンドリューのあおりを受けてダウ平均（INDU INDX、図6.7）、米ドル指数（DXY INDX、図6.8）、10年物Tノートの利回り（USGG10YR INDX、図6.9）はいずれもその年の安値を付けた。しかし商品相場と同じで、低迷は長くは続かず、まもなく復調した。

アンドリューの打撃が短命に終わったのは、事後に生じる経済効果について市場が考え直したからだろう。当初は大災害とみなされたアンドリューも、最後には経済へのダメージはほぼゼロと判断された。なぜなら被災地の復興事業が被害そのものを相殺すると受け取られたからである。

2004年ハリケーン・チャーリーとハリケーン・アイバン

この2つのハリケーンは1カ月以内に相次いで発生した。したがって金融市場への影響を個々に考えることは不可能なので、まとめて扱うことにする。チャーリーとアイバンの異様な動きを見ると、トレーダーならハリケーンのメカニズムを熟知しなければならないと痛感する。ハリケーンは子供と一緒で、ときに想定外のことをしでかす。私が各ハリケーンの進路を細かく紹介しているのも、同じ進路をたどるハリケーンはひとつとしてないことを示すためだ。

それではNHCの解説とチャーリーの進路を見てみよう。図6.10が示すように、ジャマイカを経てキューバに上陸したチャーリーは一時的に勢力を弱めた。これはハリケーンの上陸時によくあることだ。以

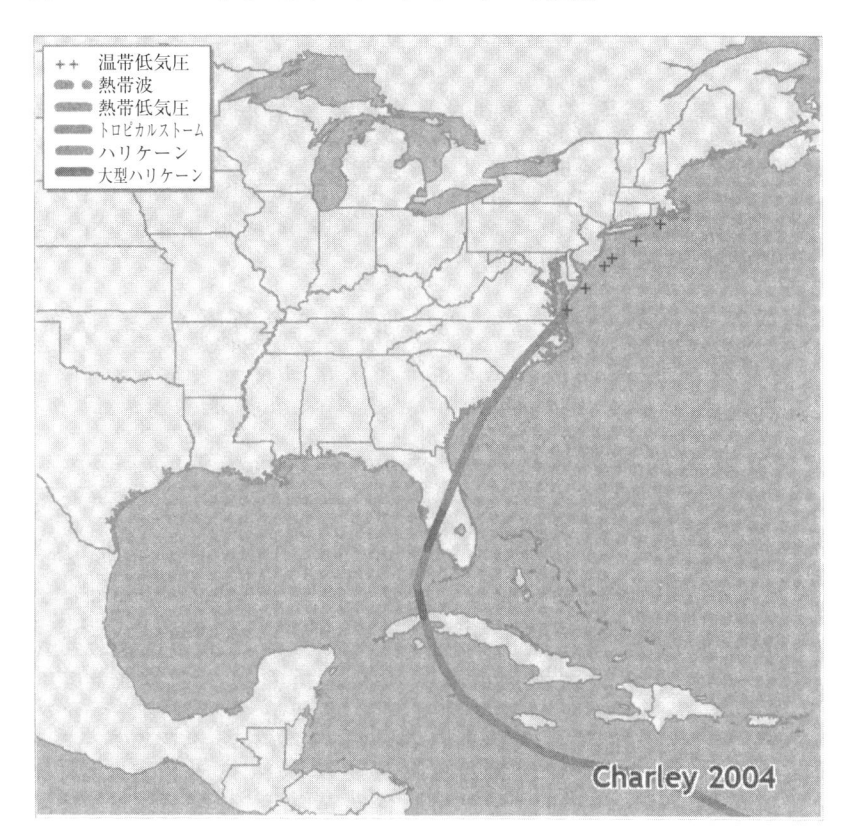

図6.10　2004年のハリケーン・チャーリーの進路

出所＝NOAA

下はNHCのホームページからの抜粋である（http://www.nhc.noaa.gov/HAW2/english/history_printer.shtml#charley）。

　その後、チャーリーは米東部から南下してきた季節外れの気圧の谷に行く手を阻まれる。北北東に進路を変えたチャーリーは速度を上げながらフロリダの南西に接近し、急速に勢力を拡大……午前10時の最大風速は約33メートルだったが、3時間後に約64.7メートルに達してカテゴリー4になった。午後3時45分ころには

最大風速が約66.6メートルを超え、フロリダの南西部沿岸では土砂災害が発生した。その１時間後、チャーリーの中心はフロリダ州プンタゴーダを通過し、フロリダ中央部を横断して同州のキシミーとオーランドに接近した。チャーリーは強い勢力を保ちながら、夜半過ぎにデイトナビーチ付近の沿岸から海上へ抜けた。しばらく大西洋を北上したあと、８月14日の正午ごろにカテゴリー１となり、サウスカロライナ州ロメイン岬付近に接近した。チャーリーの中心が上陸した直後、同州マートルビーチ北部で土砂災害が発生した。チャーリーはその直後から勢力を弱め、ノースカロライナの南東で熱帯低気圧に変わり、15日には温帯低気圧になってバージニア州バージニアビーチ付近で海上へ抜けた。

　チャーリーは規模としては小型の部類に入る。暴風域や高潮が発生した範囲も中心からわずか11キロの圏内だ。それでも強風災害によってフロリダのプンタゴーダ市とポートシャーロット市は壊滅状態に陥った。またチャーリーがフロリダからノースカロライナを通過し、バージニアに達するまでの間に16個の竜巻が発生し、15人が犠牲となり、150億ドル相当の被害が出た。
　次はハリケーン・アイバンだ。前述したとおり、アイバンはチャーリーのあとを追うようにして米本土に上陸し、連続して発生したハリケーン災害のなかでも最悪のシナリオを展開した。同じシナリオは2005年にも繰り返され、同様の時期に同様の大災害をもたらした。古い表現だが、ダブルパンチだ。再びNHCの解説を引用する（http://www.nhc.noaa.gov/HAW2/english/history_printer.shtml#ivan）。

　　ハリケーン・アイバンが誕生したのはチャーリーが米本土を抜けてから、わずか16日後だった。カリブ海における進路もチャーリーとよく似ている……９月５日、アイバンはカリブ海のウイン

ドワード諸島の南東およそ1850キロの海上でハリケーンに変わり、18時間後には北緯10.2度の海上でカテゴリー３の大型ハリケーンに発達した。アイバンの中心はグレナダ島の南およそ11キロを通過したため、強風を伴う「目の壁雲」の北側が島を直撃することになった。その後アイバンはカテゴリー５となり、最大風速およそ71.3メートルを記録。９日にドミニカ共和国の南に達し、中心気圧は二度にわたって910ヘクトパスカルにまで下降した。11日、アイバンの中心はジャマイカの沖およそ38キロを通過し、翌12日にカテゴリー４の勢力を保ったまま、グランドケイマン島の沖に達した。その後は進路を北西に変え、ユカタン海峡に沿って北上したが、その影響で14日、キューバの最西端地域で大災害が発生した。アイバンは大型の勢力を保ったまま、メキシコ湾の東を北上。16日に最大風速およそ53.6メートルを記録し、アラバマ州ガルフショアーズの西で土砂災害を引き起こした。

　上陸後のアイバンはいくらか衰えたが、米南東部のほぼ全域に100個あまりの竜巻と豪雨をもたらし、18日に東部のデルマーバ半島上空で前線と合流した。通常のハリケーンはここで消滅するが、温帯低気圧に変わったアイバンは前線を離れると、数週間かけて大西洋を南下し、フロリダ南部を横断して、21日にメキシコ湾に戻ってきた。翌22日にはメキシコ湾の中央で熱帯低気圧からトロピカルストームへと発達し、24日に熱帯低気圧に戻ったが、その影響によってルイジアナ南西部で最後の土砂災害が発生した。

アイバンはカテゴリー５の超大型ハリケーンというだけではない。土砂災害によって衰弱することもなく、しぶとく生き残った。それどころか息を吹き返し、東海岸を折り返して再び南下し、最後はルイジアナに到達したのだ。ときに自然は不可解な行動を見せるが、アイバンの事例は気象予報の限界を突きつけている。

アイバンによる推定被害額は142億ドルで、チャーリーとたいして変わらない。しかし犠牲者の数は段違いだ。アメリカ、グレナダ、ジャマイカ、ドミニカ共和国、ベネズエラ、ケイマン諸島、トバゴ島、バルバドスにおける死亡者は合わせて92人に上った。NOAAによると、アイバンの影響による高潮はグランドケイマン島を島ごとのみ込み、島内の建造物の95％が損壊あるいは全壊したという。実にたちの悪いハリケーンだ。

　金融市場への影響は、主要な指数から見ていく。その前に、両ハリケーンの上陸時は2004年の米大統領選挙戦が大詰めを迎えていたことを念頭に置いておきたい。もうひとつ、チャーリーとアイバンは1カ月と空けずに発生したことも忘れてはならない。市場はチャーリーの打撃から立ち直る間もなくアイバンを迎えることになり、その後も下落し続けた。チャーリーは週末にかけて米本土に接近したため、金曜日の株式市場には懸念が広がった。その影響でダウ平均は8月13日（金）にその月の安値を記録した（図6.11）。それから1カ月ほどは上昇したが、アイバンの上陸で再び下落し、その年の安値を付けた。

　10年物Tノートの利回りはチャーリーの上陸以前から下降基調にあり、チャーリーの上陸後は大幅に落ち込んだ（図6.12）。8月初めに4.40％だったが、アイバンの上陸後に4.00％に下落した。米ドル指数も同様の動きを見せた。チャーリーの上陸後に下がり、その後やや持ち直したものの、アイバンの上陸で再び下げた（図6.13）。しかし年末まで続落した点はダウ平均や10年物Tノートと異なっている。全般的に言えるのは、ハリケーンはそれまでのマクロトレンドに一時的に影響を与えたものの、株式と国債に対する影響はひと月ほどでほぼなくなったということだ。

　次は商品相場である。ここの値動きはいささか変則的だ。まずは木材だが、市場の予想に反して急激な上昇は見られなかった。ふつう、チャーリーやアイバンほどのハリケーンが立て続けに発生したとなれ

第6章 ハリケーン

図6.11　ダウ工業株平均

出所＝ブルームバーグ

図6.12　10年物Tノートの利回り

出所＝ブルームバーグ

図6.13　米ドル指数

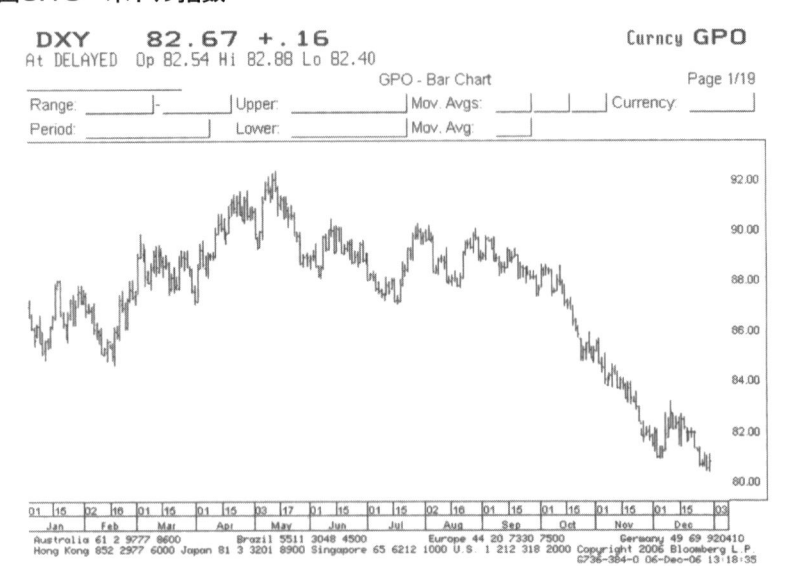

出所＝ブルームバーグ

図6.14　木材

出所＝ブルームバーグ

図6.15　アメリカの政策金利

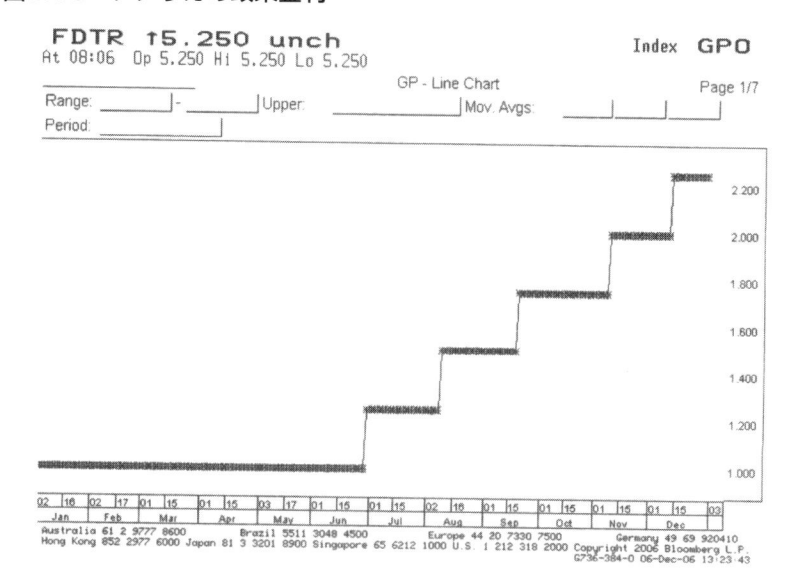

出所＝ブルームバーグ

図6.16　原油

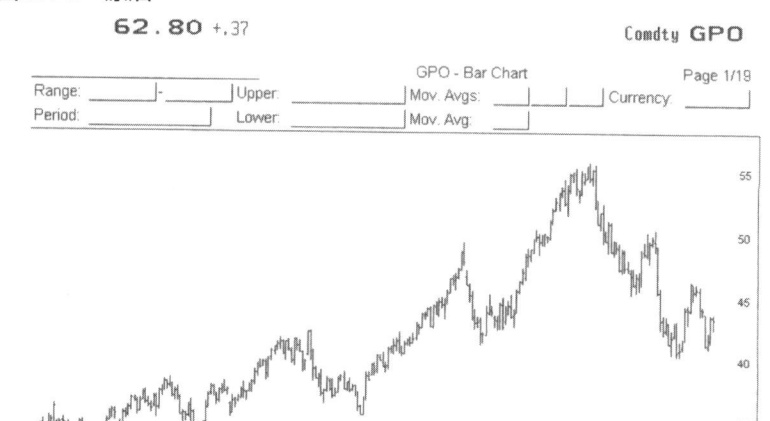

出所＝ブルームバーグ

図6.17　天然ガス

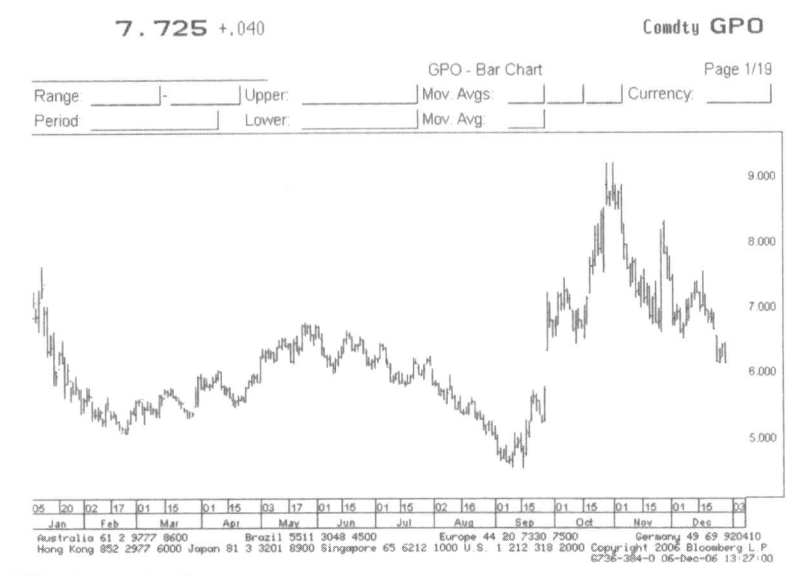

出所＝ブルームバーグ

ば、災害復興期の木材価格は大幅に上がるはずだ。実際、チャーリー後は観測どおりに上昇している（**図6.14**）。ところがアイバンが発生し、米本土に上陸するころになると相場は急落した。原因は金利である。FRB（米連邦準備制度理事会）が１％金利を脱し、利上げに踏み切ったために（**図6.15**）、不動産市場と建設業界は打撃を受けることになったのだ。

　ハリケーンの影響をもろに受け、もっとも激しい値動きを見せたのがエネルギー市場だ。原油価格は上昇基調のまま８月を迎えたが、チャーリーによる土砂災害の発生後に下落した。アイバンの上陸後に復調し、それから２カ月近く上昇した（**図6.16**）。その背景には、産油国ナイジェリアの内紛で現地の石油プラットフォームが破壊されたことに加えて、原油高に歯止めがかけられないとしたOPEC（石油輸出国機構）の発表がある。その後、原油相場は下落に転じ、ハリケーン前の水準にまで下げて年内の取引を終えた。天然ガスの値動きは異常

図6.18　ブルームバーグ全米住宅建設株指数

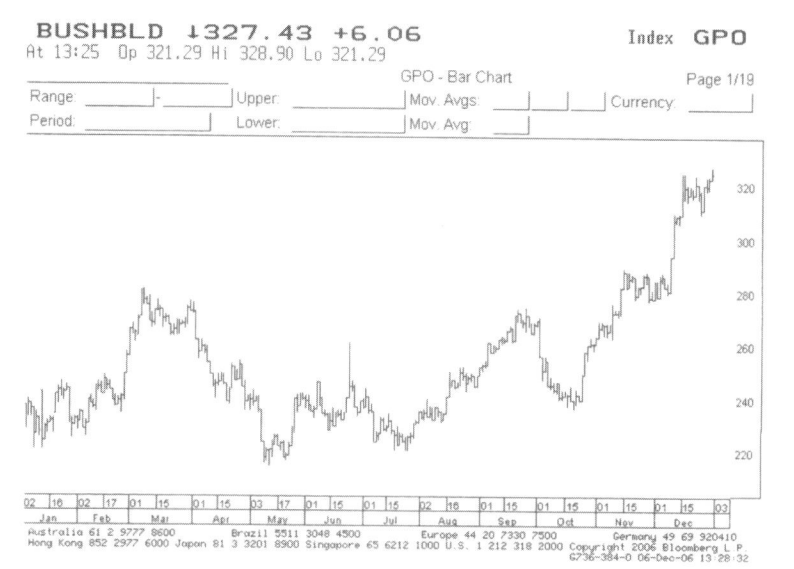

出所=ブルームバーグ

としか言いようがない。図6.17を見てほしい。チャーリーの上陸からアイバンの上陸までは下降気味だったが、突然大きく上昇して10月末には倍近い値を付けた。しかし、その後は急上昇したときのギャップを埋めるほどの下落を見せた。総括すると、両ハリケーンが石油と天然ガスの生産拠点である湾岸沿いを通過したために、ボラティリティが増し、エネルギー価格が急上昇する場面が生まれた。

　最後は業種別の指数を見ながら、各業界の反応を探っていこう。ブルームバーグ全米住宅建設株指数（BUSHBLD）は全米大手の住宅メーカーで構成される時価総額加重平均指数だ。図6.18を見ると、7月後半はその年の安値近くまで落ち込んでいたが、8月から上昇し始め、チャーリーによる土砂災害が発生したあとは一段高となったことが分かる。その後もアイバンが上陸するまで上昇を続けたが、アイバンの上陸後はチャーリー前の水準にまで下げた。ここまではほかの指数や商品相場とほぼ同じ展開である。しかし、住宅建設株指数はここ

図6.19　フィラデルフィア石油株指数

出所＝ブルームバーグ

図6.20　ナスダック保険株指数

出所＝ブルームバーグ

第6章　ハリケーン

figure 6.21　オールステート

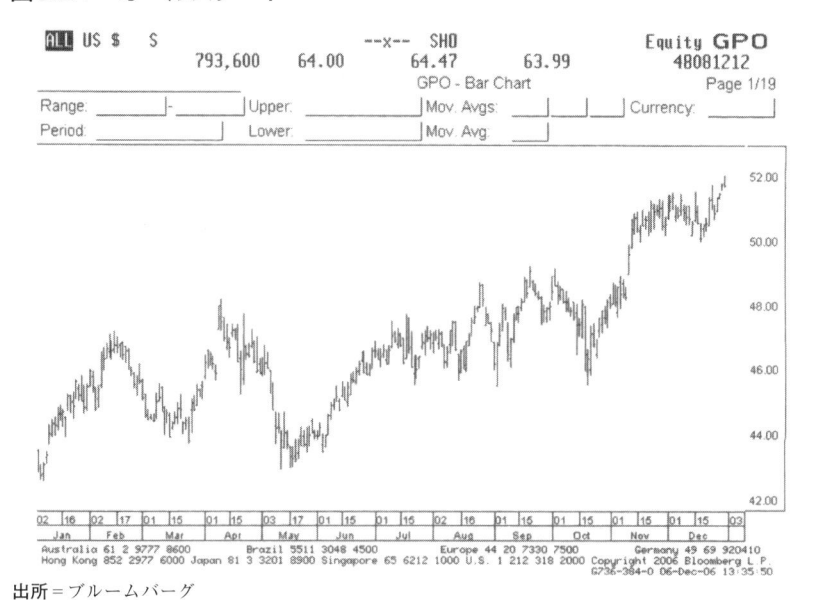

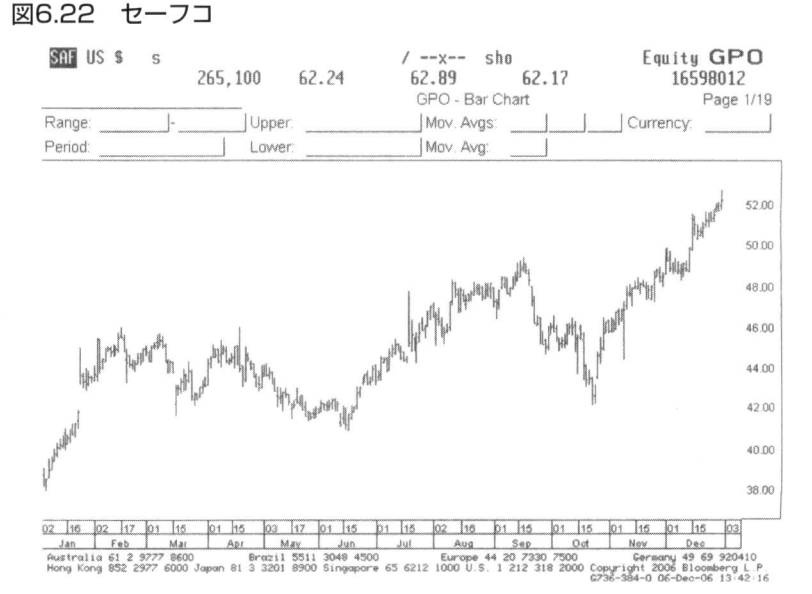

出所＝ブルームバーグ

図6.22　セーフコ

出所＝ブルームバーグ

図6.23　スイス再保険

出所＝ブルームバーグ

　から大幅に上昇して、年末にはその年の高値を付けた。これは低金利という追い風に加えて、ハリケーンによる対物被害が相次いだことから住宅の需要が大幅に伸びたためだ。

　続いては石油サービス業を検証する。なぜ、この業種を取り上げるのだろうか。ハリケーンがメキシコ湾を通過すると、湾内のプラットフォームは操業停止に追い込まれて石油とガスの生産はストップし、双方の価格が上がる。そうなれば、遠洋で採掘事業を展開する企業の株価は必然的に上がるからだ。フィラデルフィア石油株指数（OSX）は15銘柄から成る単純平均株価指数である。この15社は原油の採掘や生産、油田設備の設置、油層管理などを行っている。**図6.19**を見ると、住宅建設株指数と違って、チャーリーが発生する前は売られていたことが分かる。しかしチャーリーによる土砂災害が発生したあとは上昇に転じ、アイバンの上陸後も上昇を続けて、年末にはその年の高値を付けた。

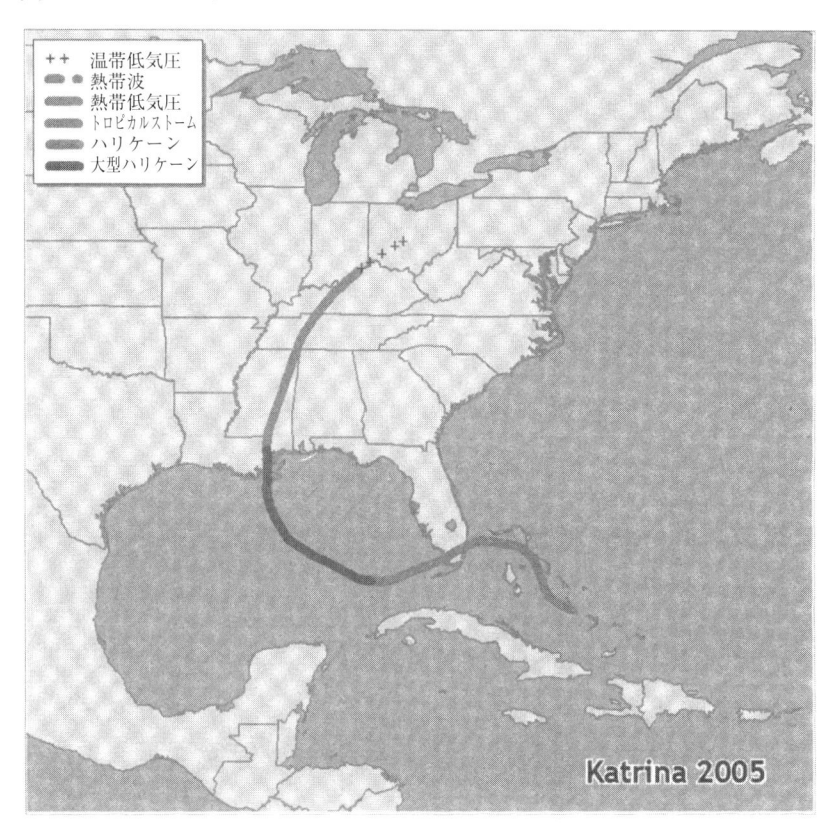

図6.24　2005年のハリケーン・カトリーナの進路

出所＝NOAA

　最後は保険業種である。ナスダック保険株指数（CINS、図6.20）に加えて、オールステート社（ALL、図6.21）、セーフコ社（SAF、図6.22）、スイス再保険（RUKN、図6.23）の株価を参考にする。図6.20～図6.23を比べると、8～10月はいずれも低調か横ばいで、オールステートとセーフコは10月に直近数カ月間での安値を付けている。しかし、10月を過ぎるとそろって回復し、その年の高値を付けて2004年を終えた（スイス再保険を除く）。この値動きからも分かるように、ハリケーンが市場に与える影響は長くは続かない。平均すると

2〜3カ月ほどだ。

2005年ハリケーン・カトリーナとハリケーン・リタ

　ジャーナリズムが歴史書の下書きをするならば、ハリケーン・カトリーナのような近年のイベントを取り上げた書籍はその第1回改訂版というところだろうか。この大災害は社会と経済のもろさを露呈させた。リアルタイムで見届けた立場から言わせてもらえば、市町村、州、連邦政府は「考えられない事態」を前にして右往左往し、責任のなすり合いを演じていた。「考えられない事態」とは、カテゴリー4のハリケーンがニューオーリンズと湾岸一帯を直撃したことだ。それから3カ月とたたないうちに、今度はハリケーン・リタがカテゴリー3の勢力でテキサス一帯に襲いかかった。両ハリケーンが相次いで上陸した結果、米史上まれにみる災害が発生し、犠牲者は1300人、被害総額は1000億ドル強に上った。
　図6.24が示すように、ハリケーン・カトリーナはメキシコ湾を経て米本土に上陸した。NHCはカトリーナの経過を次のように説明している。

　8月23日、バハマ諸島ナッソーの南東およそ380キロの海上で熱帯低気圧が発生した。この熱帯低気圧は北西に移動しながら、翌24日にナッソーの東南東およそ120キロの海上でトロピカルストーム・カトリーナとなった。カトリーナは24〜25日にかけてバハマ諸島の北西を通過したあと、進路を西に変えてフロリダ南部に接近した。25日夜にハリケーンに発達し、フロリダ州マイアミデード・ブロワード地域で土砂災害を発生させた。その後フロリダ南部を南西へ移動し、26日にカテゴリー5に達すると、同日夜にミシシッピ川河口の南東312キロ付近で最大風速およそ77.7メ

ートルを記録。上空から観測した中心気圧は902ヘクトパスカルだった。しばらく北西に進んだカトリーナは進路を北に変え、29日11時10分UTC（世界標準時）にルイジアナ州ブラス付近で土砂災害を発生させた。このときの最大風速は約55.8メートル（カテゴリー3）と推定される。カトリーナはさらに北上を続け、同日14時45分UTCには最大風速約53.6メートル（カテゴリー3）を記録し、ルイジアナとミシシッピの州境付近で再び土砂災害を引き起こした。その後は内陸部を北北東に移動しながら勢力を弱めたが、ミシシッピ州ローレルに接近した時点でも依然としてハリケーンの勢力を維持。その後、徐々に衰弱し、30日にテネシー州のテネシー渓谷上空で熱帯低気圧に変わった。

カトリーナの影響による降雨量はフロリダ南部で約254〜350ミリ、ルイジアナ以北の進路沿いで約200〜305ミリに達した。竜巻の発生は33件報告されている。

カトリーナはルイジアナ南東部とミシシッピ南部に壊滅的な被害をもたらした。ミシシッピ沿岸では高潮が発生し、その影響で内陸部の広い範囲で多くの建造物が倒壊した。ルイジアナ南東の主要都市ニューオーリンズも高潮被害に見舞われ、陸を遡上した高潮によって堤防が決壊し、ニューオーリンズとその周辺地域が冠水した。ミシシッピとアラバマの北部一帯には風害が、マイアミデード・ブロワード地域には風水害が発生した。

金融市場の動向を理解するうえで押さえておきたいポイントが3つある。第一に、カトリーナの中心はルイジアナ、アラバマ、ミシシッピの3州を席巻するほどに大きかった。第二に、カトリーナはカテゴリー5の勢力を保ったままメキシコ湾のほぼ全域を通過したが、内陸部で土砂災害を起こした時点でカテゴリー3にまで衰弱していた。被災地では大型ハリケーンが来ることを分かっていながら、甚大な被害

図6.25　メキシコ湾のエネルギー生産拠点

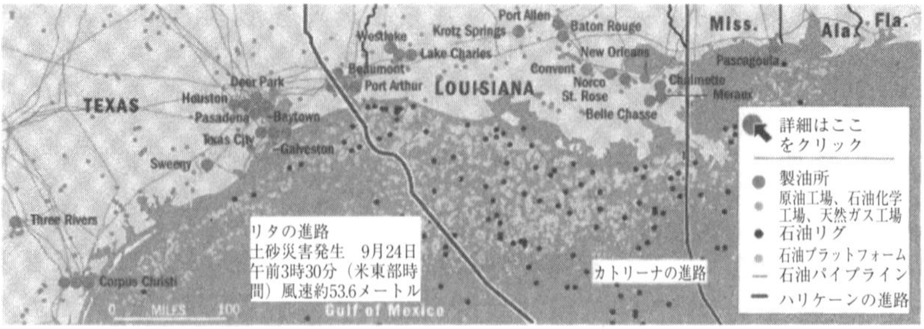

出所＝ウォール・ストリート・ジャーナル

と多くの犠牲者を出してしまった。ニューオーリンズでは住民の8割が事前に避難を済ませたが、それでも現地に取り残されて死亡した人は1000人を超えた。第三に、カトリーナの中心が通過した一帯は産業の要衝ではあったが、GDP（国内総生産）の要衝ではなかった。先ほどのルイジアナ、アラバマ、ミシシッピは全米でもっとも貧しい州であり、3州を合わせてもGDPに占める割合は4％あまりにすぎない。だが、この湾岸一帯はアメリカ有数のエネルギー生産の拠点である。国内の石油生産量の4分の1を賄い、関連施設の半数近くが集中している。この一帯がハリケーンに襲われても、世界的な石油供給量が十分であれば問題はないわけだが、当時はそうではなかった。

　2006年9月30日付のウォール・ストリート・ジャーナルに湾岸地帯の地図が掲載された（**図6.25**）。これを見ると、湾岸沿いの石油リグとプラットフォームのうち計745基がハリケーン・リタの上陸前から稼動できなくなっていた。テキサス州に26カ所ある製油所は米国産原油のおよそ4分の1を精製しているが、リタの影響でそのうち16カ所が損壊した。また、ルイジアナでは国内の天然ガスの3分の1を供給

していた施設がダメージを受けた。こうした事情を踏まえてハリケーン・リタの事例を検証していこう。図6.25が示すとおり、リタの進路には石油と天然ガスの関連施設がひしめいている。

以下は、NHCの解説だ（http://www.nhc.noaa.gov/HAW2/english/history_printer.shtml#rita）。

9月16日、熱帯波と前線の名残りが合流したため、大気の状態が一部不安定になった。翌17日、タークス・カイコス諸島の東の海上に低気圧が発生した。低気圧は西寄りに進み、18日にトロピカルストーム・リタに変わる。19日、リタは風速31.1メートルでバハマ諸島の中心を北上。20日に急速に発達すると、フロリダ海峡沿いを移動しながらハリケーン・リタとなり、カテゴリー2の勢力を保ったままフロリダ州キーウエストの南およそ80キロの海上を通過した。

メキシコ湾に達したあとは24時間以内にカテゴリー2から5へ発達した。21日に最大風速約73.6メートル、22日早朝に約80.2メートルを記録したが、22日から徐々に衰弱していき、24日7時24分ごろ、テキサスとルイジアナの州境で土砂災害を引き起こした。このときの最大風速はおよそ51.3メートル（カテゴリー3）だった。リタは勢力を弱めたものの、24日にトロピカルストームのレベルを維持したままルイジアナ北西部に接近……その影響でルイジアナ南西の沿岸部でおよそ3〜4.5メートルの高潮が発生した。内陸部ではテキサス州リビングストン湖で高潮が発生し、ルイジアナ州ニューオーリンズでカトリーナに続く大規模な浸水被害が発生した。

リタの影響による降雨量はルイジアナ、ミシシッピ、テキサス東部で合わせて127〜228ミリ。それ以外の地域の総雨量は254〜381ミリに達した。また南部一帯で発生した竜巻は90個に上ると

図6.26　原油

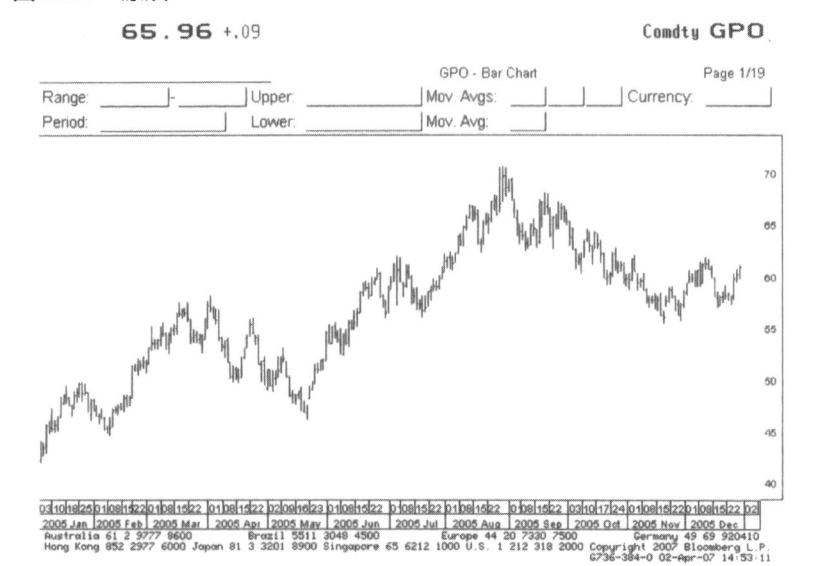

出所＝ブルームバーグ

　推定される。
　ルイジアナ南西部とテキサス南東部は甚大な高潮災害と風害に見舞われ、フロリダキーズでも高潮が発生。リタによる犠牲者は７人、被害総額は推定で100億ドルに上る。

　本書のテーマはあくまでも金融市場への影響なので、両ハリケーンの社会的影響については割愛する（それに関しては良書がたくさん出ている。巻末の参考文献をご覧いただきたい）。それでは、もっとも影響を受けた原油と天然ガスを検証しよう。
　この２銘柄の乱調はあらゆる市場を動揺させた。**図6.26**が示すように、以前から上昇基調にあった原油価格はその年の高値付近まで上昇し、カトリーナ後は史上最高値の１バレル当たり70ドルを付けた。原油はその後も上昇し、リタ後はさらに上昇したが、カトリーナ後の高値を更新することはできなかった。こういうケースを「高値を

図6.27　天然ガス

出所＝ブルームバーグ

図6.28　木材

出所＝ブルームバーグ

試したが失敗した」と言う。リタ級の大災害が発生したからには原油価格はいやでも大幅に上昇するはずだったが、実際には上昇しなかった。となると下げる可能性が出てくる。結局、原油相場は下落に転じ、カトリーナ後の史上最高値から15ドルも下落した。

　天然ガスはチャーリー・アイバンのときに続いて異常な値動きを見せた。寄り付きではギャップを大きく空け、その日は15ドル付近まで一気に上昇した。つまり1日で（電卓を必至に叩く）20％の上昇ではないか！　天然ガスは8月以来、50％も上昇し、リタの上陸で1ドル下げたが、上陸後は急速に上げて9月末には19ドルに達した。相場は年末まで乱高下し、12月初めに高値を更新したかと思えば、同月末には14ドルまで下落した（**図6.27**）。この乱高下の影響は業種を超えて産業界全体に及び、暖房器具市場から化学肥料の価格にまで波及した。

　木材の値動きも異例ではあったが、チャーリーとアイバンのときに比べればいくらかましだった。**図6.28**を見ると、カトリーナの上陸前は低調だった相場が上陸後2週間で20％上昇し、天然ガス同様に急上昇した。それ以降は徐々に下げ、9月にはカトリーナ以前の水準になった。その後は上昇と下落を繰り返し、年末にかけてじわじわと値を上げ、360ドル強を付けて2005年を引けた。この値動きの背景には政策金利の引き上げがあった。利上げによって住宅の需要、ひいては木材の需要が落ち込んだ。それでも相場が上昇したのは、ブッシュ政権が1100億ドル規模の復興策を打ち出したからだ。

　主要な指数では、ダウ平均がカトリーナの接近時と土砂災害の発生時にその月の安値を付けた（**図6.29**）。その後はチャーリーとアイバンのケースと同様に1カ月近く上昇したが、リタの上陸後に下げて10200ドル台の安値を付けた。しかし、ここからの展開はチャーリーとアイバンのケースと異なっている。ダウ平均は再び上昇に転じると、その年の高値に迫る勢いで2005年を引けたのだ。ここでも政府が打ち出した巨額の復興策が追い風になったらしい。

第6章 ハリケーン

図6.29　ダウ工業株平均

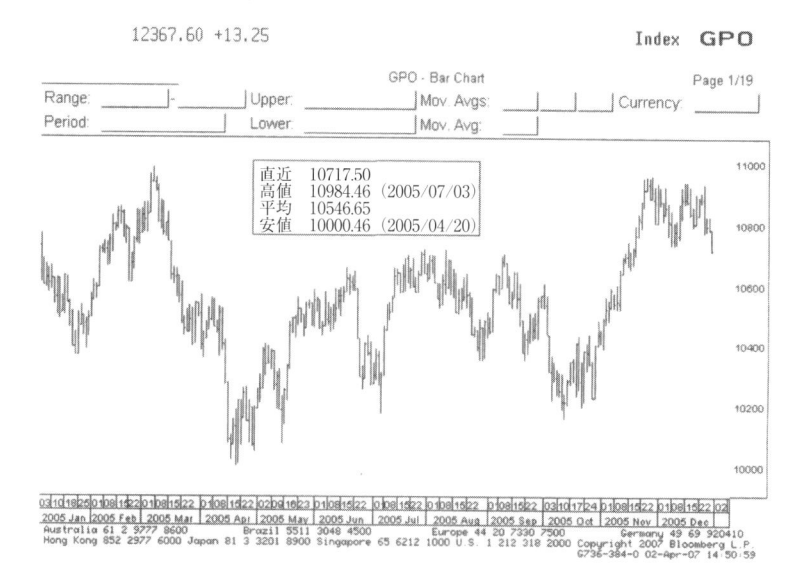

出所＝ブルームバーグ

図6.30　10年物Tノートの利回り

出所＝ブルームバーグ

145

図6.31　フィラデルフィア石油株指数

出所＝ブルームバーグ

図6.32　ハリバートン

出所＝ブルームバーグ

図6.33　ベイカー・ヒューズ

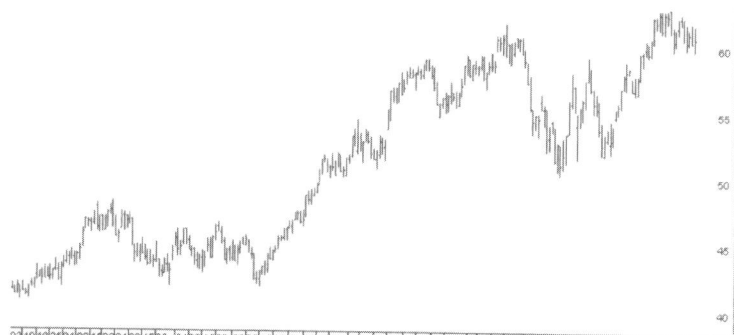

出所＝ブルームバーグ

図6.34　トランスオーシャン

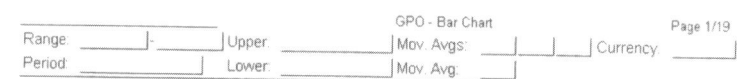

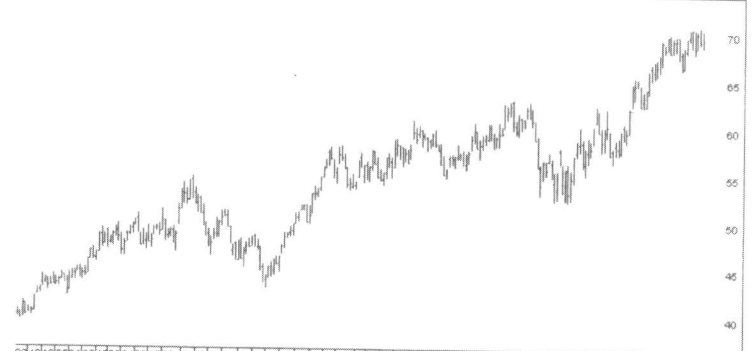

出所＝ブルームバーグ

10年物Tノートの利回りはカトリーナ前から下げていたが、カトリーナの上陸直前に大きく下落した。8月初めに4.40％だったが、下旬に4.00％にまで下げた。このころ市場では、9月半ばに予定されている利上げが見送られるのではないかという観測が広まっていた。しかし、FRBは予定どおりに0.25ポイント引き上げて3.50％から3.75％としたのだが、この直後にリタが上陸した。FRBの会合がリタのあとに開かれていたら、FRBの決定も違っていたのではないだろうか。図6.30を参照してほしい。

　最後はOSXの推移である。リグやプラットフォームへの被害が相次いだ石油サービス業界は、どのような値動きを示したのだろうか。カトリーナ以前のOSXは、かねてから好調だった原油と天然ガスに連動して上昇基調にあった。カトリーナの上陸直前に値を下げ、一時は160ドルまで落ち込んだものの（図6.31）、土砂災害が発生したのを機に回復した。リタの影響で土砂災害が発生したときも高値を更新したが、10月に入ると急落した。その後は天然ガスと同様に続伸し、その年の高値付近で2005年を終えた。

　OSXを構成する大手企業のハリバートン（HAL、図6.32）、ベイカー・ヒューズ（BHI、図6.33）、トランスオーシャン（RIG、図6.34）の株価はどうだったのだろう。基本的にはOSXに似た展開だが、より細かい動きも示している。3銘柄は原油価格の上昇を受けて、いずれも大きく上昇したが、カトリーナの上陸後にそろって値を下げ、カトリーナの終息からリタの上陸までの期間にそろって回復した。リタがテキサスとルイジアナで猛威を振るった間はそろって年初来高値を付け、その後はそろってにカトリーナ前の水準を下回った。3銘柄の値動きはシンクロナイズドスイミングのように同調していた。

ハリケーンのはずれ年

　後日談になるが、翌2006年のハリケーンシーズンも大荒れになると予想された。計15個のハリケーンが発生し、そのうち3～5個は大型になるはずだった。ふたを開けてみれば、気象予報士にはあいにくだったが、発生したハリケーンは5個にとどまり、メキシコ湾に達したものは1つもなかった。それでも原油、天然ガス、ガソリンの価格は4～8月上旬にかけて上昇した。大荒れのシーズンになることを見込んだ市場がエネルギーの供給不足を警戒したためだ。同じころ、イスラエル軍がレバノンに侵攻し、中東情勢は一気に緊迫した。しかしイスラエル軍が撤退し、ハリケーンも来ないと分かってから、エネルギー相場は全面安の展開になり、エネルギーセクターを買い持ちしていた大手ヘッジファンドは大打撃を受けた。

　事例を通して分かるのは、ハリケーンは予測不可能だということだ。確実に発生するとしても、金融市場に大きく影響するのはエネルギーの生産拠点である湾岸地帯が被害を受ける場合に限られる。次の章ではハリケーン以上につかみどころがなく、ハリケーン顔負けの破壊力をもつ自然災害を取り上げる。

　現時点では、2007年も記録的な数の大型ハリケーンが発生すると考えられている。

第7章
地震と津波
Earthquakes and Tsunamis

　地震と津波は金融危機を引き起こす魔物だ。何の前触れもなく現れては、最先端の予知技術をもつ専門家をも仰天させる。トレーダーにとっては対応の早さが問われるイベントである。発生したら、ものの数分で事態を把握し、分析しなければならない。地震と津波が厄介なのは、その規模が最大級だったとしてもトレードすべきイベントになるとは限らないし、つねに経済に深刻なダメージをもたらすとも限らないということだ。問題は、いつどこで発生したかなのである。どちらの災害も、自然によって引き起こされた地球の心臓発作だ。しかし、もっとも影響を受ける業種が保険と建設という点ではハリケーン災害と共通している。

　2004年にインド洋で大津波が発生していなかったら、本書で津波を取り上げることはなかったかもしれない。金融市場はこの種のイベントにほとんど関心を示さないからだ。津波はごく短期間で終息するうえに、被災地の資本市場はたいてい流動性が低い。それだけに津波災害を分析し、市場戦略を練るのは容易ではない。もっとも2004年規模の大津波が発生すれば、国際社会も真剣に取り合わざるを得ないだろう。ところが、あとで詳しく述べるが、金融市場のとらえ方は独特で予想どおりに反応するとは限らない。

　前章までの流れにのっとって、まずは地震と津波の仕組みや経過に

ついて説明していこう。金融市場がなぜ、どのように反応するかを理解するには両者のメカニズムを知ることが先決だ。だが、その前に、しばしシミュレーションゲームをしてみたい。たった今、上海で巨大地震が発生したら、みなさんはどう対応するだろうか。今まで学んだことを総動員してトレード戦略を立ててみよう。それが済んだら、先を読み進めてほしい。

「魔物」の正体

　地震と津波の基礎知識はUSGS（米地質調査所）の説明から引用する。「地震は断層が突然ずれることによって発生する。地球の表面を覆う複数のプレートは絶えずゆっくりと移動しているが、プレート同士の境界は摩擦の力によって固着している。その境界に摩擦力を超える大きな負荷がかかるときに地震が起こり、その運動エネルギーが波となって地殻に伝わり、揺れとして体感される」

　驚愕の事実がある。USGSによると、世界では数百万回もの地震が「毎年」発生している。幸い、そのほとんどは遠隔地で発生するか観測できないほど小さいという。USGSのホームページ（http://earthquake.usgs.gov/earthquakes/world/historical_country_mag.php）を見ると、歴代の主要な地震の規模と震度が一覧表になっている。世界各地で発生した大地震の分布も示されているが、アメリカではアラスカとカリフォルニアに集中している。

　なぜ地震は山岳部や火山周辺に多いのだろうか。USGSはプレートテクトニクスと言われる理論を紹介している。それによると「地球の表面を覆うマントルの剛盤層リソスフィアは十数枚の海洋性プレートと大陸性プレートに分かれている。その下にマントルの軟弱層にあたるアセノスフィアがあり、プレートはこのアセノスフィアに乗って水平方向に移動する。プレートはたえず動いており、プレート同士の相

互作用が山脈や火山の形成、地震の発生といった地学現象を起こしていると考えられる」。USGSの説明は続く。

　プレートテクトニクスが地震にどう関係するのだろうか。1969年、ムアーウィア・バラザンギとジェームズ・ドーマンは1961～1967年に発生した全地震の分布図を発表した。それによると、震源のほとんどは細い帯域に集中しており、その帯域はプレートの境界と一致する。ただしプレート中央部で大地震が発生することは、ほぼ皆無である。

図7.1は世界の主なプレートを示したもの。地震の発生を予測する際の参考になるだろう（http://earthquake.usgs.gov/learning/glossary.php?term=plate%20tectonics）。

この地図は津波の発生しやすい場所を特定するのにも大いに役立つ。それはなぜだろうか。「地震あるところに津波あり」だからだ。FEMA（米連邦緊急事態管理庁）は次のように説明している。

　津波は連続して発生する大波で、地震性の波動としても知られる。発生原因は地震、地すべり、火山の噴火、隕石の衝突などによる海中の変動だ。津波の移動速度は最高で時速数百キロに達し、沿岸部に到達するころには波高が30メートルを超えることもある。
　いったん発生した津波は四方八方に伝播して、海岸に近づくにつれて波高が増す。津波の大きさは海岸線や海底の形状によって変わる。後続の波ほど大きくなる傾向があるので、ある地点で小さかった津波が数キロ先で巨大津波となる恐れもある。
　津波は、たとえ災害を伴わなくても、例外なく危険だ。米本土では、ほぼすべての海岸線に津波が押し寄せる可能性がある。アメリカで最大級の津波災害が発生したのはカリフォルニア、オレ

図7.1 世界のプレート

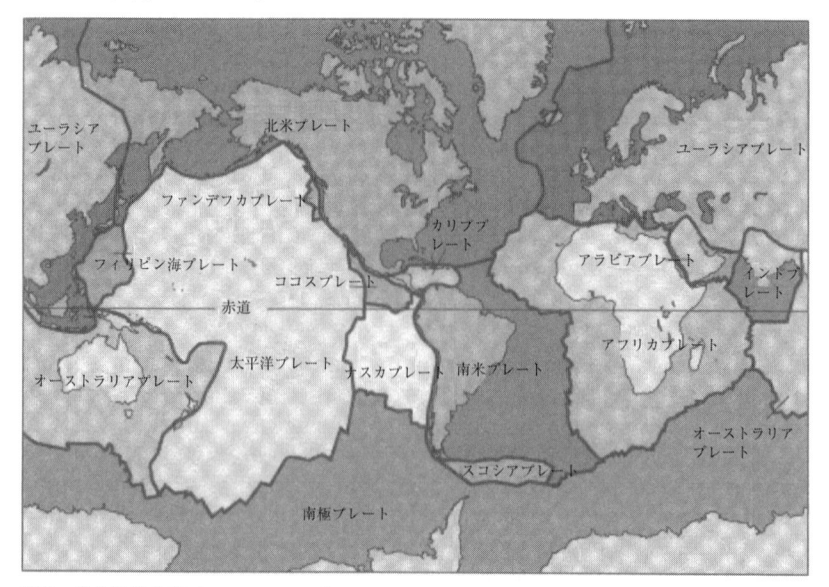

ユーラシアプレート / 北米プレート / ユーラシアプレート / ファンデフカプレート / カリブプレート / フィリピン海プレート / ココスプレート / アラビアプレート / インドプレート / 赤道 / オーストラリアプレート / 太平洋プレート / ナスカプレート / 南米プレート / アフリカプレート / オーストラリアプレート / スコシアプレート / 南極プレート

出所＝米地質調査所（www.usgs.gov）

ゴン、ワシントン、アラスカ、ハワイの各沿岸部だ。

　津波の発生原因は地震による海底変動がもっとも多い。沿岸付近で大規模な地震や地すべりが生じると、津波の第一波は数分で海岸に到達する場合があり、こうなると警報も間に合わない。とくに危険な区域は海抜7.6メートル未満の低地と、海岸線から約1.6キロ以内の内陸部である。津波による死亡原因は溺死がもっとも多い。また津波が陸地に遡上すると、押し波と引き波によって建造物に壊滅的な被害が及ぶ。このほか内陸部で発生する被害としては洪水、水質汚染、破損したガス管や燃料タンクからの出火などが考えられる。

　津波とハリケーンには大きな共通点がある。どちらも深刻な災害を引き起こすのは、暴風雨ではなく陸地に乗り上げてくる高潮だ。津波

ならではの特徴は、地震の発生以外にこれといった予兆がないことで、この突発性がハリケーンとの大きな違いだ。津波や地震では、経過や進路を観察したり、次の被災地を予想したりする暇はない。したがって救助活動や避難勧告は発生後にあわてて始まることになる。

地震と津波のメカニズムが一通り分かったところで、歴代の大震災と津波災害を検証してみよう。

1906年サンフランシスコ大地震

米市民なら、1906年にマグニチュード7.8を記録したサンフランシスコ大地震を知らない人はいないはずだ。地質学の世界では科学的な分析が初めてなされた大地震として知られる。その分析手法は1918年にスペイン風邪が大流行したときにも用いられ、災害研究が始まったばかりの当時としては画期的な技術だった。

『アースクエークス・イン・ヒューマン・ヒストリー（Earthquakes in Human History: The Far Reaching Effects of Seismic Disruptions)』のなかでイエル・ザイリンガ・ドブールとドナルド・セオドアは、この地震による被害状況を次のように説明している。「これ以上に規模の大きな地震や多くの犠牲者を出した地震はほかにもある。しかし、これほどの破壊力をもつ地震はめったに類を見ない。被災地における対物被害は計り知れないほどだった。サンフランシスコ市内の10平方キロ圏内では建物や家屋がひとつ残らず倒壊するか取り壊された。その結果、ビジネス街の全域と居住区域の半分以上が消滅したのである」。サンフランシスコ市の当時の人口40万人のうち、家を失った人は25万人に上り、およそ12平方キロ圏内で2万8000棟の建物が全壊した。

当時の写真には原形をとどめない市内の様子が写っているが、主に被害をもたらしたのは地震ではなく、その後に発生した火災だった。

この事例でも主役の地震はトリガーであって「主犯」ではない。1918年のスペイン風邪もそうだった。直接の死亡原因はインフルエンザそのものよりも合併症の肺炎が圧倒的に多かった。ハリケーンについても同じことが言える。甚大な被害を招くのは暴風ではなく高潮だ。自然はまるでボクサーのように、左のジャブを出すと見せかけて強烈な右フックをあごにくらわすのである。

USGSの推計によると、サンフランシスコ大地震の震災と火災による被害総額は1906年当時の金額で4億ドルに上り、震災による被害だけでも8000万ドルに達したという。繰り返すが、これは1906年当時の金額だ。また犠牲者の数は3000人と推定される（http://earthquake.usgs.gov/regional/nca/1906/18april/casualties）。

このケースでも保険各社は巨額の保険金の支払いに追われ、数社が経営破綻に追い込まれた。行政の不祥事も発覚し、市長や市議が震災をめぐる贈収賄事件で逮捕された。前出のドブールとセオドアによると、株式市場にも大きな影響が出て、全米規模の金融パニックが数カ月間続いたという。

何よりも恐ろしいのは、この大地震は繰り返し発生する恐れが高いことだ。1989年にサンフランシスコを襲ったロマプリータ地震は、キャンドルスティックパーク球場で大リーグのワールドシリーズが行われているさなかに発生した。ロマプリータ地震も、1906年の大地震と同じ活断層によって引き起こされた。米バークレー地震研究所によれば、ロマプリータ地震による被害額は59億ドル、死亡者は63人、負傷者は3757人。この数字を見ても、サンフランシスコ一帯の今後が思いやられる。

1995年阪神淡路大震災

1995年1月16日、マグニチュード6.9の地震が兵庫県南部で発生し

た。神戸がこれほどの大地震に見舞われたのは1926年以来だった。当初の発表によると死亡者600人、負傷者数千人、倒壊した建造物は2000棟に上り、サンフランシスコ大地震のケースと同じく、多くの建物と人命を奪ったのは震災よりも二次災害として発生した火災だった。この影響で大阪の金融市場は閉鎖され、取引量が激減した。

　大阪の市場は1964年にも閉鎖されたが、このときも台風という自然災害が原因だった。当時の大阪は日本で3番目に大きい都市であり、2番目に大きい商業中心地だった。神戸は大阪に比べて規模こそ小さいものの、経済の要所を抱えている。それは日本第二の貿易港だ。その港が震災によって閉鎖された。ご存知のように、日本は周囲を海に囲まれた輸出立国である。それだけに国内有数の物流拠点がまひしたときは産業界全体が大きな打撃を受けた。

　震災前の日経平均を見ると、1994年6月から下降基調にあったことが分かる（**図7.2**）。11月下旬に安値を付けたあと、12月後半には上昇した。不安定だった相場は地震を境にさらに不安定になり、日経平均は地震発生の6日後から下げ始めて、7月までに25％下落した。これは大きな痛手だったが、その一方で仕掛ける機会も提供してくれた。例えば、日本の10年物国債の利回りは1994年のほぼ全期間を通じて上昇し、震災前に1.75％上昇（**図7.3**）している。震災後1カ月間は揉み合いが続いたが、7月にかけて2％も下げた。これは単なる結果論を言っているのではない。本書では各事例を通して、トレンドの加速や反転が起きるタイミングを検証している。この場合、もともと軟調だった相場が地震というイベントによって、さらにその傾向を強くしたと言えるだろう。

　日本経済のリーディングカンパニーはどうだったのだろうか。例えば、当時のトヨタ自動車は海外での売り上げが全体の34％を占めていた（**図7.4**）。しかし輸出がストップすれば、その売り上げを維持することは難しい。電気機器メーカーの東芝も同様だ（**図7.5**）。両社

図7.2　1994〜1996年の日経平均株価

出所＝ブルームバーグ

図7.3　日本10年国債の利回り

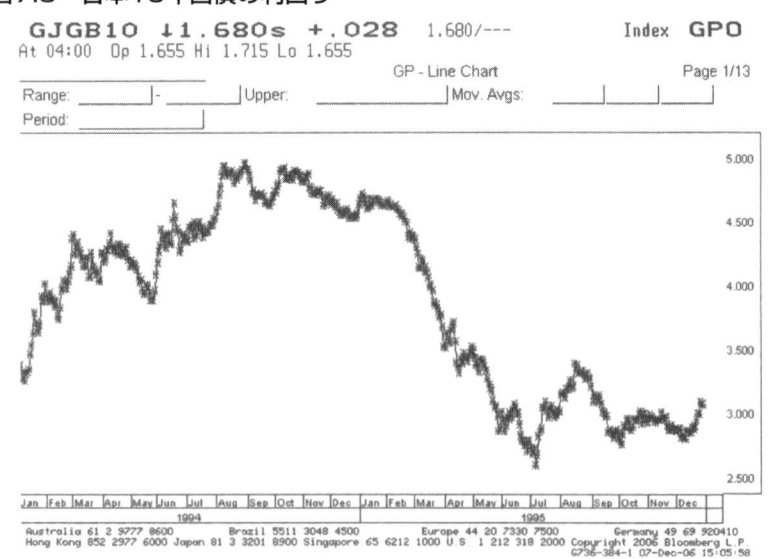

出所＝ブルームバーグ

図7.4　トヨタ自動車

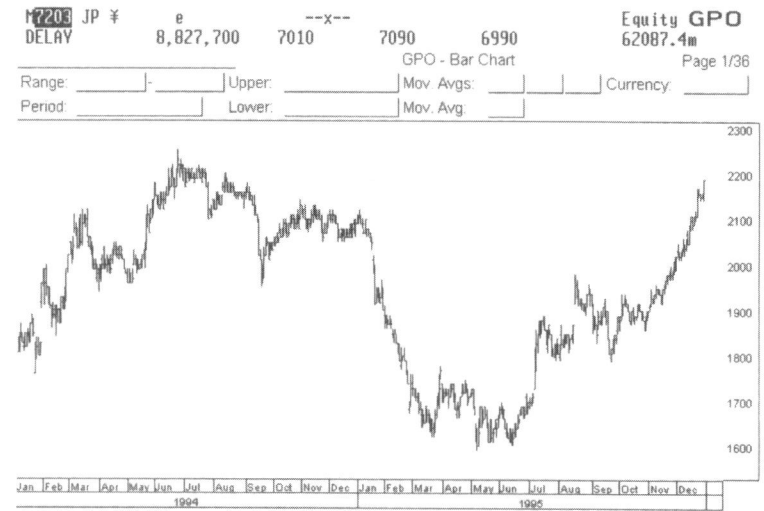

出所＝ブルームバーグ

図7.5　東芝

出所＝ブルームバーグ

図7.6　三井住友建設

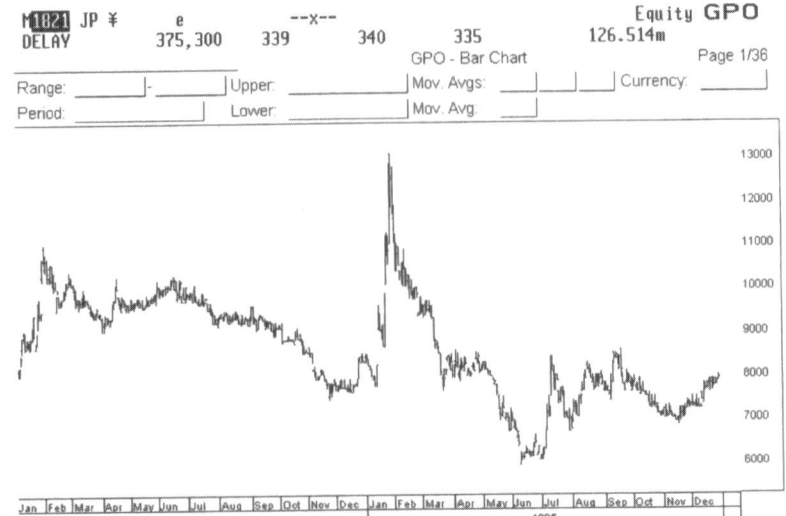

出所＝ブルームバーグ

の株価は震災後に下落した。

　地震に限らず、自然災害によって一番痛手を受けるのは例外なく保険会社だ。この事例でも保険業界の株は６％下落した。一方で大幅に伸びたのは建設株だ。当時の建設業界は政治家への不正献金疑惑に揺れていたが、それでも関連銘柄は日経平均に逆らう形で上昇した。三井住友建設の株価の推移を見てほしい（**図7.6**）。地震の発生後は、揉み合い状態から一気に125％も上昇した。短期間でこれだけのリターンが出れば上等だろう。しかも同社は上半期の経常利益を10.36％ほど下方修正したばかりだった。投資家にとって幸いだったのは、この銘柄はいったん上向いたあと、４日ほど足踏みしてから本格的に上昇したことだ。つまり最初のチャンスを逃しても二度目があったわけである。

2005年パキスタン地震

　2005年10月8日、パキスタンで発生したマグニチュード7.6の地震は激甚災害を招いた。被害はアフガニスタンやインドに及び、イスラマバード、ニューデリーといった大都市にも影響が出た。しかし、最大の被災地はパキスタンが実効支配するカシミールの一部と北西辺境州だった。どちらも貧困国パキスタンのなかでとくに貧しい地域である。犠牲者は合わせて8万人を超えた。あまりの惨状にインドとパキスタンの政治的対立も脇に置かれ、インドのマンモハン・シン首相はパキスタンのペルベズ・ムシャラフ大統領に電話をかけて支援を申し出たと、CNNが伝えたほどだ。

　しかし金融市場の反応は違った。不動産業界の古い合言葉「ロケーション、ロケーション、ロケーション」とは、まさにこれである。この大地震によって決定的なダメージを受けた大都市や産業の要所はひとつもない。したがって、金融市場への影響は実質ゼロだった。もとより被災地は発展途上国であり、その資本市場は流動性にも透明性にも欠けていた。だが、とりあえず当時の相場を簡単におさらいしておこう。

　KSE100(カラチ100指数)はカラチ証券取引所に上場する34業種の銘柄のうち、計100銘柄で構成されている。100銘柄のうち34銘柄は各業種の時価総額最上位の銘柄で、残り66銘柄は全上場銘柄のなかで時価総額が上位66位までの銘柄である。**図7.7**はパキスタン地震が発生した10月の値動きを示している。地震発生から10日間で400ポイント上昇したことに注目してほしい。その牽引役となったのはDGカラチセメントなどのセメント業者や、ナショナル精油をはじめとする精油業者だった。驚いたことに保険各社の株価も上昇した。これは番狂わせもいいところである。被災国の保険会社の株が大震災後に上昇するとは、どうしたことだろうか。**図7.8**のEFU総合保険(EFUG PA)

図7.7 カラチ100指数

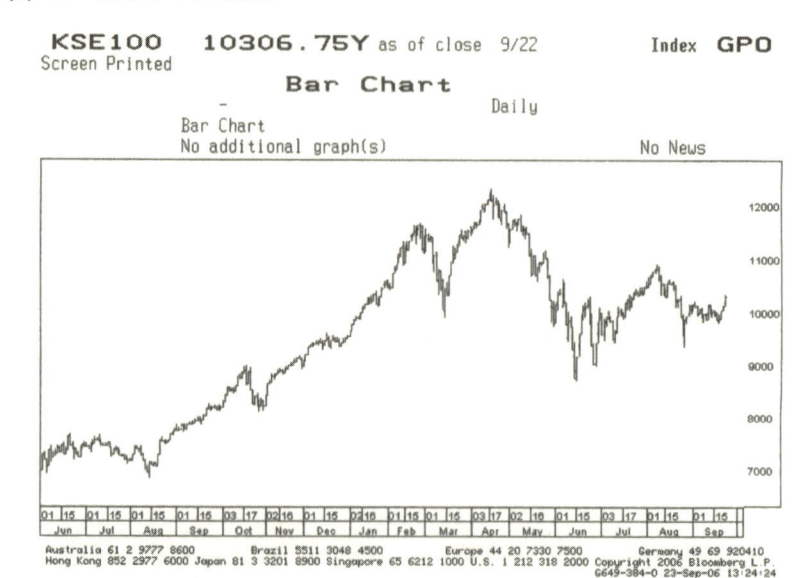

出所＝ブルームバーグ

図7.8 EFU総合保険

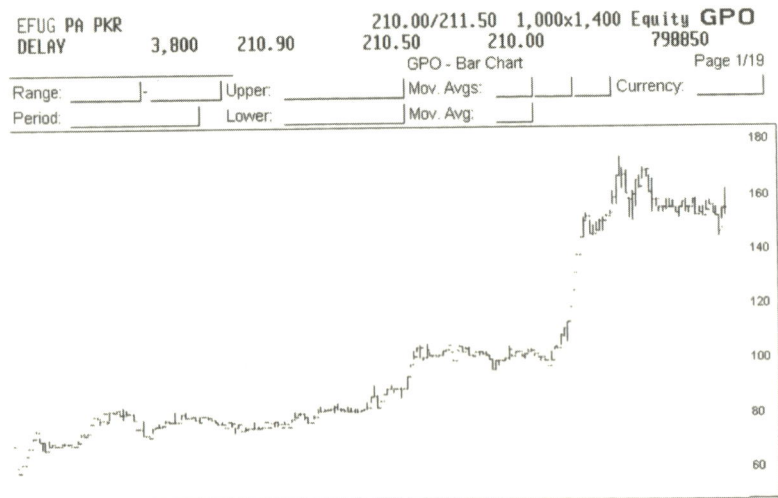

出所＝ブルームバーグ

の値動きを見てほしい。横ばいだった株価が翌年3月に入って急激に上げているのが分かる。

KSE100は4月に400ポイント上昇したものの、すぐにその上昇分を打ち消すことになった。この背景には株式の購入資金を安易に調達できる「バドラ」という制度があった。この融資制度を利用すると、パキスタン国内の投資家は借りた資金で株を買い、日々の手数料だけを支払っていれば返済を猶予してもらえる。

2006年4月19日、パキスタンの金融監督機関はこの制度の廃止を決定した。するとKSE100は下落に転じ、最終的には震災前の水準に戻ってしまった。各国の投資家は肝に銘じてほしいのだが、アメリカ並みの金融制度が他国でも整っていると思ったら大間違いだ。わが国の規制が甘い、手ぬるいと言うなら、日本を含めた諸外国を見てほしい。エンロン、ワールドコム、レフコといった不祥事はあったにせよ、アメリカの金融界が今も世界の手本であることに変わりはない。

2004年インド洋津波

2004年12月26日に東南アジアを襲った津波はすさまじいスピードと破壊力を見せつけた。スマトラ島北部の西方沖でマグニチュード9.0の地震が発生した。あまりの規模の大きさに地球の自転が狂い、1日が100万分の数秒ほど短縮したという。この大地震に伴う津波はインドネシアのバンダアチェを襲い、壁と化した巨大波がスマトラからスリランカ、インド、はてはアフリカのタンザニアにまで伝播した。この津波による犠牲者は28万3106人、住居を失った人は500万人と推定されている。

金融市場への影響はパキスタン地震の場合とよく似ている。被災地はインドネシアのなかでもきわめて貧しい地域であり、経済拠点のインフラを脅かすことはなかった。図7.9に示したジャカルタ総合株価

図7.9　ジャカルタ総合株価指数

出所＝ブルームバーグ

図7.10　タイSET指数

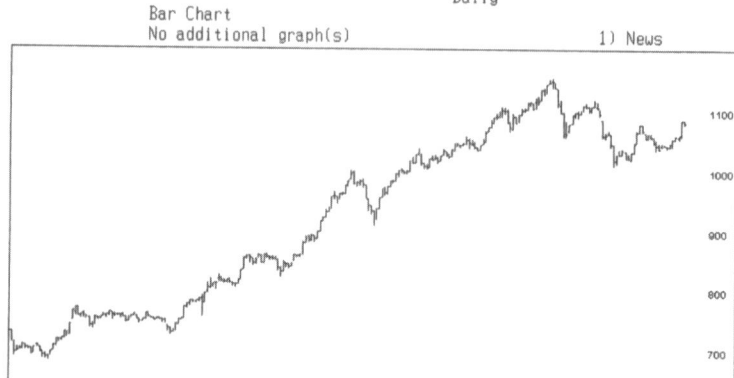

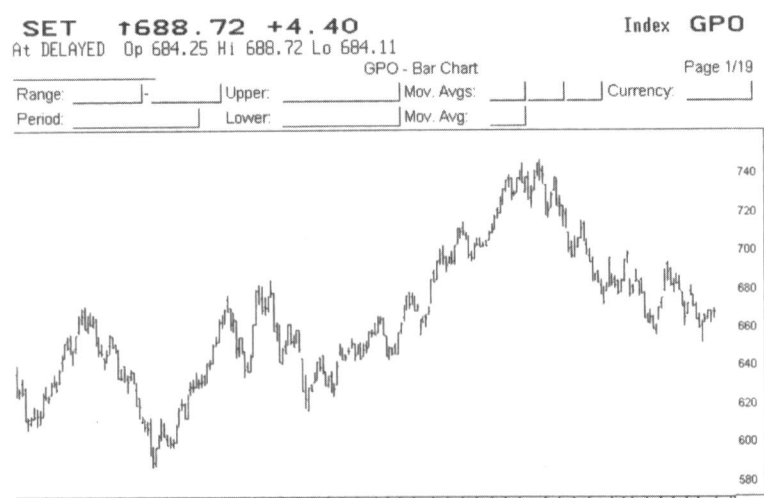

出所＝ブルームバーグ

指数は、ジャカルタ証券取引所の通常の立会場に上場する全銘柄で構成されている。その値動きを見ると、12月中旬は通貨の弱さが不安視されて下落したものの、津波が発生した12月26日は何事もなかったかのようにほとんど反応しなかった。タイの株価指数も動くには動いたが、わずかに7ポイント下げただけである（図7.10）。いつもなら変動の激しい周辺国の通貨も反応を見せず、インドネシアルピア、インドルピー、タイバーツはいずれも横ばいだった。インドネシアの観光業はGDP（国内総生産）の6％を占めるだけにリゾートやホテル、当地に乗り入れている航空各社の株価は当初こそ値を下げたが、それも2日と続かなかったのである。

この大津波は貧困地域を襲った一瞬のイベントであり、相場の大勢に目立った変化はなかった。大きな被害を出した津波も金融市場では大きな取引材料にはならず、全体的に上昇トレンドにあった株式を買うチャンスを提供した程度だった。

結論──厄介だが勝負は可能

地震と津波は驚異のパワーをもつ地学的現象だ。神出鬼没に見えて、発生しやすい場所は予測できる。山岳地帯と海岸沿いは、その最有力候補だ。金融市場への影響は被災国とその経済規模によって大きく変わる。被災国のどの辺りに災害が及んだのかも重要だ。貧しい漁村ではなく、港やパイプラインといった経済活動の拠点が被害に遭えば、影響は格段に大きくなるだろう。厄介なのは時間との勝負である。地震も津波も不意に発生し、あっという間に終息する。これを機会として利益を出すには予習が欠かせない。

本章の冒頭で考えてもらったシミュレーションだが、巨大地震が上海を襲ったら、どうなるだろうか。上海は中国最大の都市であり、文化、商業、金融、工業、情報通信の中心地でもある。また、貨物の取

扱量が世界一の貿易港を有しており、上海の税収額は中国全体の20〜25％を占める。どう考えても上海は中国経済の安定に欠かせない主要都市だ。

　それだけに震災が及べば中国はもとより、上海に進出している海外の企業にも計り知れない影響が出るだろう。とりわけ製造業は深刻な打撃を受けるはずだ。阪神淡路大震災をモデルにすると、中国株は全面安の展開になり、中国元は下落するか切り下げられ、国債価格は急激に上昇すると考えられる。建設業はおおむね伸びるが、中国に進出している各国の製造業者は減収を余儀なくされるだろう。一方、恩恵に浴するのはベトナムだ。中国企業が対応しきれなくなった注文や生産をベトナム企業が引き受ける可能性は高い。世界の金融市場に目を転じれば、各国の株式は中国経済の失速を警戒して軒並み下落し、国債は上がるだろう。こんなシミュレーションもときには楽しい。ただし、すべてはスピード勝負である。イベントの性格を考えても、市場でのチャンスをものにするには迅速に行動しなければならない。これこそがリスクとリターンである。

第8章
地球温暖化
Global Warming

　1980年代初めのある晩、私は両親、祖父、祖父の再婚相手の女性と夕食をとっていた。その女性は話をするのが大好きな南部出身の楽しい人で、次から次へとよくしゃべり、寡黙な祖父とは正反対だった。その席で、女性は開店したばかりのしゃれたブティックへ行ったことを話題にした。ところが、そのブティックの名前も場所も思い出すことができなかった。そこで祖父が口を開いた。「やれやれ、クラリス。君は行き先も知らずに家を出て、どこに行ってきたのかも分からずに帰ってきたのかね」。同じことが地球温暖化についても言える。基本的な事実関係をしっかり押さえておかないと、あとになって何を学んだのか分からなくなってしまうのだ。

　それがこのテーマの悩ましさであり、取り組みがいでもある。温暖化をめぐる近年の研究は多岐にわたり、そこから導き出される結論もバラバラであることを肝に銘じておきたい。世界は100年後に水没するという説もあれば、極地の氷が年々厚くなっているという議論もある。1979年当時は、世界的に厳冬が続いたことを受けて、地球は再び氷河期に入ったと考える学者もいた。そこで温暖化に関する諸説を検討する前に、突飛な暴論と合理的な異論とを区別する目が必要になる。

　では、もっとも基本的で疑う余地のない事実は何だろう。世界の平均気温はたしかに上昇しているが、大幅にというわけではなく、0.6

度くらいだ。100年前に比べて地球は温暖になっており、本格的に温暖化が進んだのはここ20年間である。こうした事実は大したことには思えないかもしれないが、専門家の考えは違う。前回の氷河期と現在とを比較すると、気温は約4.2度高くなっているというのだ。

気温の上昇が事実なら、その原因はどこにあるのだろうか。科学的な根拠に基づく説によると、ここ半世紀の間に生じた温暖化は主に人為によるものだという。それに対して人間ができること、地球自身ができることをめぐっては議論が噴出している。

温暖化による金融市場への影響は、前章と同様にシミュレーションを試みたい。世界の平均気温が急激に上がり出したら、だれが、何が、どこが打撃を受けるのだろうか。逆に、一番潤う産業は何だろう。困窮する国はどこなのか。プロのトレーダーは今から市場戦略を練り、本格的な温暖化に備えてマニュアル作りを進める必要があるだろう。われわれも独自のマニュアルを作るために、温暖化の実態を詳しく分析して、どこにチャンスが眠っているのか探っていこう。

元凶は温室効果ガス

温暖化の主因とされる人間の営みについて考える前に、太陽と地球の営みを簡単におさらいしておく。以下はEPA（米環境保護庁）の解説だ。

> 太陽の熱は地球の天候と気候を左右し、地球の表面を暖める。暖められた地表は宇宙に向かって熱を放出する。大気中の温室効果ガス（二酸化炭素などのガス類や水蒸気）は地表が放出する熱の一部を閉じ込めて、温室を覆うガラスのような役割を果たしている。

この天然の温室効果がなかったら、地球の気温は格段に低くなり、生物は生きていられない。温室効果ガスのおかげで、世界の平均気温は快適な15度前後に保たれている。しかし、その濃度が必要以上に高くなると、いろいろと問題が起きてくる。

　産業革命以降、大気中のCO_2（二酸化炭素）は約30％、メタンは倍以上、一酸化二窒素は約15％増加し、大量の熱が大気中にこもるようになった。汚染物質として知られる硫酸エアロゾルは太陽光を跳ね返し、大気を冷やす働きがあるが、その寿命は短く、分布にばらつきがある。

　温室効果ガスはなぜ増加しているのだろう。専門家の多くは、化石燃料の消費をはじめとする人間の営みが主な原因と見ている。動物の呼気や有機体の腐敗分解はその10倍以上のCO_2を出すが、産業革命以前はその分を植物や海水が吸収してくれたので、おおむねバランスがとれていた。

　しかし、ここ数世紀で人間は過剰なCO_2を排出するようになった。現在、米国内で排出されるCO_2の98％、メタンの24％、一酸化二窒素の18％はマイカーやトラックを走らせ、住居やオフィスを暖め、発電所を稼動させるために使われる化石燃料に由来する。農業、森林伐採、埋め立て、工業といった活動も膨大なCO_2を出す。1997年にはアメリカが排出する温室効果ガスは世界の総排出量の５分の１を占めた。

　今後の排出量を正確に予測するのは難しい。温室効果ガスの排出量は人口、経済、技術、政策、研究機関のレベルによって変わってくるからだ。こうした条件の違いを考慮して数パターンの排出量予測が立てられている。例えば、各国が排出量削減に向けた努力をしないものと仮定すると、大気中のCO_2濃度は2100年までに30〜150％上がるという。

　EPAのホームページ（http://www.epa.gov/）は地球温暖化以外にもさまざまな環境問題を取り上げていて勉強になる。政府機関のホー

ムページにしては、おもしろい。

　温室効果ガスの主な排出源はどこだろうか。ここでは温室効果ガスのなかでも最大の割合を占めるCO_2の排出量に注目したい。米エネルギー省は次のように述べている。

　　化石燃料の燃焼とセメントの生産によって大気中に放出されたCO_2は1751年以来、ざっと3050億トンに上る。そのうち半分は1970年代半ば以降に排出されている。化石燃料由来のCO_2排出量は2003年に73億300万トンと過去最高を記録し、前年比で4.5％増加した。
　　その化石燃料の内訳は液体燃料と固形燃料が合わせて76.7％、天然ガスなどのガス燃料が19.2％（14億200万トン）を占め、天然ガスの使用量が世界的に漸増していることを示している。セメントの生産によるCO_2排出量は1970年代半ばから倍増し、2003年には２億7500万トンに達して、総排出量の3.8％を占めた。

　化石燃料を大量に燃やしているのは発電所と自動車だ。温室効果ガスにはCO_2、メタン、ハイドロフルオロカーボン、パーフルオロカーボン、六フッ化イオウなどがある。

　温室効果ガスは大気中に熱を閉じ込め、温暖化を促進する。これは周知の事実だ。となると、その事実がどれほど重要なのかという疑問が生じてくる。気温が上がると、どのような影響が出るのだろうか。気温の上昇は地球の環境をどう変えてしまうのだろう。端的に言えば、大気の温度が上がると海水温も一緒に上昇し、極地の氷が溶け出す可能性がある。それでは温暖化はどの程度の速さで進行しているのだろうか。EPAの予測では現在のペースで行くと、地球の平均気温は今後50年間で0.6～2.5度、今後100年間で1.4～5.8度上昇し、地域による温度差が大きくなるという。ただし、そうなるには条件がある。例えば、

地球には曇を増やすなどの自己調整能力が備わっていないこと、あるいは各国が本格的な温暖化対策を講じないことなどが前提になっている。地球温暖化の現状と今後をめぐる議論にはつねに「ただし書き」がついて回るようだ。

だが、とりあえず温暖化の進んだ未来のシミュレーションをいくつか検証してみたい。なかには2004年のSFパニック映画『デイ・アフター・トゥモロー』以上に悲惨なシナリオもある。1979年以降、温暖化によって北極圏の氷冠が大量に溶け出しているのは事実だ。近年では南極の棚氷ラルセンBが崩壊して大きな関心を集めたが、これも温暖化の影響と考えられている。気象学者のジョナサン・T・オーバーペックはサイエンス誌に寄せた論文「パレオクライマティック・エビデンス・フォー・フューチャー・アイスシーツ・インスタビリティ・アンド・ラピッド・シーレベル・ライズ（Paleoclimatic Evidence for Future Ice Sheet Instability and Rapid Sea-Level Rise）」のなかで、グリーンランドと南極の氷床は2100年までに大部分が消滅し、地球の海面は3.65〜5.5メートルほど上昇すると警告している。それが本当ならば、海岸沿い建造物やデンマークなどの低地国は深刻なダメージを受けかねない。

エルニーニョによる気候変動の恐れも指摘されている。エルニーニョとは赤道付近の海面水温が急激に上がる現象だ。エルニーニョが異常発生すると、ジェット気流に異変が生じ、気象パターンが乱れて干ばつや豪雨が頻発する。1997〜1998年は猛烈なエルニーニョ現象によって大規模な干ばつが発生した。各大陸で山火事が相次ぎ、東南アジアの熱帯雨林でも自然火災が発生した。理論上は大気中の温室効果ガスが増え続けるかぎり、エルニーニョは半永久的に発生し、それに伴う異常気象も延々と続くことになる。

第6章で取り上げたテーマも異常気象のひとつだ。2004年と2005年、前代未聞の大型ハリケーンが空前の頻度で米本土を襲った。ご承知の

とおり、ハリケーンのエネルギーは温暖な海水だ。海面の水温、とくにメキシコ湾の海水温が上昇すれば、今までにない猛烈なハリケーンがアメリカを直撃する恐れがある。米商務省の研究機関でニュージャージー州プリンストンにある地球流体力学研究所によると、平均的なハリケーンの勢力は2080年までに現在の基準の1.5倍になり、降雨量は２割近く増すという。これもCO_2排出量の増加に伴う温暖化の影響かもしれない。

　ささやかな補足として、近年の気温と極地の氷雪量に関する情報を付け加えておく。EPAは1880〜2001年までの世界の平均気温の推移を発表している。それを見ると、1880〜1980年までは世界の気温は平均並みかそれ以下だった。それが上昇に転じたのは1980年以降である。EPAは指摘する。「20世紀のなかでとくに温暖だった時期は最後の15年間に集中している。20世紀でもっとも温暖な年は1998年だった。また北半球の積雪と北極海の流氷はともに減少しており、過去100年間で世界の海面水位は10〜20センチ上昇した。世界各地の降雨量は１％ほど増加し、豪雨の回数もアメリカ各地で増加傾向にある」

　最後に、気象学者のパトリック・J・マイケルズの見解を引く。マイケルズは極地の氷冠の減少について、興味深い論拠を示しながら大胆な自説を展開した。「イズ・ザ・スカイ・レアリー・フォーリング？（Is the Sky Really Falling? A Review of Recent Global Warming Scare Stories)」と題した論文では、北極圏の氷床が急激に溶け出しているとの指摘に異論を唱え、2005年のNASAの発表に疑問を呈している。NASAは1979年と2005年に撮影した北極圏の衛星写真を比較して氷床の減少を示したが、これに対してマイケルズは、「プレスリリースには一言も書かれていないが、1979年の北極圏は20世紀で２番目に気温の低い寒冷期にあった……当時の北極圏は1920年以前から続いていた最低温期を脱したばかりで、氷床の面積も衛星の運用が始まった1930年以来、最大あるいは最大に近かった」と主張した。さらにマ

イケルズは、地球の氷床と氷河の89.5％は北極圏ではなく南極にあると指摘した。温暖化が進めば海面水位が大幅に上昇するとした研究結果を列挙したうえで、仮にその予測が正しいとしても、北極圏の大部分の氷が解けるまでには数千年かかり、南極の氷が解けるまでにはさらに時間を要すると言う。「3パターンの排出量予測と18パターンの気象モデルに基づく一連の算出結果を総合すると、2100年ごろの北極圏の海面は、中間値で年間およそ0.15センチ上昇する計算だ。前述のとおり、温暖化する地球において南極圏の氷が厚みを増していることは、どのモデルを分析しても明らかである」

　ここが温暖化問題の悩ましいところだ。たしかに大気中の温室効果ガスは増えており、その影響で温室効果は加速し、海水温も上昇している。ここ20年はとくに顕著だ。しかし、いつになったら地球規模の気候変動が起こり、極地の氷が解け、海面が上昇するのだろうか。それとも何も起こらないのだろうか。繰り返すが、飛躍した環境危機説と、近年の温暖化を裏付ける事実関係とを区別するのは容易ではない。

　では、温暖化はこれ以上進まないものと決めてかかってよいのだろうか。まことに不謹慎ながら、この問題を金融市場のスタンスで考えてみたい。つまりリスクを上回るリターンが見込めるかどうかだ。異常気象や猛烈なハリケーンが頻発し、干ばつが進み、海面が上昇することになっても、このまま化石燃料を燃やしてCO_2を出し続けることに得はあるのだろうか。そう考えると結論はひとつしかない──国際社会が対策に乗り出すことだ。しかし、この問題には複雑な事情が絡んでおり、解決の可否は温室効果ガスの主要排出国が排出規制に合意するかどうかにかかっている。環境問題は政治というフィルターを通さないかぎり先が見えない。

国際間の不協和音

　意外にも、温室効果ガスと気候変動の因果関係は多くの国が認めている。問題は「何か」すべきかではなく、「何を」すべきかなのだ。どのような解決策があり、どうすることが公平なのだろうか。オゾン層問題について話し合われたモントリオール会議では、原因物質のフロンの生産を規制することで各国が合意に達した。温暖化対策においても国際間の広い合意が得られれば申し分ないのだが、残念ながらそうではない。京都議定書は1997年に採択され、2005年に発効した国際的な取り決めで、先進諸国に温室効果ガスの排出削減を義務づけるものだ。

　議定書の第一期の目標は先進国全体の排出量を2008～2012年までに1990年レベルの5％減とすることである。議定書の発効には55カ国以上の批准が必要で、さらに批准国の合計排出量が附属書Ⅰ国（先進38カ国とベラルーシ、トルコ、カザフスタン）の合計排出量の55％を超えなければならない。オーストラリアとアメリカは批准を見送ったが、ロシアが批准したことで発効条件はクリアされた。現在、京都議定書は法的拘束力をもつ。

　2002年当時、CO_2の主な排出国は上から順にアメリカ、EU25カ国、中国、ロシア、日本、インドだった（国際エネルギー機関調べ）。京都議定書の一番の泣きどころは、後進国と位置づけられる中国とインドが対象外になっていることだ。これによって両国は不当なアドバンテージを得ることになった。発電や産業活動に使用する化石燃料を減らすには相応のコストがかかるが、両国はその負担を免れたからである。現在の米中関係を考えると、アメリカが中国に対してさらに通商上の特恵を与えるとは思えない。つまり京都議定書はCO_2の最大排出国6カ国のうち、アメリカを含めた3カ国をとりこぼしたことになる。

　それでもアメリカでは地方自治体が単独で、あるいは共同で温室効

果ガスの排出規制を進めているのは興味深い。全米一の人口を有するカリフォルニア州はその筆頭だ。2006年9月、アーノルド・シュワルツェネッガー州知事は州内の温室効果ガスの排出量を2020年までに25％削減するとした法案に署名し、カリフォルニアは一躍、この分野の先導役となった。同州の大気資源局は、この法案の成立を受けて条例を制定し、2008年1月までにほぼすべての産業に温室効果ガスの排出量を報告させたうえで、具体的な削減目標数値を設定することになった。

この州法のユニークなところは、監視の対象となる排出源が電力会社だけでなく、埋立地や製油所にも及んでいる点だ。さらに新たな州法が可決されれば、カリフォルニア州内の電力会社は、汚染物質を大量に排出している他州の発電所から電力を買い取ることができなくなる。一連のカリフォルニア州の取り組みは環境行政の手本として大きな変革を呼び込むだろう。しかし喜ぶのはまだ早い。同州は自動車メーカーに対して2009年から2016年までに自動車の排気量を30％減らすことを義務づける予定だが、これに対してメーカー側は法廷で争う構えを見せている。

こうした取り組みを行っているのはカリフォルニア州だけではない。RGGI（地域温室ガスイニシアティブ）は東部の複数の州が参加する共同プロジェクトで、広域にわたってCO_2の排出削減に努めている。そのホームページ（http://www.rggi.org/）をのぞいてみると……。

> 地球温暖化という深刻な環境問題に取り組むにあたって、RGGIに参加する各州は東部一帯を視野に入れた排出量規制を推進していく所存である。そのほうが温室効果ガスを効率的に削減できると考える。温室効果ガスに州境も国境もないからだ。対策の柱は排出量の取引を可能にするキャップ・アンド・トレード制度の導入である。この制度を通じて、参加州内の発電所にCO_2の

排出規制を求めていく予定だ。

排出削減量を売買できるようにしたギャップ・アンド・トレード制度によって企業は進んで低炭素技術に投資しようと考えるだろうし、できるだけコストをかけずに削減目標を達成することも可能である。米政府も酸性雨をもたらす二酸化硫黄の削減を目的として同様の制度を導入している。現在、RGGIに参加する州は10州を数える。

企業を巻き込む機運

企業がいつのまにか背負い込むことになった課題は、世界的に広がりつつある温室効果ガス規制の機運にどこまで対応するかということだ。これについて米外交問題評議会は、地球規模の気候変動を研究している米ピューセンターの調査結果を発表した。それによると、アメリカの大手31社のうち約85％は、排出規制に関する何らかの連邦法が2015年までに制定されると想定していた。つまり企業側は将来の環境政策を見据えて、法廷闘争以外の対応も検討しているようだ。ということは、低炭素ビジネスを担う新たな産業が台頭してくる可能性がある。

ところが温室効果ガスの規制に関する一律のプログラムは今のところ存在しない。そのために企業は、地方や自治体ごとのルールにいちいち対応せざるを得ないのだ。これでは法令順守が難しくなり、コストもかかってしまう。とくに複数の州に電力を供給している電力会社は頭が痛いだろう。そもそも米企業は国内だけを相手にしているのではない。京都議定書の批准国の規制基準にも従わなくてはならないのである。自動車メーカーや電気事業者が国際市場で勝ち抜くためにも低炭素技術の向上は欠かせないが、それも全国レベルのプログラムなくしては実現不可能だろう。

とりあえず、何か買う

　ハイテクバブルに沸いた1990年代後半はCNBCなどを見て、専門家が勧める株を買い、高値を付けたら売れば良かった。それと似たような状況が、京都議定書が採択されてから批准されるまでの間に生まれた。議定書の発効によって特需が見込める業種がもてはやされたのだ。2000年の米大統領選挙で、当時のジョージ・W・ブッシュ候補は発電所のCO_2排出削減を公約に掲げた。クリーンエア、環境保護、クリーンエネルギーをうたう企業はどれも有望に見えた。しかし事情は一変した。大統領に就任したブッシュは公約を覆し、排出評価の基準に疑問を呈し始めたのだ。また、大統領特別補佐官だったコンドリーザ・ライスはワシントンのスウェーデン大使館で開かれた昼食会の席で「京都は死んだ」と発言し、ヨーロッパ諸国の大使たちを仰天させた。ブッシュ陣営は、京都議定書には致命的な欠陥（中国とインド）があり、これを批准すれば国内の不況を悪化させかねないと主張した。これによって環境関連銘柄の人気は落ち込み、9.11後には一気に値を下げることになった。

　今にして思えば、議定書への期待感から株式相場は一時的に盛り上がったものの、世界最大のCO_2排出国の政局に翻弄されて、市場の環境熱はすっかり冷めてしまった。しかし、これで万事休すというわけではない。前述したように、温暖化対策の必要性はだれもが認めるところだ。科学が進歩し、温室効果ガスの影響が明らかになるにつれて環境保護の機運は日増しに高まっている。このように地球温暖化をめぐる状況はめまぐるしく変わり、市町村、州、国の姿勢に大きく左右される。だったら環境分野に投資をしても意味がないかと言えば、そうではない。環境ビジネスに投資するなら、リスクを減らすためにあらゆる分野をカバーし、幅広いポートフォリオを構築することが必要ということだ。

そのための第一歩は情報の収集である。だれが、どこで、どれだけの温室効果ガスを排出しているのだろうか。企業に対して排出量の開示を求める動きはすでに始まっている。そのひとつが米ロックフェラー社会貢献活動評議会の炭素情報開示プロジェクトだ。このプロジェクトにはおもしろいことに、機関投資家も参加している。金融界も温室効果ガスと株価の関連には大いに注目しているのだ。同様の開示請求はカリフォルニア州の大気資源局も行う予定だという。そうなると排出量の監視と報告を請け負う企業は当然、需要が伸びるだろう。ベンチャーキャピタルが環境関連事業に投じた金額は2005年で推計16億ドルに上り、前年比で34％の伸びを示した。時代の先を行くベンチャーキャピタルに続いて一般の投資家も資金を投じるようになれば、環境分野に新しい産業が台頭してくるはずだ。

　その筆頭が、石炭や石油などの化石燃料に代わるクリーンエネルギーの開発事業である。水力、風力、原子力はいずれも環境にやさしく、再生可能なエネルギーだ。こうした代替エネルギーとその生産技術はますます需要を拡大していくに違いない。一方、電力、鉱業、金属、パルプや紙、石油製品などの業種は化石燃料を大量に消費している。それだけに、どこよりも早く企業活動の見直しを迫られ、低炭素技術の開発や導入に乗り出すだろう。

エコで行こう！

　どうやら地球温暖化の進行速度は鈍行列車並みのようだ。したがってハリケーンや地震の場合に有効な市場分析は、ここでは通用しない。温暖化の影響で大規模な天変地異でも発生すれば状況は一変するだろうが、その日が来るまで環境ビジネスやクリーンエネルギーに投資するにはどうしたらよいのだろうか。少しアドバイスしてみたい。環境関連のセクターにはエタノールの生産から排気処理システムの開発ま

で多種多様な業種が含まれる。金融商品にしても個別の株式、投資信託、ETF（株価指数連動型上場投資信託）と選択肢はいくつかある。投資先を選ぶうえで面倒なのは、このセクターには環境事業を直接手がけている企業、間接的に手がけている企業、排出削減に取り組みながらも環境汚染の一因を作っている企業などが混在していることだ。

そこで企業のリサーチを手早く行うコツを紹介しよう。まずは「エコファンド」で検索してみる。検索結果が出たら、そのファンドがどの企業に投資しているのかを調べる。なかなか興味深い銘柄が組み込まれていることに気づくだろう。手始めに、パワーシェアーズ・ウイルダーヒル・クリーンエネルギー・ポートフォリオ（PBW）とニュー・オルタナティブス・ファンド（NALFX US）を当たってみよう。PBWはウイルダーヒル・クリーン・エネルギー指数（ECO）に連動するETF（上場投資信託）で、全資産の80％以上をクリーンエネルギー関連や環境保護関連の企業に投じている。一方のNALFX USはオープンエンド型の投資信託で、組み入れ銘柄の25％以上は代替エネルギーの開発業者だ。

両ファンドのチャートには顕著な価格変動が見て取れる。**図8.1**と**図8.2**は2005～2006年の値動きを示しているが、どちらのグラフも心臓にはよろしくない。両ファンドの投資先企業は中小の製薬会社に通じるところがある。独自に開発した製品や技術をもっており、それが認可されたり、政府のお墨付きを得たりすると株価が急激に伸びるのだ。だが、企業研究を怠ってはならない。個々の組み入れ銘柄はファンドそのものよりも魅力的な場合がある。とくにエコカーの製造や工場の排気処理技術で抜きん出ている企業は狙い目だ。

ここまでは温暖化が急激には進まないという前提で話を進めてきた。しかし、急激に進んだらどうなるだろう。海面上昇から異常気象まで、いくつものシナリオが考えられるが、そのなかで今すぐにでも起こりそうな現象、あるいはすでに起きているかもしれない現象を検証した

パート2　自然災害

図8.1　パワーシェアーズ・ウイルダーヒル・クリーンエネルギー・ポートフォリオ

出所＝ブルームバーグ

図8.2　ニュー・オルタナティブス・ファンド

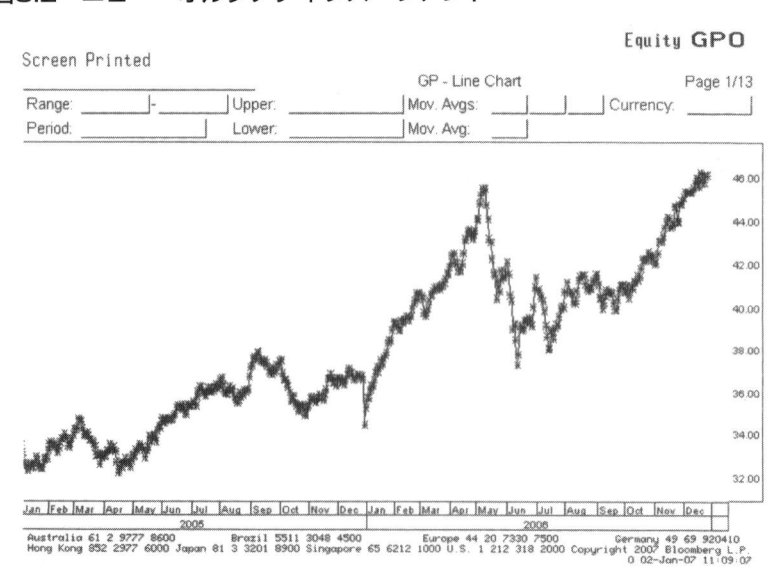

出所＝ブルームバーグ

い。それは異常気象の増加だ。異常気象のメカニズムはすでに説明したので、ここではその恩恵に浴する企業と商品について考える。例えば、2004年や2005年のハリケーンシーズンが毎年恒例になったと仮定すると、原油と天然ガスの価格はシーズン前に確実に上がることになる。とくに大型ハリケーンがメキシコ湾を立て続けに襲ったら、どうなるだろうか。沿岸部の不動産価格は下がり、温暖な内陸部の地価は高騰するに違いない。

地球の気温が大きく変化すると、各国の対応も大きく変わる可能性がある。インド、中国、アメリカは、京都議定書を批准するか温室効果ガスの削減を法制化するしかなくなるだろう。その結果、低炭素技術をもつ企業の株価は急速に伸び、自動車メーカーと発電所は事業の見直しを迫られるに違いない。こうなると電気自動車や排気処理システムを供給する企業は大幅に収益を伸ばすが、一方で新しい法令に一から対応することになる企業はコストがかさんで業績が落ちるかもしれない。特需が見込める分野はクリーンエネルギー、そして原子力発電も有望だ。企業で言うと、アメリカを拠点とするウェスティングハウスやフランスに本社を置くアレバグループといったところだろうか。アレバはすでに4カ所の原子力発電所の建設を中国から受注しており、それが業績にも好影響を与えている。今後インドとアメリカが本格的に原子力発電に乗り換えることになれば、需要はさらに伸びるだろう。

これまでの章でも説明したが、悪いことが重なるのは産業が疲弊しているときだ。それは歴史を見ても一目瞭然である。1300年代初頭の大飢饉はペスト禍を拡大させ、歴代のハリケーン災害は米経済の一番不安定な部分（原油と天然ガス）を一番厳しい（供給不足の）時期に襲った。今後は大豆の供給が今までになく落ち込み、バイオマス燃料（バイオディーゼルやバイオエタノールなどの非石油系燃料）の需要が拡大したときが要注意である。わずかな天候不順でも穀物価格が高騰する恐れがあるからだ。例えば、温暖化の影響で米各地が干ばつに

見舞われているさなかに、バイオマス資源や穀物の需要が急増したらどうなるだろうか。穀物価格の急騰に伴って、食料価格も上昇するだろう。そうなればFRB（米連邦準備制度理事会）はインフレ対策として金利を据え置かざるを得ない。その据え置き期間が市場の予測以上に長引く場合、下半期のGDPはさらに伸びる可能性がある。こんなふうに少し想像をめぐらせただけでも、地球温暖化の波紋は広範囲に及び、金融市場の取引材料に化けることが予想できる。

　本章の趣旨は特定の銘柄をお勧めすることではない。地球温暖化というイベントの可能性に気づいてもらうことだ。私見を言えば、環境分野への投資熱は今後も続き、関連銘柄を売買する機会も増えていくだろう。「エコ関連株」は1990年代のハイテク株に匹敵するブームになるのではないだろうか。ブッシュ大統領率いる共和党は京都議定書には反対だった。ということは、市場は民主党を議定書の賛成派とみなし、民主党が政権を取れば環境関連株を買い進めるに違いない。このほか政界の動向で注目したいのが、第二のカリフォルニアや第二のRGGIの出現である。もちろん気温の変化に目を光らせることも大切だ。気温の上昇が加速すれば、政治家も迅速な対応を求められる。近年、カナダの棚氷が約104平方キロにわたって崩壊した一件は気候変動の深刻さを示すとともに、早急な対策を促すきっかけになるかもしれない。また干ばつをきっかけとして温暖化対策が進む可能性もある。政治が動けば、環境分野への投資もさかんになるだろう。

パート3

政治
Polotics

第9章
テロリズム
Terrorism

　私がアメリカに対するテロ行為に初めて接したのは、レバノンに駐留していた海兵隊の兵舎を狙った自爆テロ事件だった。しかし、この手の攻撃は何世紀も前から世界の至るところで起きてきた。古代ユダヤのゼロット（熱心党員）しかり、11〜12世紀に暗躍した暗殺者しかり、第二次大戦中の神風特攻隊しかりだ。社会に恐怖を植えつけるテロの威力は昔も今も変わらない。北朝鮮のような「ならず者国家」が核兵器の開発を進める昨今、大規模テロが発生する恐れは大きくなることはあっても、小さくなることはないだろう。だからと言って、1950年代のように自宅の庭に核シェルターを作ったほうがよいというのではない。今後も多くの人命と金融の中心地がテロの標的になるということだ。

　どのような形のテロであれ、市民生活、社会、金融市場は相応のダメージを受ける。IRA（アイルランド共和軍）の攻撃を受け続けたイギリスは、その好例だろう。イギリス市民は日常に潜むテロの脅威に長い間苦しんだ。それでもテロリストの挑発に乗らなかったことが、IRAを交渉のテーブルにつかせ、攻撃をやめさせる結果につながったのだろう。近年ではパレスチナとイスラエルの紛争で自爆テロが相次いでいる。パレスチナでは一般選挙が行われ、自治への道筋も見え始めてはいるが、紛争はいまだに解決していない。同様の例にロシアと

チェチェンの対立がある。モスクワの劇場とベスラン市の中学校で発生した2件の立てこもり事件は、今も黒幕をめぐって諸説が飛び交っているが、チェチェン独立派のしわざと見る向きが多い。両事件のあともロシア政府は方針を変えておらず、チェチェンはいまだにロシアの支配下にある。

こうした近年の例をざっと挙げただけでも、反政府テロに対する反応と結末はさまざまだ。1980年以降の自爆テロについて詳しく知りたい方には、ロバート・A・ペープ著『ダイイング・トゥ・ウィン（Dying to Win : The Strategic Logic of Suicide Terrorism）』をお薦めしたい。一覧表がついており、大いに参考になる。

本章では欧米を狙った近年のテロ事件に的を絞る。いずれの事例も主に中東を拠点とするテロ組織の犯行だ。特定の人種、民族、宗教を差別するつもりは毛頭ないが、一連の犯行が国際社会と金融市場に多大な打撃を与えたことは揺るぎない事実だ。また、これらの事件を引き合いにするのは、その背景に同じテロ組織が絡んでおり、その組織の活動が実に活発だからである。その影響力はひとつの国、ひとつの地域にとどまらない。さらに重要なのは、彼らが本拠地とする中東には世界経済の重要な資産である「原油」があるという点だ。それだけを考えても議論する価値は十分にあるだろう。本章では自爆テロに焦点を当てるが、それは自爆テロが究極の自己犠牲であり、テロリストの覚悟のほどを示しているからだ。そして自爆テロほど対処に困るものはない。人間爆弾を阻止することは不可能に近いからである。

2001年9.11同時多発テロ

アメリカは国土そのものを狙われることに慣れていない。リンカーン大統領の暗殺事件でも、1920年のウォール街爆破事件でも、アナキストやテロリストの狙いは世論をあおり、変えることだった。1983年

と1984年には米大使館を標的にした自爆テロが4件発生したが、現場はいずれもアメリカから遠く離れたベイルートやクウェートだった。そして1993年2月26日、ニューヨークの世界貿易センタービル第1棟の地下駐車場で、イスラム系テロリストの一味が爆弾を積んだトラックを爆発させた。ビルの足元を爆破してビル全体を倒壊させる算段だったのだろう。2001年を予感させる一件だが、このとき一味に資金を提供したのは実行犯のおじにあたるハリド・シェイク・モハメドで、国際テロ組織アルカイダのメンバーだった。

その8年後、アルカイダは同じビルの倒壊を再び試みて、今度は成功を収めた。19人のテロリストが4機のジェット旅客機を乗っ取り、次々と標的に突入した。そのうち2機は世界貿易センタービルの両棟に、1機はペンタゴンに突っ込み、残り1機は乗客の抵抗に遭ってペンシルベニア州の平原に墜落した。犠牲者は2973人に上り、その大半が世界貿易センタービルの崩落によって命を落とした。マンハッタン市内の25棟のビルとペンタゴンの一部にも被害が及んだ。

この同時多発テロによって、アメリカ人の意識は根底から変わった。国際社会における自国の位置づけも、国内を移動する手段も一変した。あの日、ディーリングルームで事の成り行きを見ていた私はクライアントに宛てて次のようなメールを送った。

> みなさん。今日1日の出来事を振り返るとき、これだけは忘れないでください。
>
> 1．アメリカは国際社会に誓って、ニューヨークとワシントンのテロに関与した者を徹底的に追及する。
> 2．ブッシュ大統領は大統領権限を最大限に生かして事件の解決に当たるだろう。こうした危険分子を国際社会から排除するには長く地道な努力が必要だが、テロリストをかくまい、支

援する国家はいずれ白日の下にさらされ、制裁を受ける。
3. FRB（米連邦準備制度理事会）をはじめとする各国の中央銀行は金融市場への影響を抑えるために、できるだけ流動性を供給すると思われる。
4. 言うまでもなく、市場は先行き不安を嫌気して安全資産に向かうだろう。株価は暴落し、米短期債が買われるはずだ。
5. ドルを売り、スイスフランのような安全な通貨を買う動きが当分は続く。
6. アメリカの黄金時代は終わった。ナスダックは暴落し、アメリカの不滅神話も崩れ去るに違いない。テロリストに国土を破壊された以上、アメリカ社会全体が不安視される。ここから、すべては変わるだろう。

　ニューヨークのみなさん、ニューヨークに家族や友人のいるみなさん、ペンタゴンの関係者、墜落機に乗り合わせた方々に、心からお見舞いとお悔やみを申し上げます。

　当日のNYSE（ニューヨーク証券取引所）、アメリカ証券取引所、ナスダックは休場になり、そのまま9月17日まで取引が停止された。世界貿易センタービルに隣接するNYSEとそのデータ管理施設は無事だったが、取引に使っていた電話回線がダウンしてしまった。この専用回線は証券会社やクライアントとの連絡に欠かすことができない。東海岸のクライアントにとっては取引の窓口でもある。たしかボストンへの直通回線が復旧したのは事件の半年後だったと記憶している。**図9.1**は2000年から2002年までのダウ平均の推移を示したものだ。9.11前から下げ圧力を受けていたことに注目したい。その背景には政策金利が6.50％に引き上げられたことや2000年問題の影響で技術投資が膨らみ、米経済が悪化したことがある。ダウ平均は9月初めの時点

図9.1　ダウ工業株平均

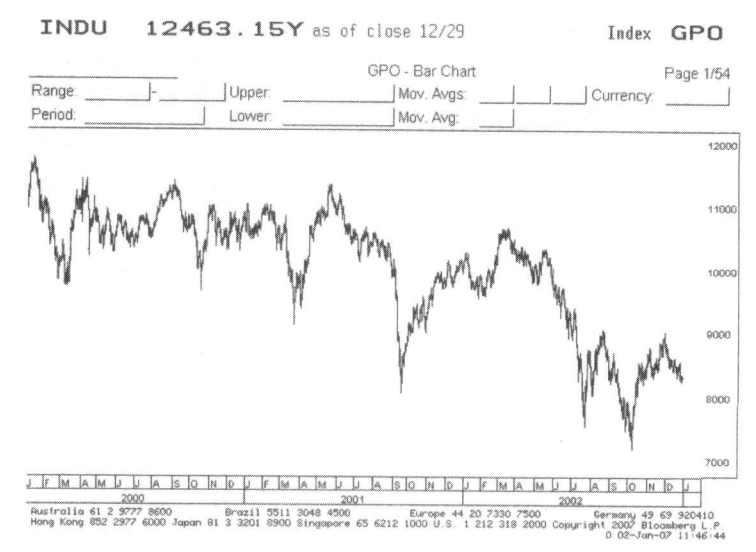

出所＝ブルームバーグ

図9.2　10年物Ｔノートの利回り

出所＝ブルームバーグ

で年初から1000ポイント下げ、弱含みになっていた。

　10年物Ｔノートの利回りも当時の経済状況を反映して下降気味だった。図9.2を見ると、年間を通してほぼ横ばいだが、９月初めに下げているのが分かる。９月の米ドル指数（図9.3）はその年の安値を上回ってはいるが、やはり下落基調だ。図9.4は政策金利の推移である。FRBは9.11より前から積極的に緩和策を推し進めて、７回にわたる利下げに踏み切り、政策金利を6.50％から3.50％とした。どうやらアラン・グリーンスパン議長は9.11以前から景気の先行きに不安を感じていたらしい。

　次はテロ発生後の相場を検証しよう。繰り返すが、米国内の取引所は９月17日まで休場だった。つまりエクスポージャーを下げ、株式投資のリスクをカバーすることはできなかったわけだ。しかし海外の証券取引所で売買することは可能であり、実際に多くの投資家がその方法を取った。9.11当日のドイツDAX指数は８％下落し、その翌日は取引開始直後から、さらに４％下げた。

　こうした状況を考えると、休場明けの米株式市場にはとてつもない下げ圧力がかかることが予想された。その不安は為替と国債にも波及し、ドルは売られ、国債は買い進められた。ドル売りが始まったのは、何と、世界貿易センタービルに２機目が突入する前だ。私たちがテレビ画面をただ呆然と見つめていたときに、一部の冷静で冷血なトレーダーは早くもドルを売っていたのだ。最後には株式担当のポートフォリオマネジャーまでが売り手に加わった。これは市場再開後の株安を見越した代替のヘッジ手段だった。

　米政府は、何はさておき航空機の運航を停止した。ハイジャックを企てているテロリストがほかにいるかどうかは定かでなかったが、とりあえず全機を着陸させておけばハイジャックは防げる。この影響で再開後の株式市場では航空と運輸に大きな圧力がかかった。それ以前から航空各社は競争の激化、人件費や燃料費の高騰が重なって下げ圧

図9.3 米ドル指数

出所＝ブルームバーグ

図9.4 アメリカの政策金利

出所＝ブルームバーグ

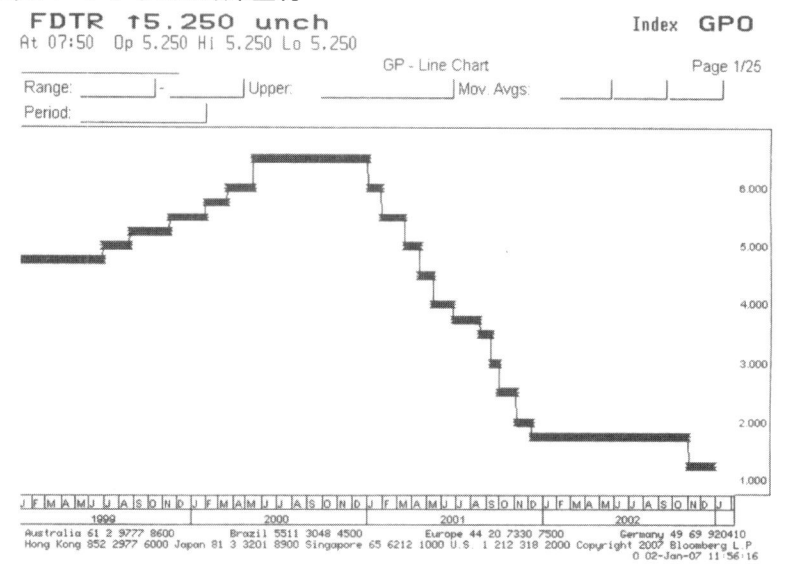

図9.5 ダウ輸送株20種平均

出所＝ブルームバーグ

力を受けていた。**図9.5**のダウ輸送株20種平均を見ると、９月初めは2000年初頭のレンジで推移していたが、テロ後は一気に28.6％下落し、800ポイント安となったことが分かる。この下げ幅は1987年のブラックマンデーのときを上回った。

以下は休場明けの週末に私が配信したメールマガジンだが、ここに当時の市場のムードが読み取れるだろう。

何という１週間だったのだろう。まずは今日１日の株式市況を振り返る。こちらの取引所が開く前から、各国の市場は平均で6.5〜７％下落した。昼近くなって、GEが「弊社はテロの影響を乗り越えて2001年、2002年同様の２桁成長を目指す」と宣言したのを受けて、GEの株価は大幅に上昇した。ダウ平均は一時、前日比プラス圏内で推移し、ドルもつられて上げたが、その後ダウ平均は反転し、200ポイントあまり下げた。9.11の同時多発テロ

以降、職を失った人は11万人を超えた。ダウ平均はテロ前に比べて13.3％超の下落幅を記録した。為替相場はドルに対してスイスフラン高、豪ドル安になるなど乱調模様だった。アメリカの長期国債も異常な値動きを示し、連邦議会が社会保障費を切り崩して財政出動をすると発表したあとは値を下げた。財務省は国債の買い戻しを中止することを決定したが、それでも金曜日にダウ平均が一時400ポイントあまり下げたのを受けて国債価格は上昇した。9.11以降、世の中はすっかり変わり、変化のペースは早くなる一方だ。

　大衆文化も変わるだろう。へそを出したアイドルグループやピアスの穴ほどの深みもない流行歌は、もうおしまい。これからはブリトニー・スピアーズの「ウップス！　アイ・ディド・イット・アゲイン」ではなく、ルチアーノ・パバロッティの「アベ・マリア」が売れるに違いない。人々の意識は「命と財産の剥奪行為」という負のテーマや負の現実に向かう。これは戦時ならではの現象だ。こんなとき人の考えは内向きになり、基本的な欲求や望みに立ち返るものだ。「IPOを買おうかな」ではなく、「持ち株を売ったら損失は20％以内で収まるだろうか」。「もっと給料のよいIT企業に転職しよう」ではなく、「仕事があるだけでありがたい」。「強いドルを維持する」ではなく、「ドル安も景気の良薬になるだろう」。変わらないのは変わり続ける世の中だけである。

　変わると言えば、各種の経済統計も同様だろう。9月分の数値が出そろうころには、アメリカの景気にどれほど大きなブラックホールが開くか実感できるはずだ。最初に注目すべきは9月28日に発表されるシカゴ購買部協会景気指数である。市場の予測は42.5だ。来週は9月最後の週に当たるので、ドルから日本円への回金は一段落するかもしれない。しかし日本銀行に追随すると痛い目に遭うので、個人的にはドルを買い進める気持ちは今のとこ

ろない。今後アメリカはどのようにテロと戦っていくのだろうか。その詳細が明らかになるまで待つべきだ。ご承知のように、今週は米内外でテロの噂や爆破予告が相次いだ。わが国の同盟国は「タリバン後の政権についてアメリカから意見を求められた」と言っている。タリバン後の政権――心強い響きではないか。

おもしろいことに、市場はこの時点で同時多発テロ後の経済が著しく悪化することも、その予兆が9月分の経済統計に表れることも見通していた。最初に発表される主要統計は失業率だった。はたして失業率は変わらなかったが、非農業部門の雇用者数は19万9000人ほど減少した。私は2001年10月3日付のメールマガジンに次のように記した。

　　フォードとノーテルネットワークスに関する情報だが、ノーテルは1万5000人規模の人員削減を予定しており、両社とも第3四半期の経常利益は予想以上に落ち込む見通しだ。ダイムラークライスラーの米法人は事業の売却を検討中だという。同社では9月中の売り上げが28％落ち込んだことを受けて、4カ所の工場を1週間、1カ所の工場を4週間稼動停止にすると発表した。このニュースに反応して各国の株式相場は下落した。通信と自動車が一番打撃を受けることは想定内だが、想定外だったのは世界的にユーロ高が進んでいることだ。対ユーロ相場はどこも同じで、スイスフラン、日本円、英ポンド、ドルは強い単一通貨のユーロに対して軒並み下げている。ユーロ高ポンド安についてはトニー・ブレア英首相の発言に一因があると思われる。ブレア首相は、今議会でユーロへの加盟を検討することを示唆した――むろん、条件が整えばという前提である。しかし、それは今に始まったことではない。となると、ユーロ高ポンド安を引き起こした一番の原因はボーダフォン株が大きく売られたことではないだろうか。通信

銘柄が一夜にして暴落したことを考えると、そのほうが説得力がある。

　次は株価を検証してみよう。取引が再開された直後の株価は全面安の展開になり、10月にかけて上昇したが、その後は揉み合いが続いた。相場は極端に振れた。9.11のショックと炭そ菌テロの恐怖を受けて大きく落ち込んだかと思えば、金利が１％下がるとの情報を受けて急に活気づいた。

　これまで学んできたとおり、金融市場に長く大きく影響するのは資本コスト、つまり金利である。中央銀行がイベント後の対策として積極的に資金を供給すれば、その国の株式と国債はたいてい上昇する。9.11の場合は市場からテロの脅威を払拭することが先決だったが、その後、米本土を狙ったテロは起きなかった。この文章を書いている時点でも１件も発生していない。むしろFRBを悩ませたのは、前例のないイベントだっただけに今後の経済にどのような影響が出るのか見当がつかないことだった。FRBにできたことと言えば、株式市場の再開を促し、量的緩和に踏み切って様子を見るだけだった。グリーンスパン議長率いる当時のFRBは経済の失速を食い止めることに精いっぱいだったのである。というのも、アメリカの景気は9.11前から悪化していたからだ。ここからも分かるように、イベント後の展開を予測するにはイベント前の市場の動向を把握することが欠かせない。

　2002年を振り返ると、だれも元の姿に戻すことができなかったマザーグースのキャラクター「ハンプティ・ダンプティ」を思い出す。FRBの必死の努力も金利政策の甲斐もなく、経済は悪化の一途をたどった。FRBの利下げは尋常ではなかった。2001年12月に1.75％、2002年11月に1.25％とし、さらに2003年に１％にまで引き下げて、そのまま年末まで据え置いたのだ。一連の利下げによって為替相場では記録的なドル安が続くことになった。のちにFRB議長となるベン・バー

ナンキは「これ以上、景気が悪くなったら、FRBはヘリコプターからドルをばらまく」と発言し、「ヘリコプター・ベン」なるニックネームが生まれた。

当時の状況で仕掛けるチャンスがあったとすれば、アメリカにゆかりの深い外国株を売り、ドルを売り、米内外の国債を買うくらいだろうか。休場明けに一番やってはならないことは、アメリカ株を売ることだった。むしろ買い進めて、米ドル指数も買っておくのが得策だったと言える。しかし、そのチャンスも短期間（長くて２四半期）で終わったはずだ。金融市場はまもなく9.11前のトレンドを回復したからである。これはハリケーンの場合にもよくある展開だ。

そこで次の事例を検証する前に、押さえておきたい３つのポイントをおさらいしておこう。

１．イベント発生前の市況
２．イベントの中身とその発生場所
３．中央銀行の対応

以上の３点は中期の展望を占ううえで重要な材料だ。市場はおおむねどこへ向かい、イベントのほとぼりが冷めたあとはどこに落ち着くのかを読むためのカギになる。

2004年スペイン列車爆破テロ事件

事件当日の３月11日、私はメールマガジンにこう記した。

> マドリードで発生した一連の爆弾テロの影響で、ドル相場は主要通貨に対してぶれている。金利の高いオーストラリアドルとニュージーランドドルも同様の展開だ。米国債は上昇したが、株価

は続落し、前日比で一段安となった。今回の一件は、海の向こうの出来事が世界のすみずみにまで影響することを悲しくも証明している。ニューヨーク・タイムズは事件の模様を次のように伝えた。「総選挙を控えたスペインのマドリードで木曜日、大規模な爆発が３カ所の駅で発生した。通勤客170人が死亡、500人以上が負傷したとみられる。スペイン政府はこの一件を『ETA（バスク祖国と自由）が起こした未曾有の大惨事』と表現し、エドゥアルド・サプラナ報道官は『虐殺』という表現を使った」。ちなみに事件前のヨーロッパ市場は通貨安・株安の展開だった。バスク過激派の指導者は木曜日、ロイター通信の取材に対して「ETAが関与したとは考えられない」とし、一連の爆破テロは「アラブ系組織による犯行ではないか」とコメントした。この発言を受けて、アメリカの金融市場は安全な資産への乗り換えを開始した。米国債は急激に上がり、株は売られ、ドル安スイスフラン高が進んだ。市場はアルカイダ犯行説をうのみにしたのだ。

　しかしETAの指導者はしらを切っているだけかもしれない。何しろETAは大量の爆発物を所有していたとしてメンバーが逮捕されたばかりだ。スペインでは日曜日に総選挙が予定されており、スペインの２大政党はETAとの話し合いを避けていた。ETAは1987年にも大規模なテロ事件を起こし、21人の犠牲者を出した。再びニューヨーク・タイムズの記事を引く。「スペインの政府筋によると、最近のETAは逮捕者が続出し、かなり追い詰められていたという。昨年スペインとフランスで拘束されたメンバーと協力者は合わせて150人に上った。そのなかには実働部隊のリーダーも複数含まれている。ETAのテロによる犠牲者は2000年に23人、2001年に15人だったが、昨年は３人にとどまった」。今回の事件が本当にETAのしわざなら、その攻撃力は格段にスケールアップしたことになり、外部に協力者がいる可能性も考え

られる。そうだとしたら、実にゆゆしき事態だ。

　以上は事件直後の状況をまとめたものだ。その後のニュースで、マドリード市内を走っていた４本の列車で計10回の爆発が発生し、死亡者は191人、負傷者は1700人に達したことが分かった。ETAは過去にもスペインでテロ事件を起こしていたことから、疑いの目は真っ先にETAに向けられた。ETAが大量の爆発物を所有していたことも、今回の犯行をにおわせた。そして事件の３日後にはスペインの次期首相が決まる総選挙が控えていたのだ。

　そのタイミングを考えると、テロリストの狙いは総選挙にあり、スペイン政府の方針を転換させることにあったのだろう。当時スペインの政権与党はホセ・マリア・アズナール首相率いる保守系の政党で、総選挙の１カ月前までは政権与党の勝利は確実と見られていた。アズナール首相は後継者を指名し、イラクでの米軍支援を継続することを明言した。しかし選挙の結果、与党は敗退して社会労働党が政権を取り、ホセ・ルイ・ロドリゲス・サパテロ党首が首相に就任した。サパテロ新首相はさっそくイラクからの撤退を表明し、アメリカ寄りだった前政権の外交政策を大きく転換した。スペインは2004年７月１日付で、イラク中心部に駐留する9000人規模の多国籍軍を引き継ぐことになっていた。くしくも、その時期にイラクへの主権移譲も行われる予定だったが、結局はどちらも実現しなかった。

　与党の敗北はアズナール外交に対する国民の反発と受け取られた。「今回のテロがアルカイダのしわざなら、責任はアズナールにある」とデモの参加者はコメントした。スペインでは事件のあった週末、テロに抗議する大規模な集会が開かれた。スペイン政府は一連の爆破事件をETAの犯行と断定し、捜査当局は３人のモロッコ人と２人のインド人を逮捕したが、そのわずか48時間後にアルカイダの犯行声明が収録されたビデオテープが発見された。ビデオのなかでアルカイダ

は、一連の爆破テロはアメリカを支援するスペインに対する抗議であり、支援をやめなければ、さらに多くの血が流れると言明した。
　以下は３月15日に配信したメールマガジンだ。

　　この一件で、アルカイダをはじめとする世界中のテロリストはさぞ勢いづいているだろう。イギリス、日本、ポーランドもイラクに派兵しているため、標的にされる可能性が出てきた。ポーランド政府は、テロを理由にイラクから撤退することはけっしてないと明言しており、ロイター通信はポーランドのレスゼック・ミラー首相のコメントをこう伝えている。「テロが発生したからといって政府の方針を変えていたら、テロに屈し、テロを正当化することになってしまう」。テロリストが次に狙うのは大統領選挙を控えるアメリカかもしれない。その不安を裏付けるように、ジョン・ケリー民主党候補の優勢が各種世論調査で明らかになった。ケリー候補は先日のインタビューで「諸外国でもケリー待望論が高まっているが、それはアメリカの現政権に不満があるからだ」とコメントした。ワシントン・ポストが伝えたケリーの発言を読むと、世界の指導者たちはそれぞれに「国内事情」を抱えており、アメリカの一方的な軍縮論や「横暴な」外交政策にうんざりしているらしい。おかげで米市民は11月の投票日まで、爆弾テロの脅威にさらされることになりそうだ。
　　現にパキスタンのカラチでは爆破未遂事件が発生した。月曜日、現地の爆発物処理班は小型のバンに仕掛けてあった爆弾を解除したが、そのバンは厳重警備の敷かれた米領事館の脇に停車してあった。もし爆発していたら「領事館はめちゃめちゃになっていただろう」と現地の警察は話している（ニューヨーク・タイムズ）。この事件の２日後にコリン・パウエル米国務長官がパキスタンを訪問することになっていた。ニューヨーク・タイムズによ

図9.6　欧州中央銀行の政策金利

出所＝ブルームバーグ

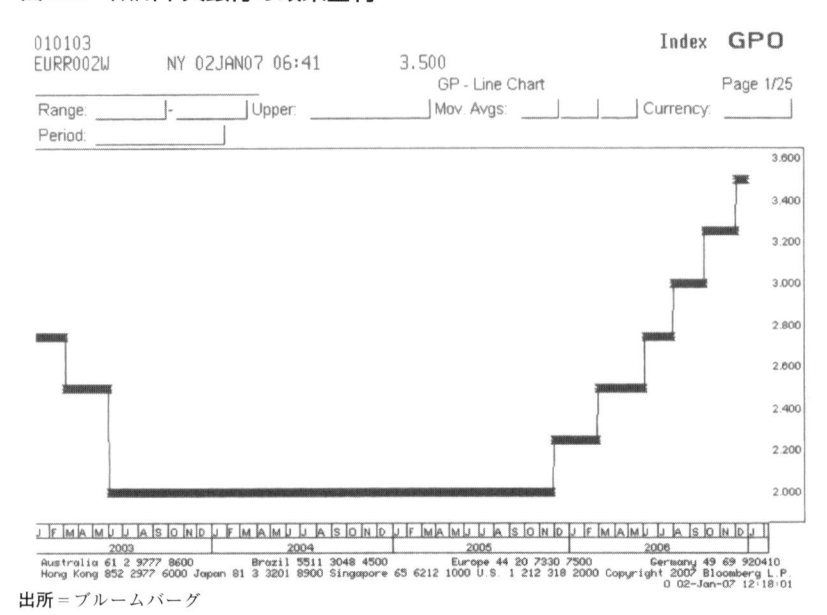

図9.7　ユーロ対ドル相場

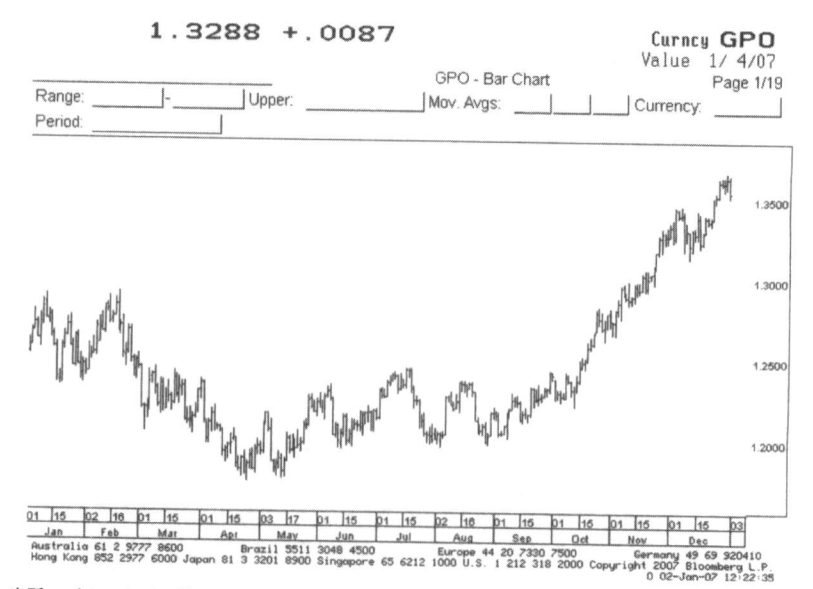

出所＝ブルームバーグ

図9.8　スペインIBEX35指数

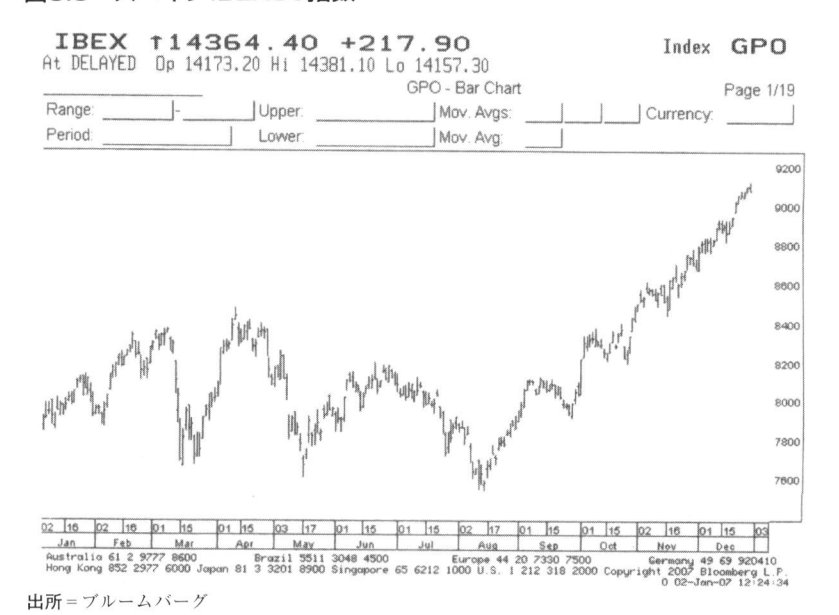

出所＝ブルームバーグ

ると、現地入りは水曜日だったが、カラチに出向く予定はなかったという。

ご承知のとおり、今日の国際社会はざわついており、その動揺は金融市場にも飛び火したらしい。国債とスイスフランが買われ、株式が売られるというリスク回避の動きが目立っている。

為替の乱調はオーストラリアドルの値動きに見てとれる。寄り付きはギャップを空けて0.7400豪ドルを付けたが、まもなく0.7300豪ドルを割り込み、現在は0.7350豪ドルだ。この不安定な国際情勢がオーストラリアにどう影響するのか、市場は計りかねている。現情勢はアメリカにとっては百害あって一利なしだ。

マドリードのテロではスペインの政局と外交にいち早く影響が出た。それでは金融市場の反応はどうだったのだろう。テロの発生前、ユーロの対ドル相場は上昇基調にあり、その年の高値を付けたばかりだ

図9.9 スペイン10年国債の利回り

出所＝ブルームバーグ

った。ECB（欧州中央銀行）の直近の利下げは2003年6月（図9.6）で、そのときは2.25％から2.00％に引き下げられた。テロの発生直後、ユーロの対ドル相場は2.5％下げ、翌週末にかけてさらに2.5％下落した（図9.7）。

株価はスペインIBEX35指数（図9.8）を照会にする。この指標はスペイン連続時間市場の株価指数で、もっとも流動性の高い35銘柄で構成されている。これを見ると、テロの発生直後にその年の安値を付け、3日後に250ポイント下げたことが分かる。しかし同指数は2週間足らずで回復し、テロ前の水準を上回った。スペインの10年国債はテロの直後から値を下げ、利回りは翌週末にかけておよそ3.80％から4.00％に上昇（図9.9）。これは9.11直後の米国債とは対照的な動きである。スペインはアメリカに比べてはるかに小国であり、しかも選挙戦の真っただ中にあった。したがって市場はテロの影響を読むことができないまま、スペインの債券に見切りをつけたのだろう。

9.11とスペインの3.11の違いはほかにもある。前者のほうが多くの犠牲者を出し、多くの建造物を倒壊させ、証券取引所を一時停止に追い込んだ。また米本土を狙った初の大規模テロだったこともあり、各方面に与えた衝撃も格別だった。9.11では国際社会は未曾有の事件に接して右往左往したが、3.11のときは各市場が事態を冷静に分析し、必ずしも大きな混乱には至らないと判断したのである。実際のところ、スペインでは空路が閉鎖されることも、列車の運行がストップすることもなかった。むしろ混乱を招いたのは事件後にスペインで行われた抗議デモのほうだった。3.11がスペインの金融システムにとって大きな打撃と考えられなかったことは、ECBの対応にも表れている。ECBは金利を引き下げてまでテロ後の経済悪化に備える必要はないと判断した。

　売買戦略としては、利回りが4.25％前後になったところでスペイン債を買い進めるという手があった。テロ後の国債相場は1カ月ほど揉み合いが続いたあとで急激に上昇し、利回りはテロ前の水準を下回った。このケースを見ても、イベント前のトレンドはいずれ回復することが分かる。ユーロの対ドル相場も同様で、3.11以前に上昇基調にあった相場はテロの発生で一時下落したものの、再び上昇に転じた。スペインIBEX35指数も小幅ながら似たような展開を見せた。3.11前に急激に上げることはなかったが、3.11後に下げた相場はまもなく大きく上げて、年末にはその年の高値を付けたのである。

2005年ロンドン同時爆破テロ

　事件が起きた7月7日、私はメールマガジンに次のように記した。

　　ロンドンで爆破テロが発生したとの報道を受けて、ドル相場は大きく揺れている。米ドル指数は0.38安の90.00だ。国際市場で

は安全資産への逃避が始まり、国債はどこも軒並み上昇している。指標となる10年物Tノートの利回りは3.98％になった。一方で株価は２～３％ほど下げている。金は3.50ドル上げて427.25ドル、原油は1.15ドル下げて60.15ドルだが、原油は一時2.60ドルも下げた。現在、各市場の動きは以前の動きに逆行しているが、英ポンドだけは相変わらず売られている。

　今朝、ロンドン市内で少なくとも６件の爆発が発生した。いずれも通勤時間帯の地下鉄やバスが狙われ、同時多発テロの可能性が高いとニューヨーク・タイムズは伝えている。「この爆発で２階建てバス１台が大破。当局は地下鉄の駅構内を立ち入り禁止とし、全路線の運行を停止した」。今、ロイター通信が７件目の爆発について伝えている。死傷者は相当数に上ると思われるが、詳しい情報はまだ入っていない。トニー・ブレア英首相はスコットランドで開かれているG8を切り上げてロンドンに帰った。

　ブレア首相はスコットランドをたつ前に短いコメントを発表した。「ロンドンで発生した一連の爆発はテロと考えて間違いないだろう。死亡者、重傷者を含む大勢の被害者が出ていると聞いている。犠牲になった方々とその遺族に心からお悔やみを申し上げます。今回の犯行が単独犯あるいは複数犯によるテロであることは明白だが、同時にG8の開催に合わせた犯行であることも明らかだ。これについては後日、改めてお話しする。だが、犯行にかかわった者たちにこれだけは言っておきたい。国民の価値観と生活を守り抜くというわれわれの決意に比べれば、罪なき人たちを犠牲にしてまで己の要求を通そうというテロリストの利己主義など足元にも及ばない。テロリストがどのような手を使おうと、われわれの決意は変わらない。この国が、そして世界の文明国が守ってきたものをテロリストが破壊することはけっしてできないのだ」

第9章　テロリズム

　そのとき私は週末のFOXニュースを見ていたのだが、ニール・カブートが司会を務めるコーナーで、ありえない数の論客（7人）が住宅市場について討論していた。わけても「珍客」だったのがコメディアンで評論家のベン・スタインだ。ところが住宅相場を下落させる要因について尋ねられたとき、的確な意見を述べたのが、このスタインだった。スタインは言った——「外からの脅威」でも起きれば国内の雇用が悪化し、住宅の価格も下がるのではないのだろうか。外からの脅威。ヨーロッパ全土は特別警戒態勢に入った。米国土安全保障省は警戒レベルを引き上げていない——今のところは。「外からの脅威」がこの国にまで及ばないことを願うばかりだ。

　この一件はイラクの対戦国に対する報復と考えてよいだろう。スペインに続いて今度はイギリスが標的になった。次のターゲットはポーランド、オーストラリア、日本かもしれない。

　トルコでは爆発による貨物列車の脱線事故が発生した。このニュースを受けて、市場ではドルを買い戻す動きが出ている。ヨーロッパの株式市場では早くも航空と運輸関連銘柄が下落した。イングランド銀行、ECBはともに金利の据え置きを決めているが、その決定も今後の状況次第で変わるはずだ。いずれにせよ、ただでさえ低迷しているイギリス経済がさらに悪化することは避けられそうにない。そうなれば利下げの時期も早まるのではないだろうか。おそらくECBも金利の引き下げを前倒しするだろう。そのほうが得策だ。

　ラッシュ時のロンドンを襲った連続テロ事件では、市内を走る3本の地下鉄と1台の2階建てバスが爆破された。合わせて52人が死亡し、700人が負傷し、自爆した実行犯4人も死亡した。今回の死傷者数は、IRAによる歴代のテロ事件をいずれも上回っており、270人の犠牲者

図9.10 イギリスの政策金利

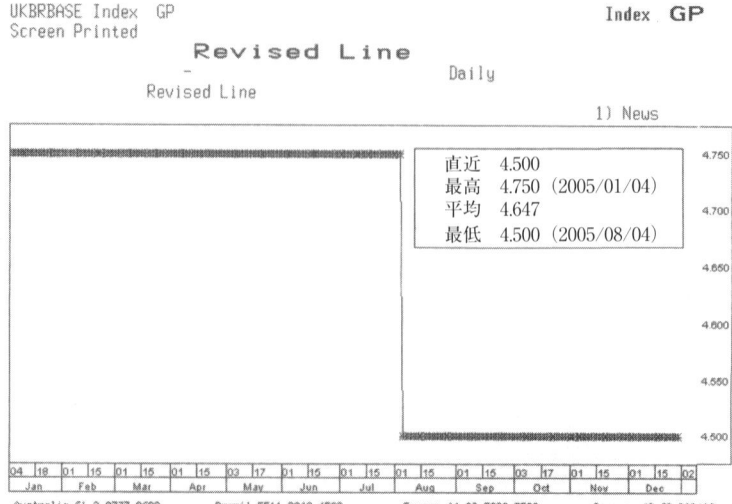

出所＝ブルームバーグ

図9.11 英ポンド対ドル相場

出所＝ブルームバーグ

を出したパンナム機爆破事件以来の惨事となった。事件後は数え切れないほどの噂が飛び交った——アメリカでまた航空機テロが起きるのではないか、イギリスの狙撃部隊がアルカイダのメンバーを追跡しているらしい、など。7月21日、そんな噂のひとつが現実になった。犯行は未遂に終わったものの、新たな爆弾テロ計画が発覚したのだ。

　経済への影響はと言えば、ロンドン市内の交通機関とモバイル通信が終日まひした程度だった。ECBのジャン＝クロード・トリシェ総裁、イングランド銀行のマービン・キング総裁、FRBのアラン・グリーンスパン議長は経済成長を妨げるほどの影響はないと判断した。イングランド銀行はテロ直後の利下げは見送ったが、その1カ月後に0.25％引き下げて、4.75％から4.50％とした（**図9.10**）。

　以上を踏まえて金融市場の反応を探ろう。英ポンドの対ドル相場は7月に大きく落ち込み、その年の安値を付けた（**図9.11**）。7月7日のテロ発生後は安値を更新し、上昇、安値を更新、上昇ときて、7月末には7月1日の終値を上回って引けた。わずか3週間でかなりの乱高下だ。その後は9月にかけて大きく値を上げ、9月以降は急速に下落し、年末に7月の安値を下回った。これも今までのパターンと同じだ。やはりイベントはトレンドを一時的に乱すことはあっても、壊すことはない。イベントは短期決戦型の逆張りトレーダーには絶好の機会になり得るし、現にそうなる場合が多い。トレンドフォロアーにとっても、イベント前よりも有利なポジションを建てられるという意味で好機となるだろう。イギリス10年国債の値動きは前述のスペイン国債に似ているが、それほど激しくはなかった（**図9.12**）。7.7のさなかに下げた利回りも数週間後に回復し、12月までは横ばいが続いたが、年末には4.10％になった。

　株式相場はFTSE100種総合株価指数を参考にする（**図9.13**）。チャートを見ると、7.7当日に200ポイント下げたが、すぐに上昇した。7月後半にかけて揉み合いが続いたものの、それ以降は回復して、12

図9.12　イギリス10年国債の利回り

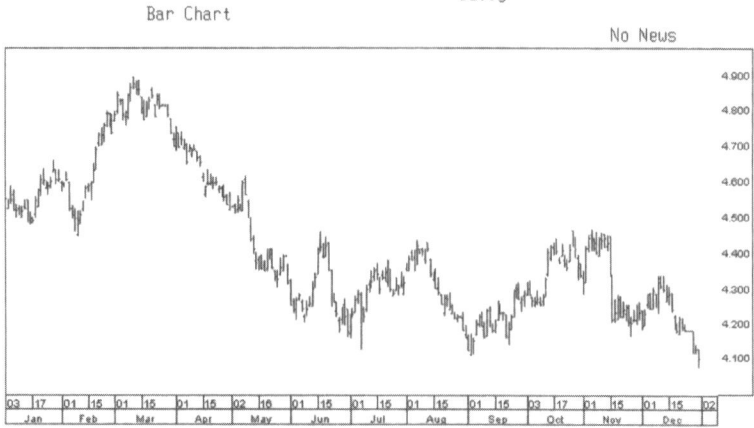

出所＝ブルームバーグ

図9.13　FTSE100種総合株価指数

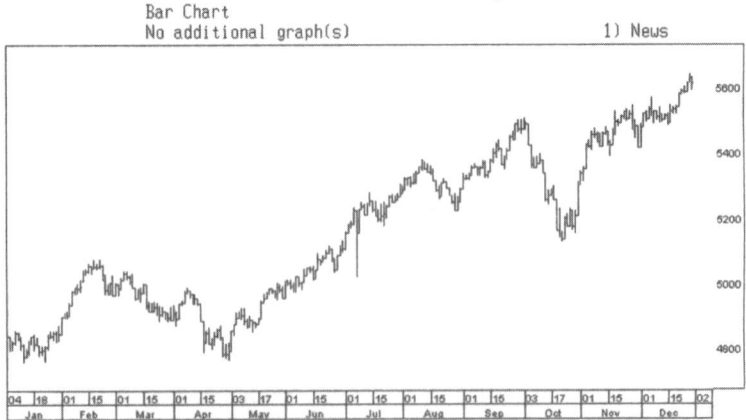

出所＝ブルームバーグ

月末にその年の高値を付けた。

まとめ

　金融市場にとって、テロとは心臓発作のようなものだ。発生から数時間はだれもが大きな不安と動揺にのみ込まれ、現在のダメージと今後のリスクに思いをはせる。第二、第三のテロをめぐって噂が飛び交い、誤認逮捕が相次ぎ、テロ組織の犯行否認や犯行声明が出される。そして金融市場は大きな価格変動に見舞われるのだ。

　こうした不安定な局面が冷静かつ用意周到な投資家にいくつもの好機を提供してくれる。だからと言ってマーケット情報に釘付けになる必要はないが、事前の準備は必要だ。ここ最近のトレンドや金融政策の流れをしっかりつかんでおくことが大切である。本章では9.11後の紛争や戦争をあえて取り上げなかったが、これについてはあとの章に譲ることにしよう。9.11、3.11、7.7の反動は数え切れないほど起きており、これからも語り継がれていくだろう。ここに記したことは事件後の数年間だけを追った金融史の1ページにすぎない。一連のテロ事件の社会的影響は今後何十年も尾を引くはずだ。

第10章
政変
Government Change

　政治の世界はトレーディングと分析の材料に事欠かない。むしろ材料が多すぎるので、このテーマを2つの章に分けることにした。本章では、国政の異変が金融市場に与える影響を取り上げる。政治学はあらゆる経済学と同じで未完の学問であり、市場に及ぼすインパクトにもさまざまな要素が絡み合う。ひとくちに政変と言っても、2001年のアルゼンチンのように短期間のうちに次々と大統領が交代したような例もあれば、1994年の米中間選挙で共和党が下院を制したときのように長い時間をかけて勢力図が一変した例もある。本章の狙いはこれまでと同様、あらゆるケースに当てはまる万能な方程式を練り上げることではない。むしろ、ほとんどのケースに応用できる一般則を導き出してマーケット戦略に役立てることにある。

　これから検証する3つの事例は政変というイベントを広範囲にカバーしている。年代順に紹介していくが、それは各国の政党が前例を研究し、教訓にしていたら、同じ過ちを繰り返すこともなかったのではないかと思うからだ。その3事例とは1994年の米中間選挙、2001年のアルゼンチン危機、2005年のドイツ連邦議会選挙である。1994年の中間選挙では、民主党が40年ぶりに下院第1党の座を明け渡し、それが現職の大統領が訴追される布石となった。2001年のアルゼンチンでは政治危機と経済危機が重なり、大統領が2週間足らずで3人も交代し、

大幅な通貨安になった。そして2005年のドイツ総選挙は、勝利を収めた政党が歓喜に沸いたのもつかの間、政権に就く前から失速した点で特殊だったと言える。

1994年米中間選挙

　この年に行われた連邦上下両院議員選挙はあらゆる意味で画期的だった。まず第一に、1954年以来初めて、下院で共和党が多数派になった。第二に、共和党が40年ぶりに両院で過半数を制した。第三に、南北戦争時の1865年以来初めて、現職の下院議長（トム・フォーリー）が落選した。共和党は54議席を民主党から奪って下院を制し、上院でも改選前の13議席に加えて新たに8議席を獲得した。また同時に行われた州知事選挙でも共和党は12人を当選させた。1994年の選挙結果は非常に大きな意味を持ち、その結末は今の米政界にも影響している。

　共和党の圧勝によって米議会は大きく変わった。アメリカの議会はかつて委員会中心主義と言われ、各委員会の委員長は1970年半ばころまで権勢をふるっていた。しかし不祥事が重なり、新しい血が入ってきたことで委員長の権限は衰退し、代わって台頭してきたのが新しい利器「テレビ」を活用できる議員だった。政治専門のケーブル局C-SPANが開局し、議会中継が始まると、政治家が有権者に向けて主張やメッセージを伝える方法も大きく様変わりした。それをだれよりも心得ていたのがニュート・ギングリッチ共和党議員だった。

スキャンダルから契約まで

　下院議長を務めたギングリッチは1980年代後半から1990年代前半にかけて、政権奪取のための布石を打ってきた。ことあるごとに民主党を責め、防戦一方に追い込んだ。その厳しい追及はジム・ライト議員

の出版契約問題、ダン・ロステンコウスキー議員の郵便汚職事件、クリントン大統領夫妻のホワイトウォーター疑惑にも及んだ。決定打になったのは、共和党が一丸となってクリントン夫妻の悲願だった医療保険制度改革を骨抜きにしたことだろう。クリントン政権はこの改革を政策の本丸としていたが、採決にすら至らなかった。こうした野党の攻勢は今も国政選挙前の議会で見受けられる。だからアメリカでは、重要な法案は選挙前に成立させなければならない、ワシントンの議員は任期の半分しか仕事をしていない、とよく言われる。

　選挙戦が後半に突入したころ、ギングリッチ率いる総勢300人の共和党議員が議事堂前の階段に整列し、「アメリカとの契約」なる公約を発表した。共和党政権が発足したあかつきには100日以内に10カ条の改革を断行し、保守的な政策を実現させると宣言したのだ。私はその一部始終をディーリングルームのテレビで見ていたが、どのニュース番組にも大きく取り上げられていた。これは共和党の作戦勝ちで、のちの選挙結果に大きく影響したようだ。

　選挙後の議会は多数派政党と大統領の政党が異なる「ねじれ（分割政府）」になったが、これは金融市場にも影響を及ぼした。常識で考えても、「ねじれ議会」の行く末は２つに１つしかない。ひとつは与野党が連携し、法案や予算編成について妥協策を探る場合だ。この場合は与野党ともに思いどおりに予算を組んだり、政策を実現したりするわけにはいかない。医療保険制度改革のような重要法案は通らないが、そのぶん歳出は抑えられる。もうひとつは与野党が連携も譲歩もせず、結果としてどちらのやりたいことも実現しない場合である。首尾良く予算面で合意できれば、前年度と同じ規模、同じ内容の予算案が成立するかもしれない。しかし、最悪の場合は与野党の対立がエスカレートして議会は紛糾し、予算編成はもとより概算要求基準も決まらず、政府が機能不全に陥ってしまう。

　まさに後者のパターンが、共和党が支配する議会とクリントン大統

領率いる民主党政権がたどった道だった。両者のいがみ合いは党同士の抗争へと発展し、双方が一歩も譲らなかった。そのために法案や政策をめぐって不毛の論戦が延々と続き、予算審議も空転するありさまだった。政府の予算案は議会の猛反対に遭い、新しい政策に予算を割くことは許されなかった。当時はベルリンの壁が崩壊したこともあり、防衛費を増やす必要はなくなったにもかかわらず、である。

市場の反応

　当時のマーケットはどうだったのだろうか。いつものようにFRB（米連邦準備制度理事会）の動きから見ていく。1994年、アラン・グリーンスパン率いるFRBは年間を通じて政策金利の引き上げを推し進めた。年初に3.00％だった政策金利は年末に5.50％にまで引き上げられ（**図10.1**）、翌年2月に6.00％に達した。10年物Tノートの利回りに注目してほしい（**図10.2**）。政策金利の上昇に伴って、やはり上げている。

　1995年に入ると、政策金利の引き下げと政界の「ねじれ」現象が重なって、国債相場は大きく上昇した。政策金利は0.5％の下げだったが、10年物Tノートの利回りは2.50％近く下げて8.00％から5.50％になった。別の見方をすれば、Tノートの利回りは1994年当初の水準に戻ったが、政策金利は1995年末の時点で1994年当初の水準を2.50％も上回ったことになる。

　1994年の株式相場は好調とは言えなかった。金融の引き締めが始まったことに加えて、中間選挙の行方が不透明だったからである。**図10.3**を見ると、年明け早々、ダウ平均はその年の高値を付けたが、政策金利が引き上げられた直後に下落している。しかし金融政策が緩和に向かい、政局が落ち着くころには上昇に転じて記録的な高値を付けた。おもしろいことに、この事例では小型株よりも大型株のほうが

図10.1　アメリカの政策金利

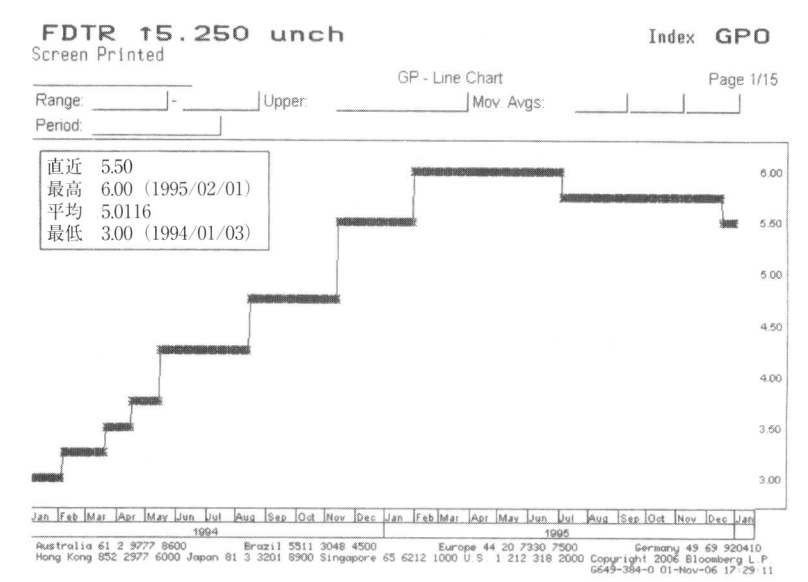

出所＝ブルームバーグ

図10.2　10年物Tノートの利回り

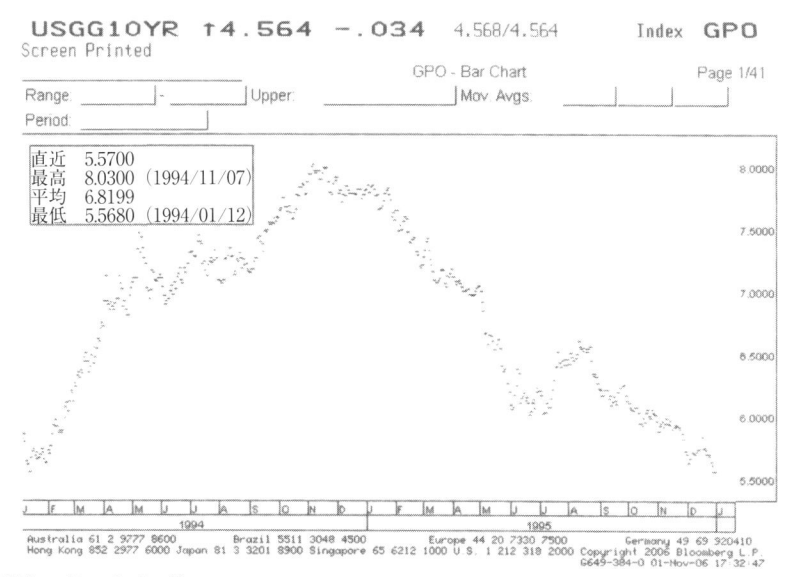

出所＝ブルームバーグ

図10.3　ダウ工業株平均

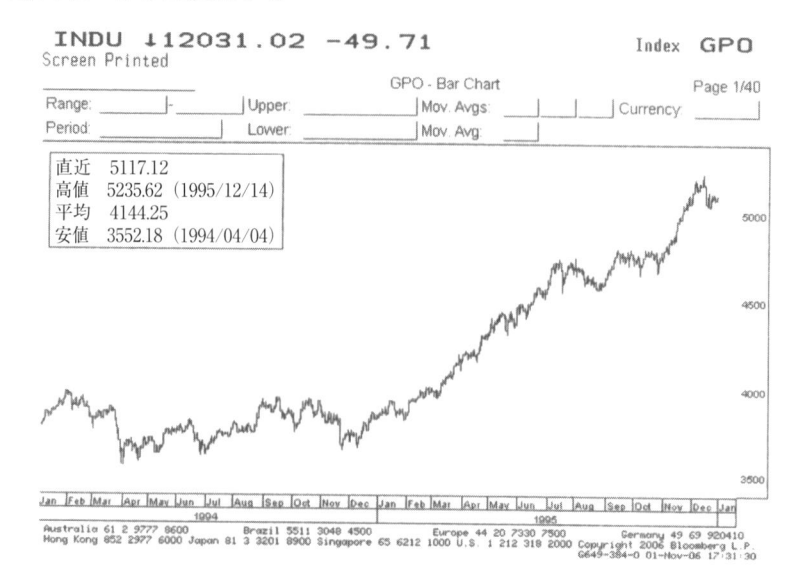

```
INDU ↓12031.02 -49.71        Index GPO
Screen Printed
                    GPO - Bar Chart         Page 1/40
```

直近　5117.12
高値　5235.62 (1995/12/14)
平均　4144.25
安値　3552.18 (1994/04/04)

出所＝ブルームバーグ

上昇した。共和党議員では地元に有利な政策を通すことができないと考えられたか、あるいは地方の中小企業には予算が回ってこないと思われたのかもしれない。

　政府と議会の亀裂が決定的になった1996年には、クリントン政権とギングリッチ率いる共和党が予算案をめぐって激しく対立し、政府は機能しなくなってしまった。その影響は米ドル指数、10年物Tノート、ダウ平均にも表れた。これがねじれ議会の最たるもので、それまでのねじれ現象がかすんで見えるほどだった。こうしてみると1994年の中間選挙が転機と言われる理由が分かる。この選挙を端緒としてクリントンもギングリッチも追い詰められ、ひとりは訴追、もうひとりは辞職を余儀なくされた。

2001年アルゼンチン危機

　2001年は世界を揺るがす出来事が続いた1年で、未曾有の米同時多発テロ、炭そ菌テロ、アフガニスタン紛争、米史上最大規模の倒産劇となったエンロン事件など。それでも国際社会の関心は、深刻な問題が山積する南半球の一国から離れることはなかった。かつて繁栄を極めたこの国は南米一の生活水準を誇っていた。しかし1999年ころからGDP（国内総生産）の低下に歯止めがかからなくなり、経済状態は著しく悪化して、2001年から2002年にかけてさまざまな危機に見舞われた。むろん危機の火種ははるか以前からくすぶっており、それは南米経済の風土病と言われるインフレだった。

　1989年当時、アルゼンチンのインフレは月率200％、年率にして約3000％に達していた。これに対してアルゼンチン政府は思い切った策に打って出た。自国通貨アルゼンチンペソの価値をドルの相場に固定したのだ。つまり個人でも法人でもペソを持って銀行に行けば、1ペソ＝1ドルで交換できた。また、この固定相場制によってアルゼンチンはアメリカの金融政策に追従し、政策の決定をFRBにゆだねることになった。しかしFRBが金利を上下させれば、アルゼンチンの金利も景気のいかんにかかわらず上下することになった。ドルの金利が上がれば、ペソの金利も上がるわけだ。

　固定相場制にはもうひとつの落とし穴があった。アルゼンチン国内のペソの流通量を、アルゼンチンの中央銀行が保有するドルの準備高以下に抑えなくてはならなかったのだ。要するに、準備高に合わせてペソの流通を凍結するか、ペソの流通量に合わせて準備高を増やすしかないのだが、あいにくどちらも実現しなかった。アルゼンチンではマネーロンダリングや巨額の脱税に悪用されてドルが不足することとなった。折りしも主要な貿易相手国が通貨安に陥り、世界的にドル高が起きた。そのためアルゼンチンの輸出業者は競争力を失い、国内の

マネーフローは滞ってしまった。

　また、アルゼンチン政府は借金グセを改めることをしなかった。増税や歳出削減といった財政再建策を講じることもなく、てっとり早く対外融資にすがった。とりわけIMF（国際通貨基金）からの借り入れは大きく膨らんだ。IMFが、アルゼンチンの通貨危機と債務不履行を避けるために融資した金額は２年間でおよそ110億ドルに上った。アルゼンチン政府が放漫財政を改める意思がないことを知りながら、IMFは支援融資を続けたのだ。米財務省が前々から指摘していたとおり、問題の元凶は膨大な債務にあったが、アルゼンチンは債務の返済のために債務を重ねるという悪循環に陥っていた。そしてペソとドルを連動させる固定相場制を採用したために、新札を発行して返済に当てることもできなかった。2001年８月、ポール・オニール米財務長官は先進諸国に対してIMFに融資するのをやめるように求めたが、これもまずかった。この時点でアルゼンチンの借り入れ総額は実に1320億ドルに上っていたのだ。皮肉にも、そのオニール長官がアルゼンチンのドミンゴ・カバーロ経済相に泣きつかれて80億ドルの追加融資に合意してしまった。カバーロ経済相は、あと２週間あれば財政再建を実行すると約束したが、その再建策がいけなかった。

　そのころアルゼンチン国内では通貨危機に対する不安から、巨額の資産が海外へ流出していた。固定相場制を維持することはさらに難しくなり、11月の債務スワップでデフォルトが決定的になると、アルゼンチン政府は国内の全口座を12カ月間凍結した。国民は猛反発し、政情は不安定になった。短期間で何度も政権が変わり、暫定も含めて５人も大統領が入れ替わる事態に発展した。これでは、どんなお人よしでもアルゼンチンに融資しようとは思わないだろう。

　私は2002年１月４日付のメールマガジンに次のように書いた。

　　アルゼンチンに迫りくる金融史上もっとも時間のかかった金融

破綻。アルゼンチン政府は自国通貨を29％切り下げ、10年に及んだドルとのペッグ制に終止符を打った。新生ペソとドルの交換率は1.4：1に「固定」され、しばらくは自由に換金できそうだ。「アルゼンチンは破綻した。極貧状態だ。今後は慎重のうえにも慎重にならなければならない」とアルゼンチンのレメス経済相はコメントした。債権者の多くはとっくの昔に痛手を受けており、金融市場には今さらショックも不安もない。唯一ショックを受けているのは政府にもマフィアにも頼れず、銀行口座が凍結されて預金を引き出せなかった人々だろう。悪いのは資本主義ではなく指導者であることをアルゼンチン政府は自覚するべきだ。財政再建に向けて、いくつかの政策が検討されているようだが、それを聞いて往年のコメディ番組を思い出した。米FOXチャンネルの「ザット70ショー」だ。なぜなら、その再建策というのが70年代そのものだからである。不況下で保護貿易政策が有効だと思っている人は、1930年代の大恐慌を勉強したことのない人だろう。借金の山（1320億ドル）、経済危機、関税の引き上げと三拍子そろえば、どんなに豊かな国も必ずつぶれる。

　それでは一連の出来事を数字で見てみよう。アルゼンチンペソは1ドル＝1ペソの固定相場制が解消されたことで2002年に切り下げられ、ドルとの交換比率は1ドル≒4ペソになった（**図10.4**）。こうして大量のペソが市中に放たれ、インフレ率は80％にまで跳ね上がった。アルゼンチン・メルバル指数を見ると、通貨の切り下げが観測されたことを受けて下落し、その後上昇に転じているのが分かる（**図10.5**）。意外にも、この切り下げ前のパニックによって、アルゼンチン株をかなり安く手に入れる機会が生まれた。このチャンスに乗じるなら、ペソが切り下げられるのを待って、300ペソを割り込んだ時点でアルゼンチン株を買うのが得策だっただろう。こうすれば為替リスクを減ら

図10.4　ドル対アルゼンチンペソ為替レート

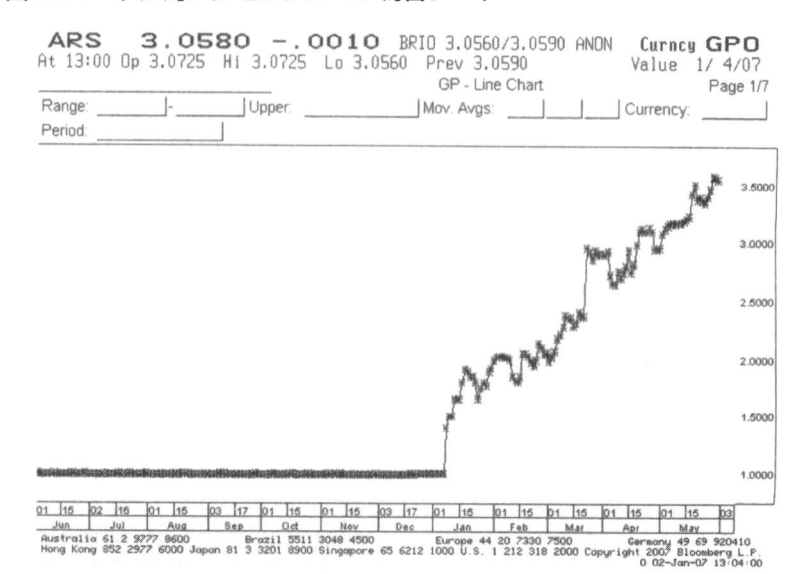

出所＝ブルームバーグ

図10.5　アルゼンチンメルバル指数

出所＝ブルームバーグ

すことができる。ちなみに現在は通貨を購入しなくても、この地域に投資できるETF（株価指数連動型上場投資信託）がいくつかある。

アルゼンチン政府は通貨の国外流出を防ぐために次の手を打った。いわゆる「ペソ化」だ。金融界に不治の病があるとしたら、ペソ化はまさにそれだろう。アルゼンチン国内のドル建て預金は1ドル＝1.4ペソの公定レートで、すべてペソに換金された。この影響で国内の個人消費は大きく落ち込み、輸入業者は破綻に追い込まれ、国際線の航空機全便が欠航を余儀なくされた。米政府は粗悪品の流入を恐れて、アルゼンチン製の食料品と医薬品の輸入をストップした。そしてアルゼンチン政府が債務の返済を停止すると、今度はヨーロッパ各国が猛反発した。アルゼンチンの国債を保有しているイタリア、フランス、ドイツの年金生活者は大損失を被ったからだ。

後日談だが、アルゼンチン政府が借金の一部を返したことで、アルゼンチン債は額面のうち25～35％が償還されることになった。2006年1月、アルゼンチン政府はIMFに債務の一部を返済した。それでも債務残高は1230億ドルほどあったが、債務の再編を経て返済条件は格段に緩くなり、国内の経済状況も加味してもらえるようになった。投資家は一連の危機を1997～1998年に発生したアジア通貨危機の再来ととらえ、当時の経験を生かしてポートフォリオを見直すことができた。一番割を食ったのは蚊帳の外に置かれたアルゼンチン国民だった。個人資産を国外へ移す間もなく、ペソは大幅に切り下げられたからである。

2005年ドイツ連邦議会選挙

このドイツの新政権の危機もアルゼンチンのケースと同様で、選挙戦が始まる前から、すでに始まっていた。当時のドイツ経済は危機的状況には陥っていなかったが、失業率は2桁に上り、GDPは低迷し

ていた。長引く不況は選挙の行方に最後まで影を落とすことになった。当時、政権を握っていたのは社会民主党と緑の党による連立政権だった。ゲアハルト・シュレーダー首相は1998年から連立政権を率いており、2002年の選挙でもイラク戦反対を訴えて再選を果たした。しかし有権者の目には、経済を立て直す力も福祉行政を改革する手腕もないと映っていた。シュレーダー政権の一番の功績はエネルギー政策の転換で、原子力発電所を漸次廃止し、再生可能なエネルギーへ移行することを決定した。2003年には福祉改革と減税を掲げ、強国ドイツを復権させると宣言した（ガンの撲滅も政策目標に挙げたと記憶しているが、定かでない）。しかしシュレーダー政権は「アジェンダ2010」と銘打った政策綱領をほとんど実現できずに支持率を下げていた。

　2005年7月1日、不信任決議を突きつけられたシュレーダー首相はリスクを覚悟で解散総選挙の前倒しを決定した。当時、追い詰められていたのはドイツの指導者だけではない。私は5月25日付のメールマガジンにこう書いた。

> 「ジリ貧」という表現が今のヨーロッパの首脳陣にぴったりだ。ドイツのシュレーダー首相は総選挙を9月に前倒しして、不人気党首を抱える野党連合を牽制する構えだ。しかし与党の支持率は野党を17ポイント下回っており、選挙の前倒しに効果があるとは思えない。不況が長引くイタリアのベルルスコーニ首相は先月、やむなく内閣改造（！）を行った。親米同盟国のフランスは欧州憲法制定の立役者でありながら、自国民の賛成を得ることに苦労している。ジャック・シラク大統領に不満を持つフランス国民は多い。フランスの世論調査によると、欧州憲法の是非を問う国民投票では有権者の3～8％が反対票を投じる予定という。448カ条からなるこの憲法に、とくに問題はないはずだが……。5月20日、欧州委員会のホセ・バロッソ委員長は「フランスで敗北した

ら、ヨーロッパ全体が敗北したと受け取られるだろう」と発言した。そうなった場合、ほかに打つ手はないこともつけ加えた。イギリスも欧州憲法の是非をめぐる国民投票を来年に控えているが、再選を果たしたばかりのトニー・ブレア首相はこうクギを刺す。
「決めるものがないのに国民投票をしても仕方がない」

　このころドイツとイタリアの産業界は競うようにして先行きを悲観していた。ドイツ国内の景況感指数は直近21カ月で最低水準を記録した。ドイツIFO研究所の調査によると、4月に93.3だった業況判断は5月に92.9に下がったという。それに負けじと、イタリアの景況感指数も84.8から84.2に後退した（イタリア経済分析研究所発表）。またOECD（経済協力開発機構）はユーロ圏の成長予測を1.2％にまで引き下げ、ヨーロッパが世界経済の足かせになっていると結論づけた。

　ドイツのキリスト教民主同盟、キリスト教社会同盟、自由民主党から成る野党連合が政権を取るためには、過半数の票を得なければならなかった。キリスト教民主同盟のアンゲラ・メルケル党首は所得税と法人税の減税、政治改革、社会保障費の削減を訴えた。7月には、メルケル率いる野党連合の支持率は与党を21ポイント上回った。金融市場は期待に沸いた──新政権が誕生すれば、ドイツ経済の仕組みは変わり、減税と規制緩和によって成長が見込めるのではないか、と。

　そんな期待感からドイツDAX指数（図10.6）は5月から8月にかけて大幅に上昇した。低金利も追い風になった。当時の欧州中央銀行は2.00％という低金利を2年近く続けていたのだ（図10.7）。低迷していたユーロも、ドイツの将来を楽観したのか、対ドル相場で1.20ユーロ台を回復した（図10.8）。

　しかし物事はそううまくは運ばなかった。シュレーダー首相もだてに政権トップの座を7年間守ってきたわけではなかった。メルケルは「総生産」と「純生産」を混同したり、寝ぐせのついた髪で公の場に

図10.6　ドイツDAX指数

出所=ブルームバーグ

出たりと失点を重ねた。決定的にまずかったのは、カメラ慣れしたシュレーダー首相とのテレビ討論だった。メルケルは始終おどおどした印象で、減税政策を論じるときにも覇気がなかった。翌週の半ばになると、与野党の支持率は僅差にまで接近した。ということは、どちらが勝っても大差がつかないということだ。9月18日、出口調査はメルケル率いるキリスト教民主・社会同盟の勝利を示していたが、キリスト教民主・社会同盟の得票率は35％であり、34％の得票率であった社会民主党との差はわずかであった。両陣営がそれぞれ勝利宣言をしたものの、どちらも過半数の議席を確保することはできなかった。

　以下は9月19日付の私のメールマガジンだ。

　先週末、２つの国で選挙が行われたが、どちらも接戦の末に自国通貨に与えた効果はマイナスだった。マーケットは両選挙で「選手交代」が起きることを望んだが、そうはならずに落胆して

図10.7 欧州中央銀行の政策金利

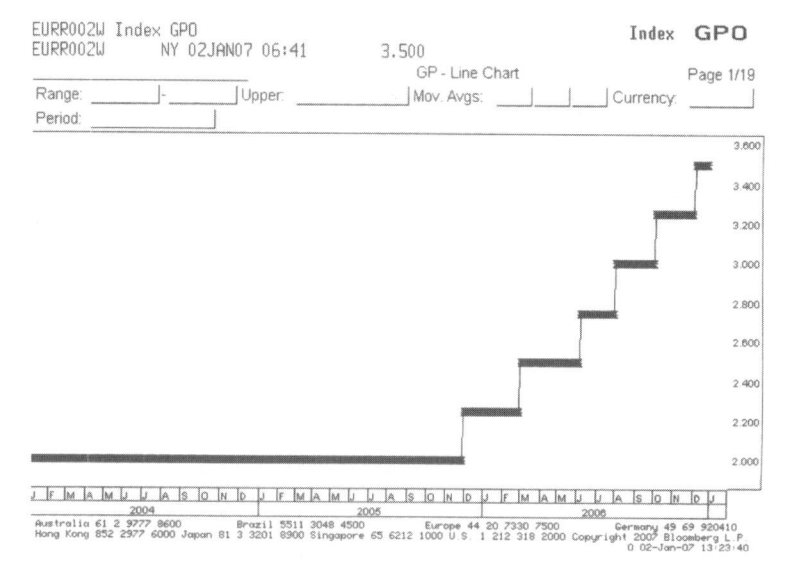

出所＝ブルームバーグ

図10.8 ユーロの対ドル相場

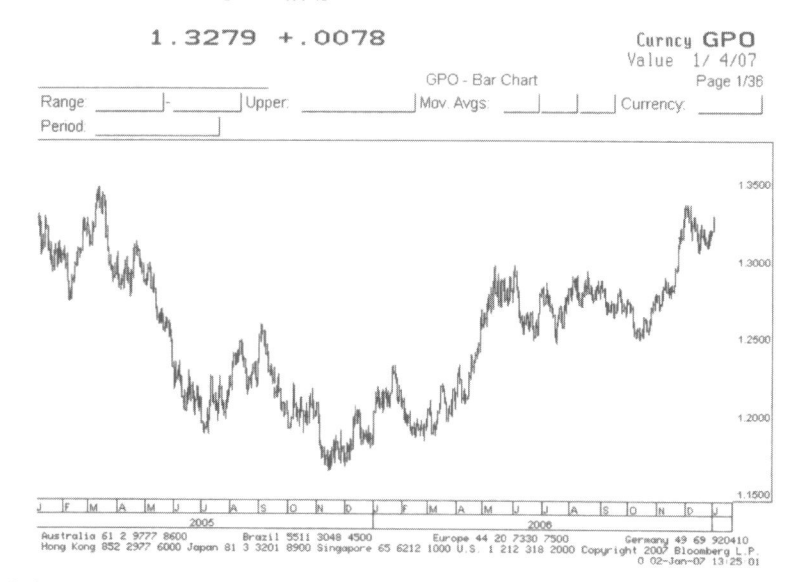

出所＝ブルームバーグ

いるようだ。ニュージーランドとドイツで行われた選挙はいずれも勝者なき選挙に終わった。しかし冷静に考えてみると、ドイツのGDPは2.7兆ドル、ニュージーランドのGDPは960億ドルだ。

よって、もっぱらドイツに注目したい。ドイツ連邦議会の613議席のうち、アンゲラ・メルケル党首のキリスト教民主同盟は225議席、ゲアハルト・シュレーダー首相の社会民主党は222議席を獲得した。どちらも過半数を取るには至らず、政権を発足させるには他党と連立を組むしかない。しかし、その期限はあと１カ月後に迫っている。１カ月後にはドイツ法の規定によって、連邦議会で次の首相を選出しなければならないからだ。連立与党の社会民主党と緑の党の得票率は合わせて42.4％で、一方のキリスト教民主同盟、キリスト教社会同盟、自由民主党による野党連合も45％にすぎない。いずれにせよ政権を発足させるには大連立を組むか、8.7％の票を獲得した左翼党を取り込む必要がある。すでに社会民主党、緑の党、自由民主党の３党による「信号機連立」構想は立ち消えてしまった。

まずい事態である。２大政党による大連立は成立させるのも至難の業なら、運営していくのも不可能に近い。金曜日のグローブ・アンド・メール紙のコラムにも書いたが、そのしわ寄せは投資家に来るだろう。今後も政策は実現されず、経済や雇用情勢は改善されず、高齢化対策は進まず、セーフティネットに大きな負担がかかれば、市場も打撃を受けるはずだ。週明けから投資マネーはドイツを離れ、日本などの海外に向かうのではないだろうか。

ユーロが沈み、ドイツDAX指数が低迷した10月は、ドイツの２大政党が連立の道を模索した１カ月だった。この白黒つかない局面は2000年の米大統領選挙と不気味なほどに似ている。ドイツの場合、双方が大連立を組むには内閣人事で妥協する必要があった。10月10日、

双方はアンゲラ・メルケルを次期首相とし、16の閣僚ポストを折半することで合意に達した。ドイツの政局が安定すると、株式市場は活気を取り戻した。新連立内閣が今後2年間の目標として、公共費の削減と雇用保険制度の見直しを打ち出したからである。

私はメールマガジンに次のように書いた。

> ヨーロッパ政界の内輪もめは、ドルにとってはありがたい。今回のドイツの政局も好材料である。キリスト教民主同盟のアンゲラ・メルケル党首が次期首相に決まり、社会民主党との大連立政権が発足した。双方が歩み寄った結果、キリスト教民主同盟からは6人が入閣し、社会民主党は8つの大臣ポストを確保した。これでメルケルが公約としていた減税と雇用改革は良くて規模縮小、悪ければ立ち消えになることがほぼ決定した。つまり2桁の失業率とGDPの低迷はこの先も続くことになる。
>
> メルケル自身もあまりうれしくないようだ。記者会見の席で閣僚人事を発表したときも、自身が次期首相であることをあやうく言い忘れるところだった。4分間にわたって政策方針を読み上げたが、笑顔を見せることは一度もなかった。欲しくもない賞品が当たってしまったというところだろうか。1等賞は1週間の地獄旅行、2等賞は2週間の地獄旅行。メルケルは選挙には勝ったが、手に入れたのは2等賞だった。

今回の選挙戦が金融市場に影響したのは、解散総選挙の決定から投票結果が出るまでの期間だった。ドイツのような政治制度ではアメリカの予備選挙に比べて選挙期間が短い。市場への影響は主に株価に表れたが、それは選挙の争点が税制と緊縮政策だったからだろう。金利の引き上げと経済成長の加速が観測されて、国債の利回りは下げた。10年債の利回り（**図10.9**）は、選挙の行方が不透明だったことを受

図10.9 ドイツ10年国債の利回り

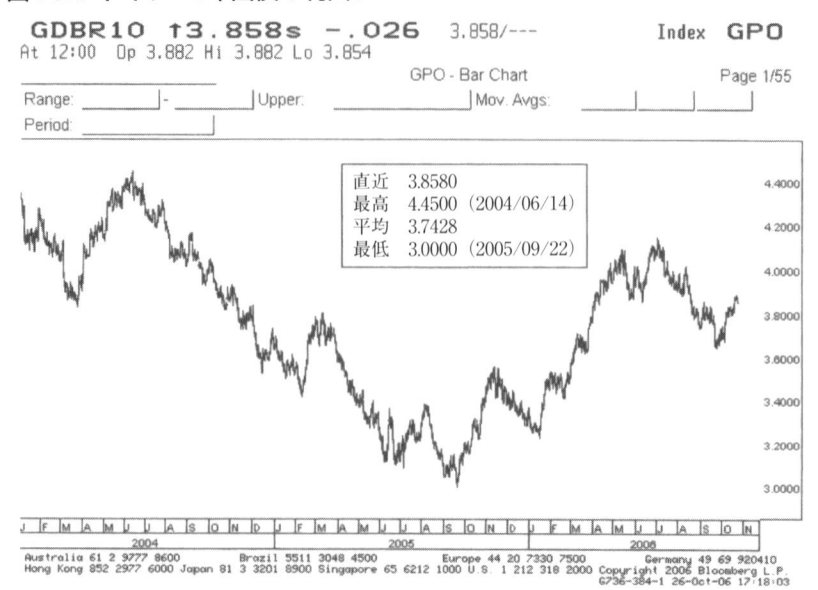

出所＝ブルームバーグ

けて9月下旬に下落したが、その後は上昇して、2006年半ばにピークを付けた。

　国債相場は単独政権よりも連立政権やねじれのもとで上昇すると言われる。しかしドイツの事例は例外だった。それは与野党が同じような改革案を掲げ、緊縮を訴えたからだろう。言い換えれば、どちらが勝っても国債市場には好都合だったのである。となると、あとは勝ち方の問題で、どちらがどれだけの票を集めるかに注目が移った。政治改革を推し進めるには有権者の支持が欠かせない。1994年の米中間選挙で共和党が掲げた「アメリカとの契約」も、選挙での圧勝がなかったら、実現できたかどうかは怪しい。何しろ、時の大統領は民主党だったのだから。

　この文章を書いている時点で、メルケル率いる大連立政権は蜜月の時期を過ぎたが、大した成果を上げてはいない。市場は大連立の誕生を前向きにとらえ、ユーロ圏随一の経済大国が長い不況から脱してく

れるものと期待していた。ところが社会保障制度の改革も、労働市場の改善も遅々として進んでいない。大きな前進と言えば、定年を67歳に引き上げたことくらいだろうか。それもようやくである。近い将来（2050年）、ユーロ圏は出生率の低下と平均寿命の伸びが重なって超高齢化社会を迎えるだろう。その結果、生産人口（16歳から63歳）に経済的に依存する人口（15歳以下と64歳以上）の割合は50％から80％に上がると予測される。しかしドイツの現政権には制度改革を断行して長期の課題に取り組む覚悟も、国民からの後押しもない。失業率が増加しているときに増税や社会保障の縮減を望む国民はいないだろう。月並みに言えば、ドイツは時限付きの爆弾を抱えているようなものだ。問題の解決を先送りにすればするだけツケは大きくなり、やがて大爆発が起きるかもしれない。

政治闘争と市場取引

　政変は扱いにくいトレーディング材料である。政治学は社会科学でありながら、国民感情が絡むだけに完全な学問とは言いがたい。どのような理由でだれを支持し、どの候補に投票するのか——有権者の心を読むのは難しいものだ。また、選挙が実施されるタイミングは動く標的である。とくに総選挙は与党が現在の議席を維持できるかどうかにかかっている。離党者が相次いだり、連立政権が崩壊したりすると、与党は解散総選挙を余儀なくされるだろう。

　アメリカでは政策や法案を通すための影響力を失った大統領が、それでも大統領を続けている場合がある。そんな大統領は、「レームダック」と呼ばれる。任期2期目の最後の2年間にそう呼ばれることが多いが、任期途中でも両院における支配力を失ったときにそう揶揄されることがある。これまでの事例から教訓を引き出すなら、選挙前の世論調査を注視するということだろうか。しかし、その期間は限られ

ている。大統領選挙は4年おき、中間選挙は2年おきと決まっているからだ。しかし政権与党が予算案や防衛などに関する重要法案を成立させられないとなると、国内事情は随分変わってくる。

　与党の求心力はどのようにして失われていくのだろうか。これにはさまざまな要因が考えられる。一般的には不況、放漫財政、戦争、スキャンダルといったところだろう。しかし、それを突き詰めれば、「12年ルール」に行き着くのではないだろうか。12年ルールは私の造語だが、一党支配が12年を超えると多数派として存続することがが難しくなり、結果として政権を明け渡すことになるという意味だ。共和党が両院で勝利した2006年の米中間選挙は、その好例である。同年にスウェーデンとカナダで行われた総選挙も同様だ。12年ルールは単純に与党の「賞味期限」を示している。12年もたてば、政権のアラが目立つようになり、国民は新しい血を望むことになるのだろう。

　総括すると、トレーディングの機会は政権交代の理由とタイミングを把握することから生まれるということだ。政権交代が有権者の望むところであり、実現したあかつきには減税や歳出削減といった政策を通して景気が上向くようであれば、市場はその政権交代を歓迎するだろう。投資家も好材料と判断して、その国の株式や通貨を選挙前から買い進める。ドイツの事例はまさにそのパターンだった。しかし選挙戦の途中で新政権を担うはずの政党が劣勢に転じたり、党首の無能ぶりが露呈したり、過半数の議席獲得が難しくなったりすると、政権交代への期待はしぼみ、投資家は手持ちの資産を売り始めるのが常だ。

　しかしスキャンダルや長引く戦争が原因で政権が交代する場合は、市場の反応は必ずしも一定ではない。この場合に好材料になるのは、問題を起こした議員の失脚くらいである。次の章では、こうしたケースを検証していこう。

第11章
政界スキャンダル
Government Scandals

　アメリカの歴史はスキャンダルの宝庫だ。汚職や不正の事例は枚挙にいとまがなく、絞り込むだけでも苦労する。とんでもないスキャンダルは、政治家の行動が人目につきにくい小さな事務所や地方に多い印象がある。逆を言えば、陽のあたるところにコケは生えないのである。とくに地方議員は私利私欲のために強権を振るう傾向があるようだ。自治体レベルにおける不正、汚職、男女関係の事件は数こそ多いが、中央政界を揺るがすほどの影響力はない。要するに、スキャンダルの舞台が市町村、州、国と大きくなるにつれて、その件数は減るものの、影響力は大きくなる。スキャンダルを起こした公人が失脚するとは限らないが、たいていは信用と権威を失う。

　シカゴ界隈で育った私は、1つの章には収めきれないほどの政治家の不祥事を目の当たりにしてきた。不届きな州知事も山ほどいた——競馬場のオーナーからワイロを受け取り、競馬場近くに高速道路の出口をつくった知事、州務長官時代に許認可や公共事業がらみで私腹を肥やしていた知事、靴箱に隠した裏金が死後に発見された州務長官など、市議会議員の醜聞も挙げればきりがないが、「風俗ジョン」「金権ディンク」といったニックネームを聞けば、何をしでかしたのかは察しがつくだろう。シカゴの政治腐敗の元凶はアル・カポネの言葉に集約できる。カポネは選挙に行く有権者に「早めに投票に行け、何回も

投票に行け」と脅した。このフレーズは今もシカゴでは生きている。

　以上を念頭に置いて、スキャンダルが政界に与える影響と金融市場の反応を探っていこう。これから取り上げる事例はいずれも大騒動に発展したが、始まりはささいな事件だった。

2000年米大統領選挙

　2000年の大統領選挙をめぐる一連のスキャンダルも政界不祥事のご多分に漏れず、火種は何年も前からくすぶっていた。ビル・クリントン大統領には就任直後から女性問題がついて回ったが、1998年1月17日、事態はついにのっぴきならない局面を迎えた。ジャネット・レノ司法長官の命を受けたケネス・スター独立検察官が、クリントン大統領とホワイトハウス研修生モニカ・ルインスキーとの関係を調査することになったのだ。大統領は不倫疑惑を、妻にも身内の民主党員にも、そして国民にも全面的に否定した。1月26日、大統領はテレビ会見でこう訴えた。「みなさんに伝えたいことがあります。どうか聞いてください……私はルインスキーさんというお嬢さんと性的な関係をもったことは一度もありません」。しかし8月17日、大統領は態度を一変させた。ルインスキーとの「不適切な関係」を認めて、国民に謝罪したのだ。

　窮地に立たされたのはクリントン大統領だけではない。当時野党だった共和党も1998年の中間選挙で失態を演じた。大統領の不倫騒動のあとだけに、共和党は大幅に議席を伸ばすはずだった。ところが終わってみれば、歴史的な汚点が残ってしまった。何しろ大統領の任期2期目に行われる中間選挙で、野党が議席を減らすのは1822年以来のことだったからだ。実に情けない結果である。この一件でニュート・ギングリッジ共和党下院議長は党内での信用を落とし、引責辞任に追い込まれた（さらに下院議長としては初めて、倫理違反に問われて30万

ドルの制裁金を支払うことになった)。

　しかし共和党が下院第１党の座を明け渡すのは翌年の１月だった。それまでは10月８日に議会で決定した弾劾裁判の手続きを進めることができた。共和党はスター検察官の調査報告に基づき、クリントン大統領を偽証罪と司法妨害で訴追することを決めた。マスコミが飛びつく一大スキャンダルであった。ホワイトハウス実習生、現職の大統領、セックス、虚偽が法廷で論じられるのだ。しかし、こういう事態になることは1996年に予見できたのではないだろうか。その年、クリントン大統領候補の選挙参謀だったディック・モリスがセックススキャンダルを起こした。モリスは売春婦との関係が取りざたされ、民主党全国大会の会期中に辞任せざるを得なくなった。

　1998年12月19日、共和党が多数を占める下院で大統領に対する訴追が始まった。のちに上院で開かれる弾劾裁判で現職の大統領が有罪になる可能性はゼロに近かったが、それでも共和党は訴追に踏み切った。翌年２月12日、上院で採決が行われた結果、無罪は55票、有罪は45票だった。こうしてクリントン大統領は不倫がらみの偽証罪で失脚するという最悪の屈辱を免れた。

　それでも、この一大スキャンダルは共和党の追い風になったのである。

スキャンダル後の大統領選挙

　ウイリアム・ジェファーソン・クリントンは抜群の支持率を誇った大統領で、当時の副大統領もその人気にあやかっていた。だからアル・ゴアが次期大統領の最有力候補と目されたのも不思議ではなかった。しかし弾劾裁判以降、クリントンもゴアもそろってイメージを落とした。

　そのせいで、ゴア陣営はクリントンの名前を出しづらくなった。あ

のスキャンダルさえなかったら、ゴアはクリントン政権下で成し遂げた経済成長をアピールして、楽に勝てたはずだが、2000年の大統領選挙は「政治家のモラル」が主な争点になってしまったのだ。ゴアはあえてモラル改革を前面に押し出し、クリントンと距離を置くことにした。しかし４年前の傷がうずきだした。その古傷とは、前回の大統領選挙で問題視されたパーティーの件だった。そのとき副大統領候補だったゴアはカリフォルニア州の西来寺を会場にして資金集めのパーティーを開催し、民主党全国委員会のジョン・ホアンとマリア・シアが幹事を務めた。しかし当時の法律では、宗教法人が政治家個人や政治団体に献金することを禁じていた。ゴアはこのパーティーに違法性はないと主張したが、法の抜け穴を突いたという印象はあとあとまで尾を引くことになった。

　クリーンなイメージを演出したいゴア陣営は、副大統領候補としてジョー・リーバーマン上院議員を指名した。リーバーマンはクリントン大統領の不倫問題をいち早く糾弾した議員で、まじめな政治家として定評を得ていた。またユダヤ系アメリカ人としては初めて、二大政党の副大統領候補になった。

　対する共和党はジョージ・H・W・ブッシュ元大統領の息子のジョージ・W・ブッシュを大統領候補に立てた。ゴアやリーバーマンに比べれば垢抜けない印象だったが、気さくな語り口と自分をジョークにできるユーモアセンスで国民に広く親しまれていた。直情径行、歯に衣着せぬ発言――そんなブッシュの率直さは、セックススキャンダルでクリントンの巧言にうんざりしていた有権者を強く引きつけた。ブッシュ陣営は国防力の強化、移民の規制、減税など保守色を前面に出し、知名度を上げるためにリチャード・チェイニーを副大統領候補に指名した。チェイニーはジェラルド・フォード大統領時代に主席補佐官を、先代ブッシュ政権では国防長官を務めた人物だった。

　11月７日、国民による一般投票が各地で行われた。11月８日、次期

図11.1 アメリカの政策金利

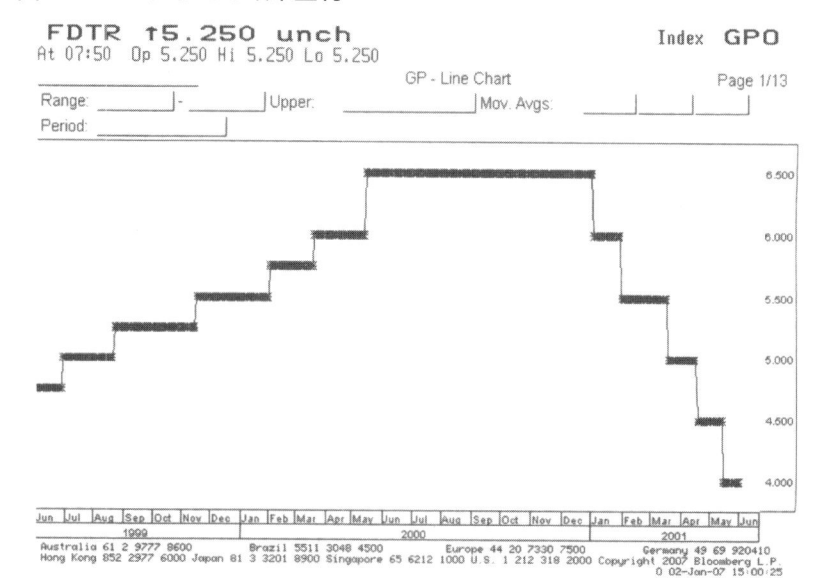

出所＝ブルームバーグ

　大統領はまだ決まらなかった。多くの選挙区で接戦、それも大接戦が繰り広げられ、選挙の行方は3州の開票結果を残すのみとなった。その3州がニューメキシコ、オレゴン、フロリダだった。なかでも人口の多いフロリダは大統領選挙人を多く抱える大票田で、フロリダを制する候補が大統領戦を制することになった。さあ、票の数え直しだ！

市場の反応

　大統領選挙は金融市場にどう響いたのだろうか。まずはアラン・グリーンスパン議長とFRB（米連邦準備制度理事会）の動きを確認しておきたい。
　当時のFRBは2000年問題に備えて国内の金融システムに呼び水を与え、その水を徐々に抜き始めていた。図11.1を見ると、1999年7月に4.75％だった政策金利は段階的に引き上げられ、2000年5月に

図11.2　10年物Tノートの利回り

出所＝ブルームバーグ

　6.50％に達している。この利上げの仕方にFRBの政治的配慮が見て取れる。2000年5月までは0.25％ずつ引き上げていたが、5月以降は一気に0.5％引き上げ、そのまま2001年1月末まで据え置いた。おそらく大統領選挙の前に金融の引き締めを完了させたかったのだろう。そうしないと一方の候補をひいきにしていると見られかねないからだ。

　流動性が低下すると、各市場にさまざまな影響が出る。当時のFRBは積極的に利上げを行う一方で、その期限を明確に示した。それが国債には追い風になり（図11.2）、相場は投票日まで上昇した。市場はインフレと戦うFRBを歓迎し、その終結を教えてくれたFRBに対しても好感をもった。言うまでもなく、政策金利が上がれば金利も上がり、インフレは落ち着き、経済活動（そして企業収益）は伸び悩む。これは株価には向かい風で、当時の相場も投票日まで横ばいの状態が続いた（図11.3）が、ドルには好材料となり（図11.4）、選挙期間中は上昇した。

第11章 政界スキャンダル

図11.3 ダウ工業株平均

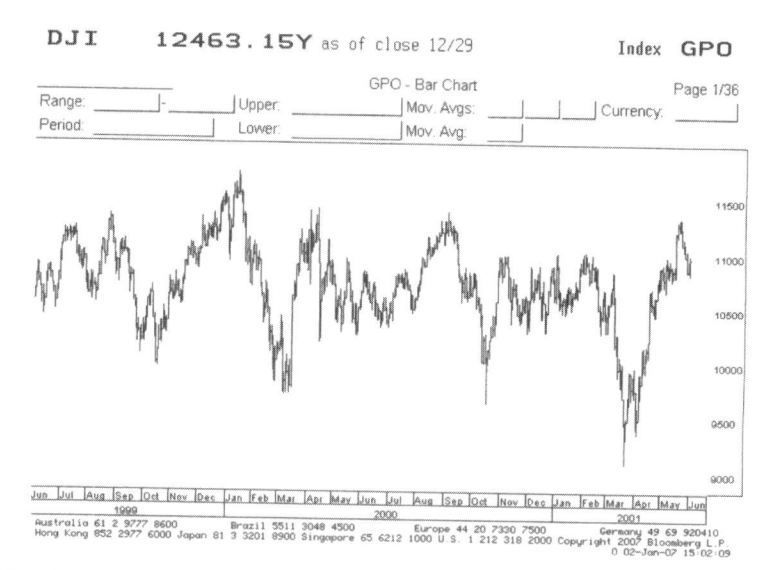

出所＝ブルームバーグ

図11.4 米ドル指数

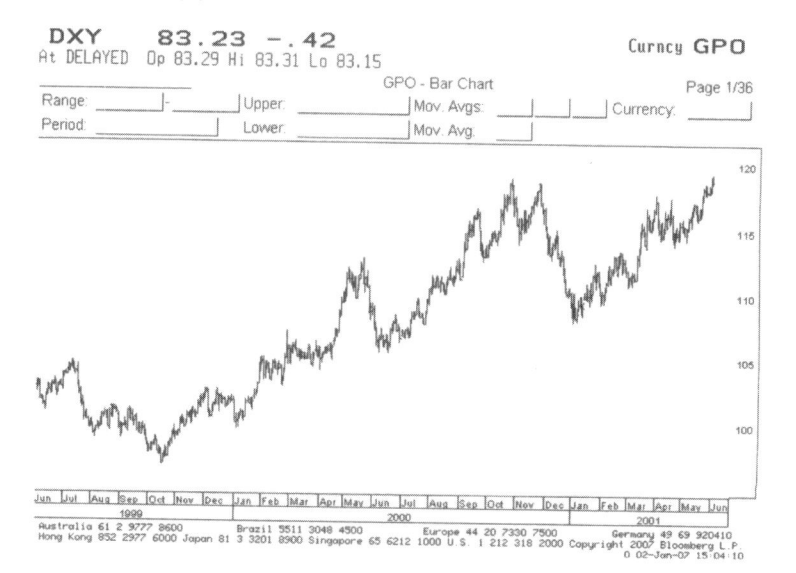

出所＝ブルームバーグ

選挙戦も秋に入り、ブッシュはわずかにリードを保っていたが、投票日が近づくにつれてゴアとの差は紙一重にまで縮まった。予断を許さない選挙になることは予想できた。しかし、投票所ではなく連邦最高裁判所で決着がつくことになるとは市場も予想できなかった。

一般投票はゴアの勝利？

　有権者から一番支持された候補が大統領になれなかったのは1888年以来の珍事だ。一般投票におけるゴア・リーバーマンの得票数は5099万9897票で、対するブッシュ・チェイニーは5045万6002票だった。最後の1票まできちんと数えたのかと疑いたくなる結果だが、数えたのである——フロリダ州では。

　11月8日、フロリダ州はゴア陣営の要請を受けて手作業による票の数え直しを開始した。ただし再集計の対象になったのはフロリダの全選挙区ではなく、一部の選挙区のみだった。11月12日、ブッシュ陣営は再集計の停止を求めて提訴し、この訴えは地裁から州最高裁を経て連邦最高裁判所で争われることになった。アメリカの最高司法機関はブッシュ側の請求を認め、すでに確定している開票結果を有効と判断した。その結果、ブッシュは536票差をつけてフロリダ州を制することになった。

　一般投票では有権者は候補者個人を選んで投票するのだが、実際に選出されるのは大統領選挙人だ。正式には、この選挙人が大統領候補と副大統領候補に票を投じる。その意味でアメリカの大統領選挙は間接選挙と言えるだろう。各州に割り当てられる選挙人の数は、その州から選出された上下両院議員の数と同じなので、人口の多い州ほど選挙人の数も多いことになる。そこで大統領選挙の候補者は、こうした州への遊説に時間とお金を多く費やすのである。大統領選挙では勝者が選挙人を独占する方式を採用しているため、州ごとの一般投票で1

票でも多くの票を獲得した候補は、その州の選挙人を全員獲得できる。11月8日の時点で開票結果の出ていない州は3つあった——ニューメキシコ、オレゴン、フロリダだ。それまでにブッシュ側が獲得した選挙人は246人、ゴア側は254人。ニューメキシコの選挙人はわずか5人、オレゴンも7人しかいない。両州で勝ったところで過半数の270人には届かないから、決着はつかない。しかしフロリダには25人の選挙人がいる。よってフロリダを制する者が大統領選挙を制することになった。

連邦最高裁はブッシュ側の請求どおりに再集計の停止を認めたものの、9人の判事のうち4人は反対票を投じていた。ゴア側がこの判決を不服として法廷闘争を続けるかどうかに注目が集まり、金融市場は11月8日から12月上旬にかけて特段のリスクにさらされることになった。開票結果をめぐる法廷闘争が長引くことになれば、一大事である。メキシコのように各地で抗議デモが起き、1960年代のように流血騒ぎや暴動に発展するかもしれない。

実際に何が起きたかと言えば、ダウ平均の急落だった。投票日から11月末にかけて700ポイント近く下げた。投資家は先行きに不安が生じると安全な資産に乗り換え、株式のリスクをできるだけ回避しようとする。そこで、もっとも安全性の高い商品に人気が集まる。それがＴビル、Ｔノート、Ｔボンドである。10年物Ｔノートの利回りは投票日から11月末にかけて0.5％下げた。ドル相場は乱調となり、ブッシュ勝利の一報を受けて一時的に急伸したが、国債の利回りが下がるに連れて下落した。先の見えない政局と金融の引き締めが終わったことを考えれば、3市場のうち2市場は予想どおりの値動きを示したと言えるだろう。

連邦最高裁の判断が示された翌日の12月14日、アル・ゴアは世紀の大統領選挙を戦った政治家として、いさぎよく敗北を認めた。アラン・グリーンスパーン率いるFRBは翌年1月上旬に開かれた会合で、さ

っそく政策金利の引き下げを決定し、前年5月に引き上げた0.5％をそっくり下げる格好となった。まるで次期大統領の門出を祝うかのようなタイミングである。FRBの「祝儀」はその後も続き、6月までにさらに2.5％引き下げた。このときの利下げが2001年9月のアメリカを大いに救うことになった。

　最後になったが、多くのアメリカ人が感じているとおり、2000年の大統領選挙をめぐる本当のスキャンダルは別のところにあったのではないだろうか。当時のフロリダ州知事はジョージ・ブッシュの実弟ジェブ・ブッシュであり、投票に際して不正があったことが判明した。また、票の数え直しに反対した連邦最高裁の判事が保守系だったことから、司法判断の正当性を疑う声もあった。選挙後に行われた各種調査によって、有効票の基準が変われば選挙結果も変わることが分かった。その基準とは、パンチカード式の投票用紙でパンチ穴が完全にあいていない「えくぼ票」をどう見るかということだった。仮にフロリダ州の一部の選挙区で票の数え直しが続行されていたとしても、やはりブッシュが僅差で勝ったとする調査もある。ところが有効票の基準を見直したうえでフロリダ州の全選挙区で再集計を行っていれば、ゴアの勝利は確実だっただろう。これはゴア陣営の失策だが、今も理解に苦しむ。なぜゴアはフロリダの全選挙区に票の数え直しを要求しなかったのだろうか。しかし、それ以上に致命的だったのは第三の候補者ラルフ・ネーダーを味方に付けておかなかったことだった。ネーダーはフロリダで9万7488票を獲得し、ゴアの票を食う形になった。ネーダーと組んでいれば、ネーダー票の大半は取り込めたはずだ。

2006年カナダ連邦議会選挙

　アメリカの北の隣国カナダは1982年に主権国家になったばかりだ。立憲君主制と連邦制を併せもつ国で、二院制を採っている点ではイギ

リスの議員内閣制に近い。下院は政府の通常業務と立法を担っており、下院議員は一般選挙で選出される。上院議員は現職の首相によって実質的に任命され、近年までは終身制だった。上院の主な役割は下院を通過した決議を再審議することである。

　行政はおおむね下院の多数党が担当し、党内の代表選挙で選ばれた党首が首相を務める。しかしカナダでは政権党が絶対的な多数党である必要はない。選挙で票が割れ、どの党も単独では過半数の議席を固められないことがある。その場合カナダでは一番多くの議席を獲得した党が政権を担うが、重要法案を成立させるには他党と連携する必要がある。

　アメリカとの大きな違いは、カナダの与党は党内で議論を尽くさなくても、多くの重要法案を成立させられることだ。言ってみれば、アメリカの大統領が自ら法案を作り、それを委員会に諮ることなく議会の採決にかけるようなものだろう。カナダの政権が不安定になりやすい理由のひとつはそこにある。この仕組みだと、与党議員が賛成票を投じた法案が議員の地元や選挙地盤に不利益を生じさせるかもしれない。それを嫌う与党議員のなかには離党や新党結成を考える者も出てくる。与党がこうした問題点を認識しないかぎり、党内は一枚岩にならず、新党が乱立し、政権を維持できなくなってしまう。しかし、そのぶんカナダの国民はアメリカの有権者のように、レームダック状態の大統領に我慢しなくてすむわけだ。

よみがえったスキャンダル

　党内抗争の火種が生じたのは第38回総選挙だった。その火種が大きくなったのは2004年6月28日に行われた第39回総選挙で自由党が勝利し、少数与党になってからだった。カナダの少数与党の平均寿命はおよそ1年半と言われる。ポール・マーティン首相率いる自由党政権は、

ひときわ安定感に欠けていた。連立パートナーとして保守党、新民主党、ケベック連合と連携することにしたものの、各党とも予算方針や政策はバラバラで、政権発足の初日（施政方針演説の日）から内閣不信任案が突きつけられる恐れさえあった。

　この少数与党は2005年11月までもちこたえたが、ついに11月28日、内閣不信任案が下院で可決された。その理由は何だったのだろう。やはり不祥事だった。ウィキペディアの説明によると、自由党議員による公金流用が調査委員会の調べで発覚したという。ちなみにウィキペディアは、「物知りのおじいさん」と一緒で、博識だが記憶にあいまいなところがあるのが玉にキズだ。以下はウィキペディアからの抜粋である。「ゴメリー委員会──正式には『スポンサーシップ・プログラムと広報活動に関する調査委員会』──はカナダ政府の委託を受け、政府広報費の不正流用問題を調査する目的で発足した。委員長は元判事のジョン・ゴメリーだった。2004年2月、カナダの会計監査機関がスポンサーシップ・プログラムの会計報告に不審な点を発見した。それを受けてポール・マーティン議員はただちに調査委員会を発足し、問題の早期解決に取り組む姿勢をアピールした」。調査委員会が発足した2004年2月というタイミングに注目したい。前にも述べたとおり、その4カ月後に総選挙が行われ、自由党が勝利するわけだが、その時点で決着のついていなかったこの問題は与党となった自由党を最後まで苦しめた。

　ゴメリー委員会の調査結果が発表されるたびに、また下院で重要法案が審議されるたびに自由党政権は大きく揺れた。そうでなくても、この政権は足元がぐらついていたのだ。2005年4月、予算審議を前にして自由党はいよいよ窮地に立たされた。4月21日〜27日の展開を追ってみよう。以下は私のメールマガジンだ。

　　収拾がつかないと言えば、カナダの政情はどうだろうか。内閣

不信任案がいつ出されてもおかしくない状況だ。自由党は無事に予算を通せるのか、それとも解散総選挙に踏み切るのだろうか。自由党の窮状は明らかで、与党の座を死守するために他党との取引に乗り出した。もはや何が起きても不思議ではない。最新の情報では、ポール・マーティン首相は昨日、新民主党の協力を得られるのならば予算編成を見直すことも辞さないと発言し、ジャック・レイトン新民主党党首との会談を予定しているという。カナダのグローブ・アンド・メール紙はこう伝えている。「連立党内の意見調整に苦心しているマーティン首相は昨夜、レイトン新民主党党首が予算案成立に向けて協力姿勢を見せたことに感謝の意を示した。ラジオ番組に出演した首相はリスナーからの批判に対して『これからレイトン党首と個人的に話し合うつもりだ。そこでどのような結論に達しようとも、それを否定するつもりはない』と応じた。新民主党は予算案の成立に協力する見返りとして、法人税率の引き下げを見送り、公共費を増やすように求めている。党首会談は昨夜、行われた模様だ」。新民主党の要求が通れば、カナダの法人税減税を見込んでいた市場は下げに転じるだろう。いずれにせよ、カナダの通貨にはマイナスだ（**図11.5**のカナダドルの為替レートを参照）。念のために付け加えておくが、カナダ新民主党は社会主義の政党で……。

4月22日

引き続きカナダの政局を見守っていこう。政界の混乱を受けてカナダドルは下げ続けている。さらに先行き不安に拍車をかけるかのように、今朝のトロント・ポスト紙に次のような見出しが躍った。「総選挙はゴメリー報告書以降に——カナダ市民の多くはマーティン首相の意向を支持し、総選挙はスポンサーシップ事件の調査報告が発表される12月以降に実施するべきと考えているこ

図11.5 米ドル対カナダドル為替レート

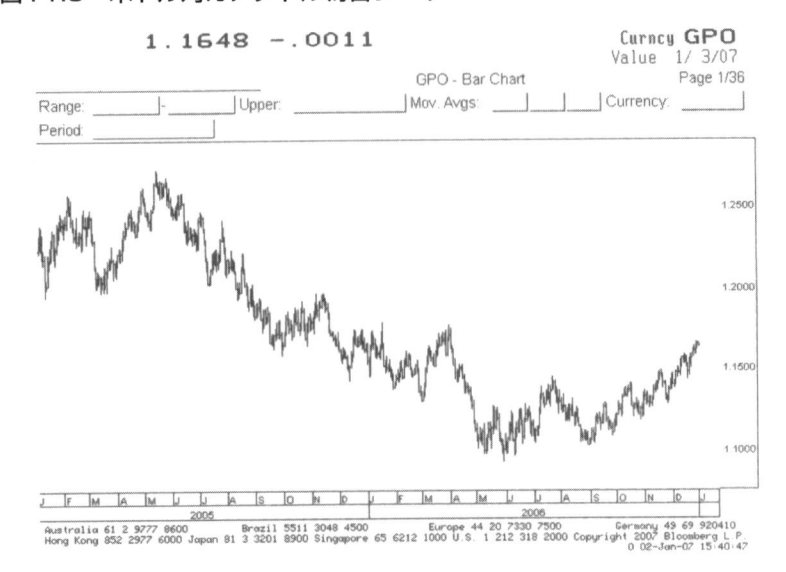

出所＝ブルームバーグ

とが最新の世論調査で判明した」。政権崩壊の危機だけでも不安材料だが、今度はその危機が年末まで続くことになりそうだ。金融市場にとっては、たまらない。政情不安がさらに長引くのだから。法人税率の引き下げを見送ってまで野党にすり寄るとは、自由党も落ちたものである……。

4月27日

カナダ政界の混迷はいっそう深くなりそうだ。ポール・マーティン首相は昨日、46億ドル規模の予算案をめぐってジャック・レイトン新民主党党首に譲歩した。すべては今議会で予算案を成立させるためだ。こうなると保守党は分離独立派のケベック連合と手を組んで政権奪取に動くだろう。グローブ・アンド・メール紙は次のように報道している。「自由党は新民主党の要求をのむかわりに、内閣不信任案が提出された場合は反対票を投じるように

図11.6　カナダ10年国債の利回り

出所＝ブルームバーグ

　申し入れた。新民主党が提示した要求は環境対策費、公営住宅建設費、海外援助費の増額および公立校の授業料減額である」。あいにくだが、これで自由党政権が安泰になったわけではない。新民主党との間で取引が成立したとはいえ、ほか２党が一致協力して不信任案を提出すれば、賛成票が反対票を上回るだろう。つまり今回の取引で確実になったのは今年度の減税が見送られることだけだ。保守党のスティーブン・ハーパー党首は今日の午後、資金集めのパーティーの席上でこうコメントしている。「個人的な感想だが、マーティン首相とレイトン党首は46億ドルの血税を『政権延命費』と考えているのではないだろうか。カナダの納税者も同感だと思う」。金融市場もまったく同感だ。その証拠に早くもリスク回避の動きが出始めている。

　この間、カナダドルは米ドルに対して下げ続けた（**図11.5**）。３月

図11.7 S&Pトロント総合指数

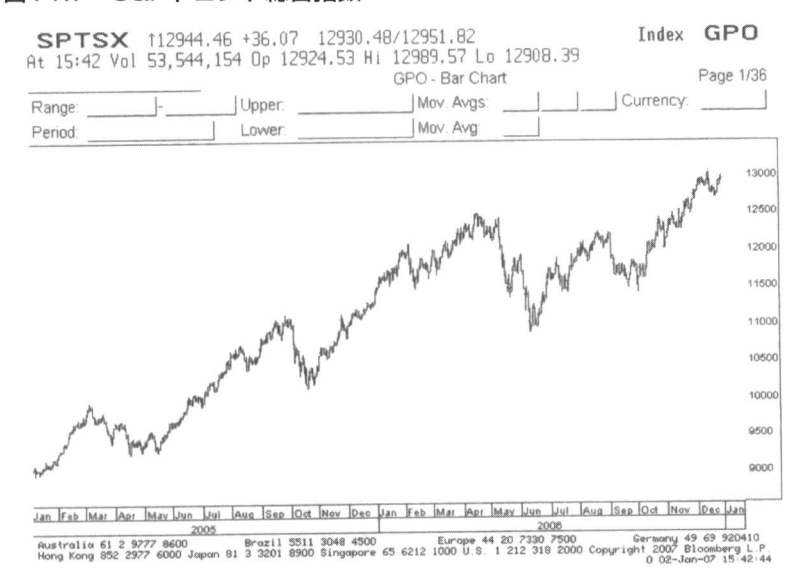

出所＝ブルームバーグ

上旬に1カナダドル＝1.20米ドルだったが、5月中旬には1.27米ドルになった。国内の政情不安を受けてカナダ国債は急激に値を上げ、利回りは4.50％から3.80％に低下した（図11.6）。この時期はS&Pトロント総合指数も500ポイント下げている（図11.7）。その後、予算案は下院を通過し、自由党政権はどうにか崩壊の危機を回避できた。そして総選挙はゴメリー委員会の報告後に行われることが決定した。

　そのゴメリー委員会は実に粋な計らいをしてくれた。委員会を一般に公開し、マスコミには非公開としたのだ。つまりだれでも傍聴できるが、報道機関の取材に応じることは許されなかった。しかし、ミネソタ州の無名のブロガーが傍聴席で見聞きしてきたことをブログに綴ってもギリギリ許された。ということは、委員会での証言は報告書になる前から公になったわけだ。

形ばかりの政権交代

2005年11月1日、ゴメリー委員長は第一期報告書を発表した。再びウィキペディアの記述を引く。

> ゴメリーは報告書のなかでクレティエン前首相とその側近だったジャン・ペルティエを非難したが、両者が事件に直接関与した形跡はないと判断した。実際に政府の広告費を流用していたのはアルフォンソ・ガリアーノ、チャック・ギーテ、ジャック・コリボーといった代議士である。しかし、そもそもクレティエン前首相が万全な監視体制の下でスポンサーシップ・プログラムを立ち上げていれば、このような不祥事は起きなかったとゴメリーは断じた。「ペルティエはもっとも基本的な監督義務を怠った……そしてペルティエを監督すべきクレティエンにも責任はある」。また当時の財務相だったポール・マーティン現首相の責任問題についても言及し、「マーティンならびにケベック州の閣僚は監督不行き届きおよび管理義務怠慢には当たらない。当時の財務省の役割は会計の枠組みをつくることであり、会計の監督ではなかった」と述べた。

以下は私のメールマガジンだ。

11月8日
カナダのジャック・レイトン新民主党党首は、自由党との協力関係を解消すると述べた。医療問題をめぐって自由党との間にあつれきが生じたためだ。次に内閣不信任案が提出されるとしたら、議会会期中の11月15日だろう。しかし、決めつけるのはまだ早い。というのも、ここに来て与党自由党の支持率が急上昇しているか

らだ。最新の世論調査によると、自由党の支持率は前回よりも7ポイント上げて35％。グローブ・アンド・メール紙はこう伝えている。「先週末の時点で保守党の支持率は31％から28％に、新民主党は20％から16％にそれぞれダウンした」。5月に同じような状況になったときはカナダドルが急落したが、昨日のレイトン党首の「決別宣言」のあと、カナダドルは上昇した。おや？ しかし案の定、今日は100ポイントほど下げている。

　11月28日、内閣不信任案が下院で可決された。その翌日、マーティン首相は議会を解散し、2006年1月23日に総選挙を実施することを発表した。政権交代に関して覚えておきたいことがひとつある。それは政権交代を目指す野党にはかなりの勝算があるということだ。解散総選挙に持ち込んでも与党の議席が増える恐れがあるなら、野党もそんなまねはしない。当時のカナダ保守党が自由党に不信任案を突きつけたときも、次の総選挙に勝って政権を奪うことに相当な自信があったのだろう。

　11月末の時点で自由党の支持率は保守党を13ポイント上回り、政権維持に必要とされる最低ラインの40％まで1.5ポイントに迫った。自由党のリードは12月下旬まで続いたが、それ以降は保守党が逆転した。両党の選挙公約は、とくに経済政策においてほとんど違いがなかった。そこで保守党は「既得権益からの脱却」を掲げて自由党との差別化を図り、既得権にあぐらをかいている自由党の体質を非難した。カナダの国民も12年に及ぶ自由党支配に嫌気が差していたのだろう（2006年の米議会選挙では共和党も危機感をもつべきだった）。結局、保守党は最多の124議席を獲得したが単独過半数には及ばなかった。ちなみに自由党は103議席、ケベック連合は51議席、新民主党は29議席を固めた。こうして保守党はカナダ連合時代以来、もっとも議席占有率の低い与党となって、スティーブン・ハーパー党首が第22代首相に就任

した。

市場の空騒ぎ

2006年1月、金融市場には目立った動きは見られなかった。カナダに新政権が誕生したとはいえ、安定感も経済政策も前政権とほとんど変わらなかったからだ。保守党が大差をつけて勝利していたら、そして前政権との政策の違いを明確に打ち出していれば、市場に与えるインパクトは違っていただろう。総選挙を経てもカナダの政界は変わり映えしなかった。言わば、タイタニック号の甲板でデッキチェアを並べ替えた程度だ。選挙後のS&Pトロント総合指数は政局に区切りがついたことで一時的に上昇したが、株価はそれ以前から上昇基調にあった。カナダドルとカナダ10年国債も同様だ。この事例に限らず、選挙がらみのマーケットの変動は投票日のはるか前から始まることが多い。したがってトレーダーは刻々と変わる戦況に目を光らせることが大切である。選挙の当日まで高みの見物を決め込んではならない。相場がとくに大きく動くのは与野党が交代する可能性があるときだ。選挙自体は、その数カ月前あるいは数年前からあった変化の兆しが本物だったことを確認するための行事にすぎない。「勝負はついた。あとは得点を確認するだけ」といったところだろうか。

覚え書き

とどのつまり、政局にしてもハリケーンにしてもトレーディングでの要領は変わらない。イベントの本番前から、何らかの予兆はあるからだ。いや、そんなに簡単なことなら、だれもイベントトレーディングで苦労はしないだろう。そこがポイントなのだ。イベントをモデル化するのは不可能である。だからクオンツを動員しても容易に利益を

上げられず、トレーディングシステムに組み入れることもできない。しかし、だからこそイベントトレーディングには挑戦する価値があり、うまみがある。イベントトレーディングを実践するのに、数学や量子物理学の学位は必要ない。必要なのは世の中の動きを追う努力と、あらゆる展開をシミュレーションする想像力だけだ。みなさんが本書を手に取ったのも、研究心の表れだと思う。その研究心を、今度は過去の出来事に注いでほしい。ぜひお勧めしたいのが高校時代にも大学時代にもおそらくやらなかったこと――歴史の本を読むことだ。イベントの影響やトレーディングの機会を正確につかむには、その先例を熟知することが不可欠なのである。

第12章
現代の短期戦争
Modern, Short-Term War

　人類が誕生してから絶えず繰り返されてきたのが争いごとだ。人間は意思の疎通が図れるようになったときから、お互いへの嫌悪感を伝え合ってきたのではないだろうか。食糧、領土、財宝、宗教など、いさかいのタネは尽きることがない。戦争は人間同士の争いの最たるもので、規模が大きいだけに破壊力もすさまじい。

　戦争は高くつく。人員を集めるにも、機械や兵器を調達するにも莫大なコストがかかる。国連が創設されたのは紛争の頻度と規模を抑えることがひとつの目的だった。戦争は軍事産業には恩恵だが、物資不足に悩まされる消費者には災難だ。文化と金融市場にとっては破壊行為だが、一方でまたとない投資機会を提供してくれる。

　20世紀の戦争をおさらいするだけでも何冊もの書籍が必要になる。冷戦後、武力による紛争はすっかり様変わりした。多くの国が参戦する世界大戦から複数の武力組織が絡む地域紛争へと主流が移り、列強国も今では一国だけになったが、それもすぐに変わるかもしれない。要するに、戦争の形はつねに変化している。そこで本章では、ごく最近の戦争にスポットを当てて今後の範例としたい。

第一次湾岸戦争

　国際社会の勢力図が一変した1990年は、旧ソ連と中東の話題でもちきりだった。当時ミハイル・ゴルバチョフはソビエト連邦最高会議議長であり、ソビエトもソビエトのままだったが、それも長くは続かなかった。2年前までは考えられなかったことが、ベルリンの壁の崩壊を端緒として連日のように起きたのである。ソビエト連邦の崩壊が始まり、ソビエト連邦の各共和国は一般選挙によって政治改革を実現した。その先陣を切ったリトアニア共和国では、一党支配を続けてきた共産党が改革派や独立派の手に政権を明け渡した。同様の政権交代はグルジア、エストニア、ラトビアでも見られた。変革の波は米ソ関係にも波及し、ゴルバチョフとジョージ・H・W・ブッシュは米ソ首脳会談を開き、化学兵器の廃棄と製造禁止で合意に達した。

　アメリカではハイテク技術が目覚ましい進歩を遂げ、コンピューターとソフトウエアの開発が進んだ。マイクロソフト社はウィンドウズ3.0を発売し、CD-ROMが爆発的な人気を呼んだ。アメリカの株式市場も好況で、1990年6月1日に2900.09ドルを付けて、史上最高値を更新した。マクドナルド社はモスクワのプーシキン広場にソ連第1号店をオープンした。1990年は産業界の不祥事が相次いだ年でもあった。当時の証券最大手ドレクセル・バーナム・ランベール社が経営破綻し、マイケル・R・ミルケンが証券法違反で禁固10年の実刑判決を受けた。ジョージ・H・W・ブッシュが大統領に就任した当初、アメリカは戦後最長となる経済成長の真っただ中にあった。経済諮問委員会は、成長が続くかぎり不況の心配はないと豪語したが、1990年末にはそれが大きな誤算だったことが判明した。同委員会は1990年度のGDP（国内総生産）成長率を2.6％、インフレ率を4.1％と予測していた。今日としては高い水準だ。ところが年度半ばで前者は2.2％に下方修正され、後者は4.8％に上方修正された。これは景気の後退と物価の上昇

が同時に発生するスタグフレーションを意味した。アメリカは1970年代後半にもスタグフレーションに見舞われたが、その悪夢が1990年の後半によみがえろうとしていた。

1988年、副大統領だったブッシュは増税反対を掲げて大統領選挙に出馬し、共和党全国大会で、かの有名な演説を披露した。「議会から増税を迫られても私は拒否する。それでもなお迫られたら、こう言おう――耳をかっぽじってよく聞け。『増税は絶対にしない』」。この公約が功を奏してブッシュは当選し、この公約ゆえに1992年に再選を果たすことができなかった。皮肉にも、このときブッシュを破って大統領に就任したクリントンも公約を守ることができず、最後は弾劾裁判にかけられた。

このころ中東では、のちの湾岸戦争につながる有事が発生していた。第二次世界大戦がそうだったように、湾岸戦争もその前の戦争が引き金になった。そのイラン・イラク戦争はイラクが国連の停戦決議を受け入れ、1988年夏に終結した。しかし戦費がかさんだイラクはクウェートから140億ドル、サウジアラビアから260億ドル借り入れていた。イラクのサダム・フセイン大統領は他国に原油を売って債務の返済に充てようと考えた。しかしOPEC（石油輸出国機構）の方針をめぐり、クウェートとの間に対立が生じた。イラクとしては産油量を規制して原油価格を高値で維持したかったが、クウェートの考えは違った。先のイラン・イラク戦争ではクウェートに支援を受けたイラクだったが、今度は油田を盗掘したとしてクウェートを責め立てた。7月24日、イラクはクウェートとの国境沿いに3万人の部隊を配備し、1週間後には10万人に増強した。1990年8月2日、イラクはクウェートに侵攻した。

政治的前哨戦

8月2日、国連安全保障理事会は協議を行い、イラクの侵攻を非難

するとともにクウェートからの即時撤退を求める決議を採択した。安保理決議660号の詳細は以下のとおりだ。

　1990年8月2日に発生したイラク軍によるクウェート侵攻を警戒する。
　同侵攻を国際社会の平和と安全を侵害するものと認め、国連憲章第39条ならびに第40条に基づき、以下のとおりに決定する。
1．イラク軍によるクウェート侵攻を糾弾する。
2．イラク軍に対して、1990年8月1日現在における配備地点からの即時無条件撤退を要求する。
3．イラクとクウェートの両国に対して、ただちに協議を開始することを求める。また、両国間の問題解決に向けた諸外国の協力、とりわけアラブ同盟の協力に対して全面的に支援する。
4．本決議が確実に順守されるように、今後も必要に応じて安全保障理事会を招集する。

　これを端緒として国連は前代未聞の決議を次々と採択し、その後の対イラク方針を決定づけた。また米ソ両国が前代未聞の協調姿勢を示したおかげで、安保理は制裁決議を発動できたのである。ちなみにイラン・イラク戦争においてソ連はイラクを支援していたため、イラクはソ連の衛星国と見られていた。
　8月6日、サダム・フセインが決議660号の受け入れを拒否し、これに対して安保理は決議661号に基づき経済制裁に踏み切った。国連がそれ以前に同様の措置に踏み切ったことは2回だけである。それだけに今回の経済制裁は国連の強い姿勢を国際社会と金融市場に印象づけた。その後もイラクに対する経済制裁は続き、市場は敏感に反応した。1990年8月7日、アメリカはサウジアラビアに派兵し、防衛支援を目的とした「砂漠の盾」作戦を展開した。8月25日、安保理はイラ

クに対する経済制裁を強化するために海上封鎖を命じた。これも画期的な措置で、国連が決議の伴わない軍事行動を命令するのは前代未聞だった。さらに安保理は8月末にかけて決議662号、決議664号、決議665号に基づく追加措置を発動し、イラクによるクウェート併合を無効として、イラクに対して外国人捕虜の開放を求めた。

　安保理の結束ぶりは見事としか言いようがない。一連の決議はすべて全会一致で採択された。それ以上に圧巻だったのはミハイル・ゴルバチョフとジョージ・H・W・ブッシュとの連携であった。両首脳は9月にヘルシンキで会談し、9月9日に「イラクの侵略行為は容認できない」とする共同声明を発表し、9月11日、会談を終えて帰国したブッシュ大統領は両院合同会議を招集し、国民に向けて演説を行った。以下はその抜粋だが、のちのアメリカの軍事介入や経済リスクを予感させる内容になっていた。

　　アメリカならびに国際社会は人々の生命財産を守る責務を負い、これをまっとうする。
　　アメリカならびに国際社会は法の定めを順守する責務を負い、これをまっとうする。
　　最後に――アメリカは以上の責務を果たすにあたり、断じてひるむことはない。
　　人命を脅かす重大な問題が起きている。サダム・フセインは地球上からひとつの国を排除しようとしている。これは誇張ではない。しかしサダム・フセインの計画はけっして成功しない。これも誇張ではない。
　　世界経済を脅かす重大な問題も起きている。イラクの原油埋蔵量は、判明しているだけでも、全世界の埋蔵量の10％を占める。イラクとクウェートの埋蔵量を合わせれば、全世界の埋蔵量の20％に達する。

イラクがクウェートを併合する事態になれば、イラクは経済的にも軍事的にも一段と増長し、近隣諸国の脅威となるだろう。イラクの近隣諸国は世界有数の産油国だ。この貴重なエネルギー資源を非人道的な国家が独占支配することは許されないし、われわれは許すつもりもない。

　市場が中東情勢に目を光らせる理由はここにある。中東地域の紛争や戦争は、石油に代わる再生可能なエネルギーが発見されるか開発されないかぎり、世界経済の危機を意味するからだ。当時のイラクはクウェートに続いてサウジアラビアにも侵攻する可能性があり、中東地域はもちろんのこと、国際社会全体を脅かす存在になっていた。

市場の反応

　こうした懸念を受けて金融市場は大きく揺れた。震源になったのは原油相場だ。当時の値動きは異常としか言いようがない（**図12.1**）。イラクがクウェートに侵攻する前は原油価格は下降トレンドにあった。それは米経済が失速し、原油の需要が減少していたためだ。イラク軍がクウェートとの国境沿いに配備された時点で原油相場は底を付け、それから10月にかけて1バレル当たり16ドルから40ドルへ急激に上昇した。

　天然ガスも同様の乱高下を示した（**図12.2**）が、その時期に注目してほしい。多国籍軍がイラク入りしたのは1991年1月17日だが、相場はその数カ月も前から大きく上昇していた。これは今まで見てきた事例のパターンと共通する。

　原油の話に戻ろう。急激に上昇した相場も12月以降は下げ始め、落ち着きを取り戻した。多国籍軍のイラク入りを受けて一時は25ドルから33ドル前後への突出高を示したが、そこから一気に下落してイベン

図12.1　原油

出所＝ブルームバーグ

図12.2　天然ガス

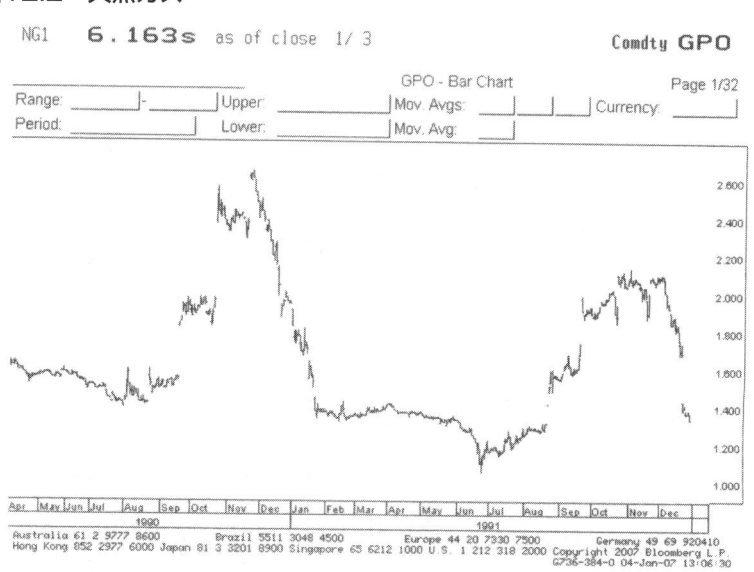

出所＝ブルームバーグ

ト発生前の7月の水準に戻った。私はこれをイベントによる「劇的反転」「トレンドへの回帰」と呼んでいる。ちなみに、このときの原油高が引き金になってアメリカの景気は冷え込み、貯蓄貸付組合の危機は深刻化した。

　この時期の株価はどうだったのだろう。ダウ平均は原油相場の急騰とは対照的に急激に下げた。**図12.3**を見ると、ダウ平均が天井を付けたのはイラク軍が配備された7月24日の直前だった。それが24日以降は急速に下げて、10月にその年の安値を付けた。その後も株価は不安定な動きを見せたが、その原因は政策金利の変動だ。1989年3月に9.75％だった金利は同年12月に8.25％になり、そのまま1990年7月末まで据え置かれた（**図12.4**）。7月には一段の利下げが行われたが、それでもダウ平均は10月にかけて20％も下落し、当時の株式市況を雄弁に物語っていた。

　一番打撃を受けたのはアメリカの小型株だ。ラッセル2000種指数を見てほしい。この指数はラッセル3000種指数の構成銘柄のうち、時価総額が1001～3000位までの2000銘柄で構成される。この2000銘柄の合計時価総額はラッセル3000種指数の8％を占める。**図12.5**を見ると、ラッセル2000種指数は7月から10月中旬にかけて170から120に下落した。実に33％の下げ幅だ。将来のリターンに響くようなイベントが発生すると、リスクの高い商品ほど痛手を受けることが改めて分かる。同様に、7月24日以前から低迷していた米ドル指数（**図12.6**）も10月にかけて下落した。しかし1991年2月に安値を更新したあとは上昇に転じ、3～7月にかけて上昇を続けた。為替ディーラーは戦勝を見届けてからドルを回復させようと考えたのだろうか。

　言うまでもないが、金融商品の相場はすべて同じ展開になるとは限らない。このケースでは国債の動きが特異だったので、少し説明を加えておこう。**図12.7**は10年物Tノートの利回りの推移を示しているが、これを見ると7月下旬から8月上旬にかけて一時的に下げている

第12章　現代の短期戦争

図12.3　ダウ工業株平均

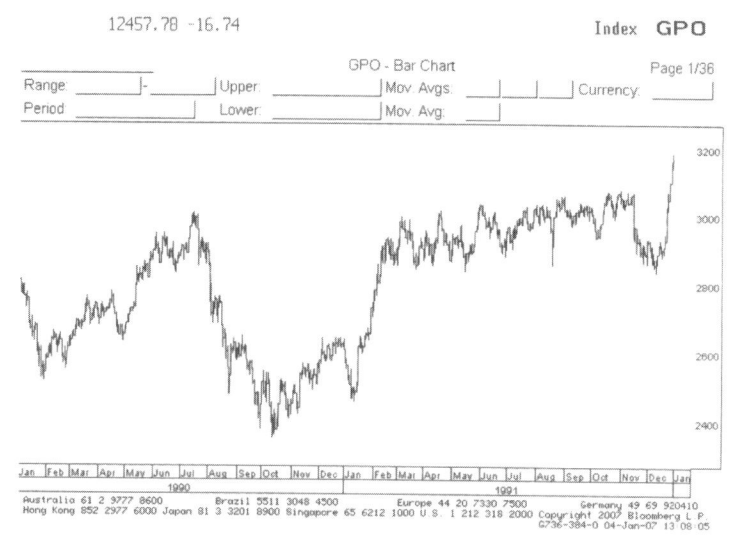

出所＝ブルームバーグ

図12.4　アメリカの政策金利

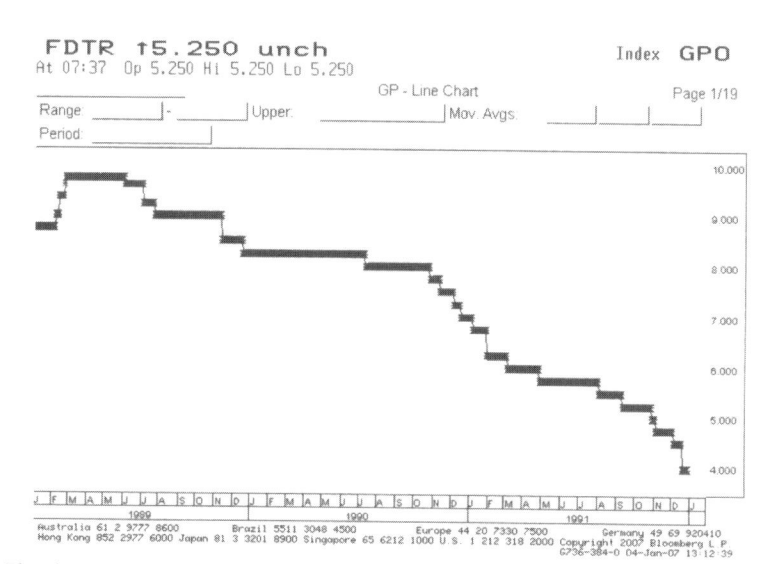

出所＝ブルームバーグ

259

パート3　政治

図12.5　ラッセル2000種指数

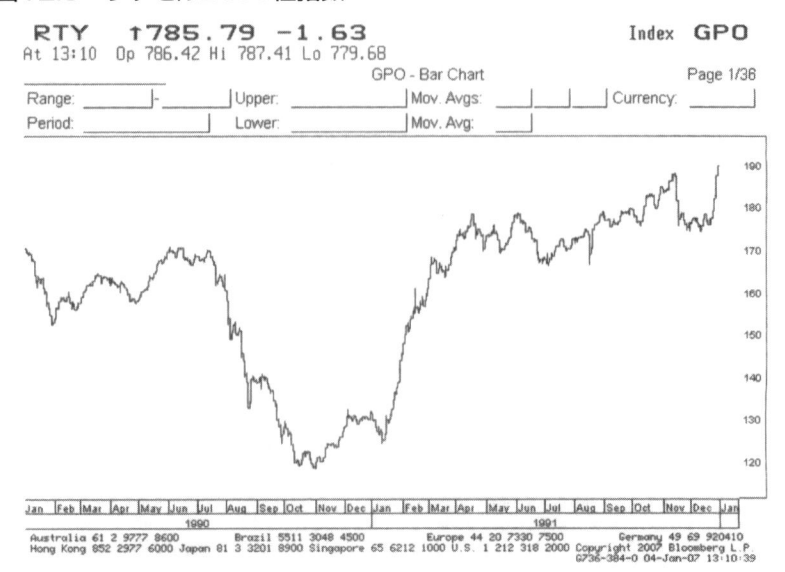

出所＝ブルームバーグ

図12.6　米ドル指数

出所＝ブルームバーグ

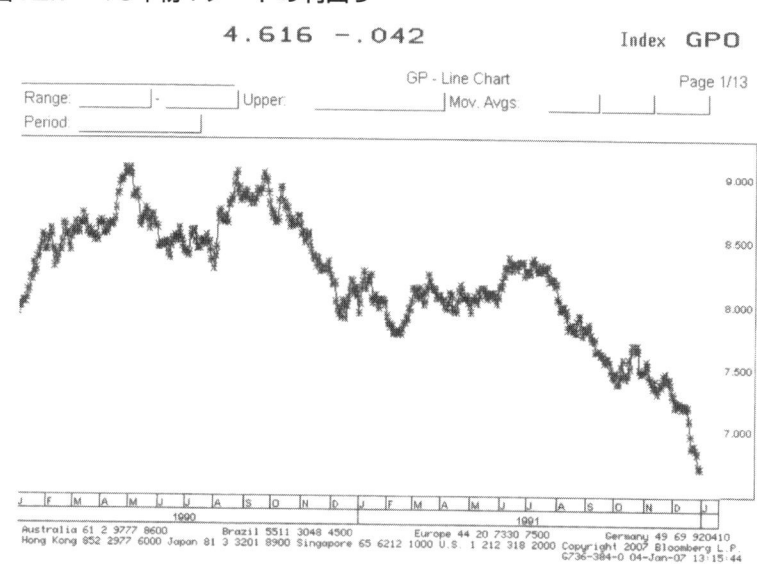

図12.7　10年物Tノートの利回り

出所＝ブルームバーグ

のが分かる。ところが、その後は0.5％上昇して8.5％から9.0％になり、その水準を11月まで維持した。戦争という不安材料に景気の落ち込みが重なった時期としては考えられない展開だった。ここで斟酌すべきは、当時の消費者物価指数（CPI）と経済諮問委員会が夏に発表した景況予測である。CPIは１月に急伸、８月にも一時的に伸びて、９～10月も高い水準にあった。つまりスタグフレーションが発生しかけていたわけで、国債には好ましい状況ではなかった。折りしも原油の高騰が物価の高騰を招く事態になっていた。その後、原油価格が下がり、インフレ懸念が解消すると、国債の価格は上昇した。しかし戦争と不況のなかで上がり続けた利回りは、原油のように急激に下げることはなかったのである。

　総括すると、仕掛ける機会は随所にあった。為替ディーラーだった私は開戦が迫った時期やスタグフレーションの初期段階に、ドルを売り進めてコンスタントに利益を上げることができた。ほとんどの投資

家は当時の経済状態を考えても、原油相場のめまぐるしい変動についていけないと判断したようだった。しかし結果論になってしまうが、ここは上昇に対して逆張りするのが最高のトレードになったと言える。とくにブッシュ大統領が上下両院で演説したあとが狙い目だった。あの演説によって、いつ起きるかは分からないが、何かが起きることは確実になったからだ。また10月下旬から11月上旬にかけての相場にも見るべき展開があった。この時期、高値を付けていた原油が一気に30ドルを割り込んだのである。36ドルを二度試したが、いずれも失敗した。ここで売って、36ドルに損切りの逆指値注文を置いていたら、相当な利益が出ただろう。

　以上はイベントトレーディングの模範的な例だ。必ずしも最初の波をつかまえる必要はないが、刻々と変わる相場の全体的な流れを注視することは必要である。イベントの発生によって相場は大きく動き、そこに好機が生まれる。最高のトレードや楽に稼ぐチャンスは、最初の値動きから生まれるとは限らない。ときには、その次の値動きや最初の値動きの押しや戻りをとらえることで生まれることもある。

何か忘れていないか？

　そう、湾岸戦争の経緯だ。結局、アメリカは54万人規模の部隊をサウジアラビアに派遣し、コリン・パウエル総司令官が信条とする「開戦前から数の力で優位に立つ」を実行した。また世界34カ国と同盟関係を結び、資金援助や軍事支援を取りつけた結果、アメリカ側の兵力は同盟軍の12万人と合わせて66万人に達した。シリアは１万6000人を派兵したが、皮肉なことにイスラエルはアメリカの説得に応じて参戦を見送った。アメリカはアラブ地域で摩擦が生じることを恐れ、イスラエルに中立の立場を取るように勧めたのだ。一方でヤセル・アラファト議長率いるPLO（パレスチナ解放機構）はおおっぴらにフセイ

ン支持を表明したが、その判断が間違いだったと分かると、クウェートやサウジアラビアの目の前でパレスチナ軍を引き上げるはめになった。

　1991年1月12日、米議会はイラク軍に対する軍事力の行使は認めたものの、サダム・フセインの追放は見送るとした。1月17日、大規模な空爆を合図に戦闘が始まった。旧ソ連式のイラク軍に対して、多国籍軍は世界が初めて目にする最新鋭の兵器を続々と投入し、だれが見ても戦力の差は歴然だった。1カ月に及ぶ空爆に続いて、2月24日から地上戦が始まった。2月26日、イラクはクウェートからの撤退を表明。3月10日までに「砂漠の嵐」作戦は終了し、アメリカは戦闘部隊の引き上げを開始した。

　この戦争では戦線の外でも興味深い戦いが展開していた。いわゆる報道合戦だ。バグダッド市内に空襲警報が鳴り響き、爆弾が投下されているさなか、CNNの特派員はビルの屋上から空爆の模様を実況した。米ABC放送も現地から中継していたが、今でも鮮明に覚えているのは情報を先取りできたおかげで取引を有利に進められたことだった。当時、私が詰めていたディーリングルームにはテレビが1台もなかった。そこで私はポケットマネーの100ドルをはたいてソニーの卓上テレビを買い、自分のデスクに置いた。こうすれば現地の戦況を見ながら売買注文が出せる。市場は開戦のときをひたすら待った。警報が鳴り、対空砲が発射されたとの速報が入るたびに、市場はそれを戦闘開始の合図と受け取り、ドルを買い進めた。

　テレビの中継を見ていた私は通信社の一報を待たなくても、現地の情報をリアルタイムで知ることができた。おかげでニュース速報が流れる30～45秒ほど前に市場に先んじて買い注文を執行できたのである。このわずかな時間差はまさに値千金であり、利益になるニュース裁定取引とも言うべきものになった。湾岸戦争は報道の在り方だけでなく、ディーリングルームをも一変させた。あれ以来、世界各国のディーリ

ングルームにはテレビが設置され、受信できるチャンネル数も増えた。要するに、情報が早いほど儲けも大きいということだ。

第二次湾岸戦争

　第一次湾岸戦争における決定事項のなかで、サダム・フセインの追放を見送ったことは注目に値する。この判断をめぐっては今後も賛否両論を呼ぶだろう。ブッシュ大統領としては、フセインの失脚によってイラク国内に権力の空洞化が生まれ、内戦が勃発することを恐れたに違いない。シーア派はイランの支配勢力であり、イラクでは多数派だ。フセインが抜けた穴にシーア派勢力が収まり、イランと結託してイスラム原理主義政権を発足させるであろうことは想像に難くなかった。そうなればフセインがクウェートに侵攻したときと、そっくり同じ状況が出来上がってしまう。すなわち原油の独占支配とサウジアラビアへの圧力だ。またブッシュ大統領はこうも考えたのではないだろうか——フセインに対して軍事力を行使することは米議会の承認を得ておらず、無理に強行すれば同盟国との間にあつれきが生じかねない、と。それでは大統領としての立場も危うくなるが、多国籍軍にも大きな負担を強いることになる。フセイン政権を倒すには地方に進軍してバース党の指導者を討ち、バグダッドに侵攻してサダム・フセインを拘束しなければならなかったからだ。

　1992年、当時のリチャード・チェイニー国防長官は次のように語っていた。

　　「われわれの判断は正しかったと思っている。サダム・フセインをクウェートから撤退させたのも正解だったが、それで目的は果たしたとする大統領の決断も正解だった。アメリカがフセインに代わってイラクを統治することになれば、事態は泥沼化しただ

ろう。

　市街戦に突入しようものなら、多くのイラク市民が犠牲になり、われわれの戦力や戦闘技術を最大限に生かすことはできなかったはずだ。

　フセインを失脚させ、現イラク政権を解体させてしまったら、その後始末はだれがつけるのだろうか。当然、アメリカが責任をもってイラクを治めなくてはならない」

　そのころアフガニスタン近郊ではのちにアメリカを襲撃するテロリストたちが軍事訓練を行っていたのだが、当時のチェイニーには知る由もなかった。また、イラク問題がここまで長期化することも想定外であり、アメリカと同盟国がイラク北部のクルド人を保護するために飛行禁止空域を設ける事態になることも予測できなかっただろう。第一次湾岸戦争の終結後、国連はサダム・フセインに対して弾道ミサイル、生物化学兵器、核兵器の廃棄を求める決議を採択した。それから2003年の第二次湾岸戦争に至るまで、フセインは国連の兵器査察官をかわし、大量破壊兵器の存在をひた隠しにした。1998年には査察官をイラクから締め出してしまった。クリントン政権がそんなイラクの態度を大目に見たのは、イラクに対する抑止政策が機能していると思っていたからだ。

　しかし、2001年の同時多発テロをきっかけに事情は一変した。ジョージ・W・ブッシュ大統領はテロ組織とテロ支援国家を徹底的に追及すると宣言した。2001年11月26日、ブッシュ大統領は記者会見で次のように述べた。

　　記者　対イラク戦争の可能性について、今の考えをお聞かせください。水曜日の時点では、アフガニスタンは始まりにすぎないとおっしゃいましたが……。

大統領 その言葉どおりだ。アフガニスタンは始まりにすぎないと今でも思っている。テロリストをかくまう者はテロリスト、テロリストに資金援助をする者もテロリスト、テロリストにアジトを提供する者もテロリストだ。世界各国に向けて、これほど明確なメッセージはないだろう。ある国家が大量破壊兵器を製造し、それがテロリストの手に渡ったら、その国家も同罪ということだ。サダム・フセイン大統領においては査察官を再び受け入れたうえで、大量破壊兵器を保有していないことを証明してもらいたい」

2002年1月10日、私はブッシュ大統領の一般教書演説に先立って次のようなメールマガジンを配信した。

2002年の年明けに、今年1年の政局を予想してみた。以下は夕べ放送された「ポリティクス・アンド・マネー」の内容を要約したものだ。

1. ブッシュの一般教書演説は、クリントン大統領の演説とは異なり、具体性に欠けるだろう。団結や愛国心といった抽象的なテーマに終始すると思われる。
2. 経済政策——ブッシュ政権は引き続き法人寄りの立場を取るだろう。企業優遇策が頓挫したときは、トム・ダシュル民主党上院院内総務を責めればよい。これは中間選挙対策としても有効であり、夏から初秋にかけて景気が冷え込む時期の言い訳にもなる。
3. 中間選挙——南北戦争以来、中間選挙は34回実施されたが、そのうち32回は政権与党が議席を減らした。両院の勢力が今までになく拮抗していることを考えると、今年の中間選挙も同様の結果に終わる可能性が高い。しかし最新の世論調査に

よると、ブッシュ大統領の支持率は驚異的で、国民は政府の方針に大変満足している。となると、民主党がブッシュ人気にどこまであやかれるかが選挙の行方を左右するだろう。
4．民主党のお株を奪う——ブッシュ大統領は相変わらず要領がよい。本来なら民主党が得意とする政策を次々と採用する。フードスタンプ（食料配給制度）の受給資格を合法移民にまで拡大するという提案もそのひとつだ。
5．現政権の懸案事項
　●テロ再発の脅威
　●イラク情勢
　●アフガニスタンとイラン
　●イスラエル・パレスチナ問題
　●エンロンとチェイニーの癒着疑惑（民主党のジョン・リーバーマン議員が徹底追及の構えを見せている）
　●財政赤字と失業率

中間選挙の期間中は議会が空転しがちだが、それもあながち悪いことではない。

私の予想はところどころ当たっていたが、一般教書演説についてはまったくの的外れに終わった。1月29日、講演のためにボストンに滞在していた私はホテルのバーでブッシュ大統領の一般教書演説を聞いた。その内容は、第二次湾岸戦争の布石とも言えるものだった。

「北朝鮮、イラン、イラクならびにこうした国家と結託するテロ組織は悪の枢軸を形成し、世界の平和を脅かしている。その脅威は大量破壊兵器の存在によって増大する一方だ。テロ支援国家は大量破壊兵器の提供を通じて、テロ組織に敵意のはけ口を提供

している。今後、テロ組織がアメリカの同盟国を攻撃し、アメリカに圧力をかけてくる可能性はいなめない。いずれにせよ、この問題を放置することは壊滅的な結果を招くだろう」

　耳を疑った私は周りの人に確かめずにはいられなかった——「悪の枢軸」。さらに「先制攻撃」の可能性もにおわせたブッシュ大統領の演説は、イラクに対する政府の出方を決定づけるものだった。9.11を目の当たりにした大統領は是が非でもテロの再発を防ぐ覚悟だった。
　事態が急速に動いたのは2002年の秋で、夏休みが終わり、中間選挙が目前に迫ったころだった。9月に入ると、ブッシュ政権は国連にイラク案件を提起した。9月まで待った理由について、ホワイトハウスのアンドリュー・カード首席補佐官は「マーケティングの原則から言っても、8月に新製品を売り出すことはしないでしょう」と率直に答えた。9月12日、ブッシュ大統領は国連総会で演説を行い、イラクの脅威が「増大の一途をたどっている」とする国連声明を発表するように求めた。9月26日、ドナルド・ラムズフェルド国防長官は、アルカイダに大量破壊兵器を調達したとしてイラクを非難した。10月7日、ブッシュ大統領はオハイオ州シンシナティから全米に向けてテレビ演説を行い、イラクがアメリカや同盟国を「今すぐにでも」攻撃しかねないこと、そして大量破壊兵器をテロ組織に横流しする恐れがあることを訴えた。10月10日、米下院で軍事力行使に関する法案が可決された。下院は、イラクが一連の安保理決議に違反しているとし、イラクの脅威に対する軍事力行使をほぼ無制限に許可することを決めた。10月11日、同法案は米上院を通過し、10月16日にブッシュ大統領が正式に署名した。
　この間、コリン・パウエル国務長官は安全保障理事会に働きかけていた。アメリカを含む15の理事国のうち大半は国連による査察の再開に賛成だった。問題はイラクが査察の受け入れを拒否した場合、軍事

力を行使できるかどうかだった。その是非をめぐる採決ではP5と呼ばれる５つの常任理事国が鍵を握っていた。常任理事国はいかなる決議に対しても拒否権を発動できる。アメリカはイギリスの賛同を取りつけたものの、残る中国、ロシア、フランスを説得しなければならなかった。パウエルの働きかけは晴れて実を結び、国連決議1441号は全会一致で採択された。この決議はイラクに対して全面的な武装解除を即時に求めるものだった。保有している大量破壊兵器や化学兵器を残らず国連に申告しなければ、重大な結果を招くと明記していた。この決議の解釈について、アメリカ以外の４カ国はイラクが査察を拒否した場合、アメリカは改めて安保理を召集し、軍事力行使の承認を得る必要があると理解した。しかし、アメリカはこれ以上の協議は必要ないと考えていた。それでもパウエルは２月５日の安保理の会合で、サダム・フセインが隠し持っていると考えられる大量破壊兵器についてパワーポイントを駆使したプレゼンテーションを行った。さらにパウエルはブッシュ大統領に軍事力行使の承認を求める決議案を作成するように勧めたが、その決議案が安保理に提出されることはなかった。P5のうち１カ国が拒否権の発動を明言したからだ。

　２月５日のパウエルのプレゼンテーションは世界各国で大きな議論を呼んだ。金融市場は固唾をのんでハンス・ブリクス国連査察官の報告を待った。結局、フランス、ロシア、ドイツ、中国は軍事力行使に反対した。ローマ、ロンドン、ベルリンでは反戦デモが起こり、ヨハネ・パウロ二世はブッシュ大統領のもとに特使を派遣して戦争回避を訴えた。３月20日、各方面からの反対を押し切ってアメリカはイラク侵攻を開始し、３月22日、ブッシュ大統領はラジオ放送で次のように述べた。

　　「おはようございます。現在、アメリカと同盟国はサダム・フセイン政権の打倒に向けて合同軍事作戦を展開中です。アメリカ

の同盟軍として参戦する国は世界40カ国超えました。この戦争の目的は正義の実現です。われわれが奉仕する国々の安全と世界平和を守る所存です。また今回の任務はイラクが保有する大量破壊兵器を廃棄し、サダム・フセインのテロ支援をやめさせ、イラク国民を解放することにあります」

市場の反応

　今回は、第一次湾岸戦争とは異なり、世界中があわてふためく状況は生まれなかった。それだけに市場の反応は前回の湾岸戦より分散し、長期に及ぶことになった。トレーダーの間にも白けたムードが漂っていた。というのも先の展開は読めていたので、あとは、それがいつ発生するかを予想すればよかったからだ。第4章でも取り上げたが、2003年はこの湾岸戦争と並行して東アジアでSARSが猛威を振るったために、実に厄介な状況になっていた。

　それでは2002年9月から2003年3月の開戦にかけて、市場の動きを追っていこう。イラクに対する風当たりが強くなった時期、原油と天然ガスの価格はじわじわと上がり始めた（図12.8と図12.9）。そして国連決議1441号が採択された11月13日を境に、原油と天然ガスは急激に上昇した。12月7日、イラクは大量破壊兵器に関するお粗末な申告書を提出した。アメリカと国連査察官は、この申告書が1997年当時の申告内容を焼き直したものにすぎないとしてイラクを強く非難した。ここから開戦ムードが一気に高まり、エネルギー関連銘柄は跳ね上がった。しかし相場が上昇したのは開戦前までだった。開戦後はあっという間に暴落し、先の湾岸戦争のときと同じ展開になったのである。ここは、一番分かりやすい仕掛けどきだった。やはり、このケースでも市場はイベントが起きる前に仕掛けて、起きた直後にゲームを降りてしまった。

図12.8 原油

出所＝ブルームバーグ

図12.9 天然ガス

出所＝ブルームバーグ

図12.10　アメリカの政策金利

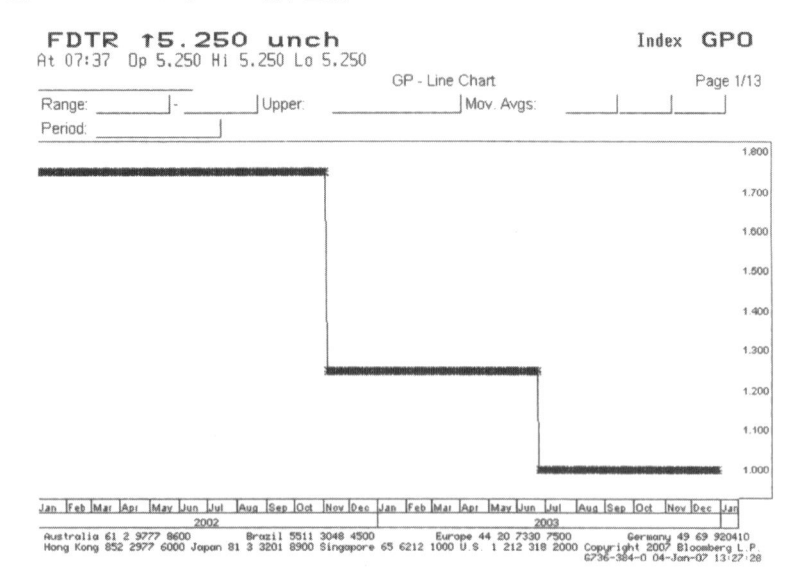

出所＝ブルームバーグ

図12.11　10年物Tノートの利回り

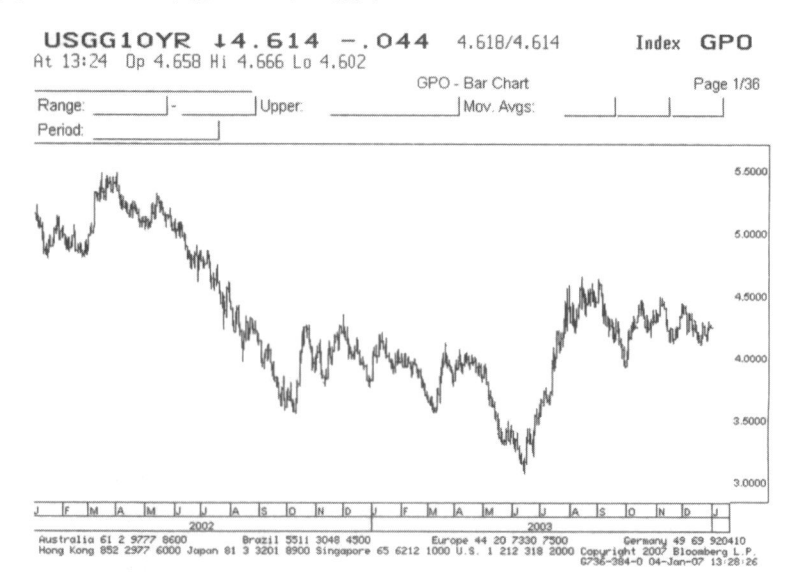

出所＝ブルームバーグ

図12.12　ダウ工業株平均

出所＝ブルームバーグ

図12.13　ラッセル2000種指数

出所＝ブルームバーグ

当時のFRBは政策金利を2001年9月11日以前の水準にまで引き下げ、1.75％としていた（**図12.10**）。アメリカと国連が軍事力行使をめぐって協議している間もアメリカの景気は悪化の一途をたどり、第3四半期に4％だったGDP成長率は第4四半期に入ると1.4％にまで落ち込んだ。企業の粉飾決算、テロ再発の脅威、開戦ムードの高まりが重なって投資家は不安にかられ、消費者は慎重になった。11月上旬、不況を示す数字が明らかになったことを受けて、FRBは金利をさらに0.5％引き下げて1.25％とした。3月に5.50％前後だった10年物Tノートの利回りは10月半ばに3.50％に低下した（**図12.11**）。ダウ平均（**図12.12**）とラッセル2000種指数（**図12.13**）も市場のデフレ懸念を反映して、国債の利回りと同様に落ち込んだ。

　その3銘柄がそろって上昇に転じたのは、11月に利下げが行われるとの観測が広がったためである。株価は12月にかけて続伸したが、12月に入ると開戦が決定的になり、エネルギー相場の高騰もあって投資家の間に先行き不安が生じた。これを受けて株価は12月から3月の開戦まで下げ続けた。しかし開戦後は一転して反発し、年末まで上昇を続けた。昔から「流血が起きたら投資のチャンス」と言うが、これが当時の市場心理であり、実に的を射ていた。考えてみてほしい——金利の引き下げ、戦争に伴う巨額の財政出動、開戦後のエネルギー相場の下落と好条件はそろっていたのだ。

　最後に当時の市況を語るもうひとつの材料、VIX指数（**図12.14**）を見てみよう。シカゴオプション取引所が発表しているSPXボラティリティ指数はS&P500種指数のオプション価格に基づいて算出され、市場が株価の変動をどう予測しているかを反映する。この指数は同時多発テロの発生後や2002年7～8月にかけて一時的に上げたが、2002年10～12月は安定していた。2003年の年明けに主要な株価指数が下がったときは35％に達したが、第二次湾岸戦争が始まったのとほぼ同時に下落して、4月にはすっかり落ち着いた。投資家はこれを「市場戦

図12.14　VIX指数

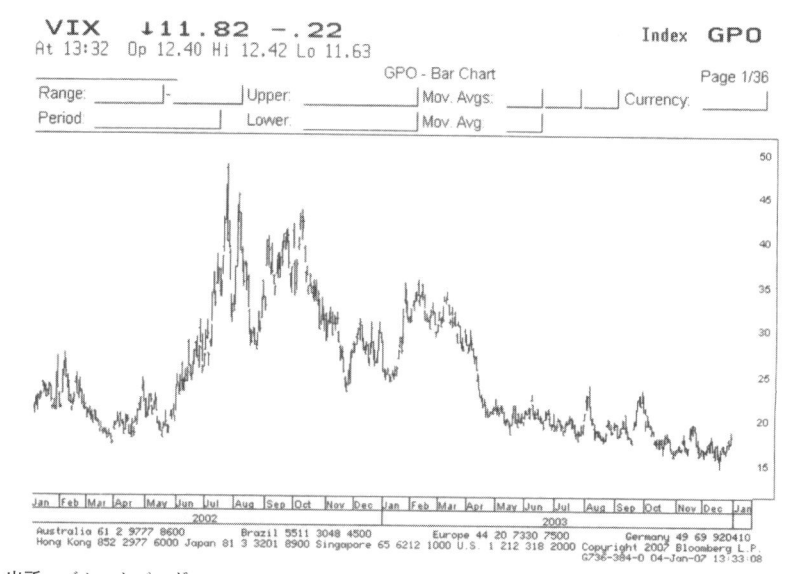

出所＝ブルームバーグ

線異状なし」の合図と受け取り、株式売買を再開したのである。

何か忘れていないか？

　そう、第二次湾岸戦争の経緯である。2003年3月20日に開戦し、4月9日にバグダッドが陥落した。5月1日にブッシュ大統領は空母の上から戦闘の終結を宣言した。任務完了……のはずだった。以降のことは本書の専門外なので詳しくは触れないが、アメリカはその後もイラクに駐留部隊を置き、多くの戦死者を出しながらもイラク情勢を安定させることができなかった。2006年、米国民は政府のイラク政策に不満を抱えたまま、中間選挙を迎えることになった。投票日の当日、私は次のようなメールマガジンを配信した。

　　　今日は所用でワシントンに来ている。これから数人の共和党議

員や民主党議員に会う予定だ。今回の選挙結果には両党ともに不満が残るだろう。有権者にしても同じだと思う。しかし良かれ悪しかれ、これが今のアメリカの政治だ。

大方の予想どおり、民主党が下院を制し、上院も支配するかもしれない。しかし上院では苦戦を強いられそうだ。民主党が上院で多数派になるには現在の議席を維持したうえで、新たに6議席を獲得しなくてはならない。ちなみに下院での勝敗ラインは15議席だ。

民主党が下院で敗れたら、アメリカの（まっとうな）2大政党制は終わりの始まりを迎えるだろう。最新の世論調査を見ると共和党の追い上げが目立つ。最近の好景気、ケリー民主党上院議員の失言、フセインの有罪確定がいずれも追い風になっているようだ。今回の争点が経済政策だったら、今ごろは共和党がどれだけ大差をつけて勝つかに注目が集まっていただろう。しかし現実は違う。今回の争点は、75％が外交政策（主にイラク）、残り25％が幹細胞研究、財政再建、減税などである。

東部時間の午後8時ころには、民主党が掲げる新しいイラク政策に国民の審判が下る。それまでには24の激戦区の開票結果も出ているはずだから、獲得議席の内訳も明らかになるだろう。上院選挙の行方はバージニア、ミズーリ、ロードアイランドが鍵を握る。民主党がこの3州を制すれば、議会の勢力図は大きく変わるに違いない。

だれも話題にしないが、次の場合もあり得る。上院、下院のどちらかで両党の議席数が拮抗する場合だ。こうなると与党の政策はなかなか実現しない。したがって国債には吉、小型株には凶、大型株には吉、ドルには一時的に凶と出るだろう。この場合、財政支出は減るだろうが、2007年の成立を目指す農業法やブッシュ大統領が掲げる恒久的減税は実現困難になりそうだ。

余談だが、電子版のウォール・ストリート・ジャーナルが選挙速報を流し、開票結果を随時伝えてくれるという。それではポップコーンを片手に政界の一大イベントを見守ろう。2008年はすぐそこまで迫っている。

次は投票日翌日のメールマガジンだ。

　政府に対する風当たり　これを書いている時点で、下院は民主党のシンボルカラーの青一色に染まりつつある。民主党は共和党から少なくとも28議席を奪取し、圧勝する勢いだ。現下院議長のデニス・ハスタート共和党議員は再選後に議長職を退く決意だ。次期下院議長と目されるナンシー・ペロシ民主党議員は選挙戦のさなか、下院を支配するメリットについて「（与党共和党に対する）召喚権限」を挙げた。そして昨夜は、次期下院院内総務と言われるハリー・リード民主党議員がCNNの番組に出演し、同じ質問を受けた。リード議員は「監視権限」という柔らかい表現を使ったものの、「ハリバートン」という企業名を出した。ハリバートンはチェイニー副大統領がCEO（最高経営責任者）として在籍していたエネルギー関連の企業で、現政権との癒着が取りざたされている。議会において与野党の勢力が逆転すると、今回のように政府に対する野党攻勢が厳しくなる。これが市場にとって大きなダメージになりかねない。民主党が下院の多数党になったあかつきには、最低賃金の引き上げと倫理規定の改定にさっそく着手するはずだ。しかし、一番の見どころは民主党が提出する予算案である。そこで注目したいのはサウスカロライナ州選出のジョン・スプラット民主党議員だ。スプラット議員は下院予算委員会の委員長を務めているが、はたしてどう動くだろうか。民主党はかねてから処方薬給付制度の改革に取り組んできた。民主党の改

革案の規模は、共和党案の3倍にあたる1兆ドルである。社会保障や公的医療保険制度の予算を握るのは下院歳入委員会だが、こちらの委員長も同じく民主党のチャールズ・ランゲルだ。民主党案にどれほどの予算が割り当てられるか、楽しみである。

上院選挙の行方は離党者次第？　今朝の時点で、民主党は上院支配に必要な6議席のうち4議席を獲得した。バージニアとモンタナでも民主党がわずかに優勢だが、まだ予断を許さない。この2州を制すれば民主党は上院を支配できる。だが開票結果が出そろうのは、思いのほか先になるかもしれない。バージニアでは州法の規定によって、当選者と落選者の得票差が1％未満のときは票の数え直しを行うことになっている。さらにバージニアはひとつの選挙違反も見逃すまいと、法律家、予算、銃を総動員する覚悟だ（「銃」は大げさだが、何が起こるか分からない）。モンタナでも同じ状況になるかもしれない。それほど上院の勢力図が変わることは重大なのだ。何しろ政策課題や選挙日程を決めるのは上院の第一党なのだから。上院であれ、下院であれ、第一党は全委員会の委員長ポストを獲得できる。法案の成否も、もちろん第一党にかかっている。だからこそ、たとえ1議席でも他党よりも多くの議席を獲得することが至上命題なのだ。しかし、共和党は思い出したくもないだろうが、当選した議員が第一党へ鞍替えするケースもある。選挙後に共和党を離れたジム・ジェフォーズ議員は、その好例だ。2大政党の議席数がこれだけ接近していることを考えると、離党者が続出すれば多数党が入れ替わる可能性がある。今回、去就が注目されるのはジョー・リーバーマン民主党議員だ。上院の予備選挙で党内の支持を得られなかったリーバーマンは、はたして民主党にいつまでとどまるだろうか。

ブッシュ大統領の動き　大統領は東部時間の午後1時から会見を開く予定だが、そのなかで今後の議会対策について言及するは

ずだ。おそらく大統領はペロシ民主党議員に接触し、何らかの協力を要請するだろうし、入閣を打診するかもしれない。公立大学の授業料や移民法改正をめぐって両党が歩み寄る余地は十分にある。大統領個人の課題は、どこを譲って何を得るかということだ。議会運営をスムーズにするために、環境政策や雇用政策で民主党に譲歩するのだろうか。しかし譲歩がすぎれば、共和党の支持層は大統領に不信感を抱きながら2008年の大統領選挙を迎えることになる。ジョン・マケイン共和党議員はどこまで絡んでくるのだろう。

　しかし、さすがのブッシュ大統領もイラク戦争の正当性や大統領府の国家情報評価を攻撃されては、民主党に譲歩する気持ちも失せるだろう。下院司法委員会の委員長に決まったのはミシガン州選出のジョン・コニャーズ・ジュニア民主党議員である。コニャーズ議員がブッシュ大統領を快く思っていないことは同議員の報告書を見れば明らかだ。報告書のタイトルは「合衆国憲法の危機──ダウニング街のメモとイラク戦における欺瞞、情報操作、拷問、懲罰、隠蔽工作」。このなかにはブッシュ政権がイラク戦争を正当化するために機密情報を改ざんした証拠が示されているという。報告書はこう結論づけている──ブッシュ大統領とチェイニー副大統領は責任を問われて当然である。下院の民主勢は有権者に代わって大統領に審判を下すつもりなのだろうか。

　新議会の船出は前途多難　今回の選挙結果が市場に与える影響だが、国債には大吉、大型株には小吉、小型株とドルには凶だろう。開票結果が出た直後はアメリカの株式は下落し、国債価格は上昇して、ドルは下落するはずだ。今後、議会と政府との間でイラク戦の正当性をめぐる検証や論戦が起きれば、市場の先行きは楽観視できない。

武器よ、さらば

　現代の戦争が短期化していることは、ご承知のとおりだ。イラン対イラク、ソ連対アフガニスタンのような長期戦（どちらも9年前後続いた）が今後起きる可能性はほとんどないだろう。それだけに戦場ばかりか市場までもが集中砲火を受けることになる。つまり価格変動は激しくなるが、長くは続かないということだ。近年を代表する短期戦となった二度の湾岸戦争では、同じ商品がもっとも打撃を受けた。どちらの戦争も中東地域の、しかも同じ国で起きたのだから当然と言えば当然だ。しかし、どこかで紛争が起きれば、紛争地域外で取引される金融商品にも例外なく影響が出ることを忘れてはならない。とくにエネルギーのような主要な商品が打撃を受けると、その余波は経済界と金融界の隅々にまで及ぶ。国際社会が数ある紛争地域のなかで、とくに中東に注目するのはそうした事情があるからだ。

あとがき

　1996年までは、畜産市場が家畜のエサに神経をとがらせることはほとんどなかった。2001年までは、金融市場がアメリカの外交政策を熱心に分析することはまずなかった。2005年までは、金融市場が気象傾向を詳しく研究することはめったになかった。言うまでもなく、それから事情は一変し、現在では感染症もテロもハリケーンも国際社会と金融市場を脅かす存在になった。こうしたイベントの衝撃は、通信手段が飛躍的に進歩したおかげで瞬く間に世界中に広がる。それだけにイベントがもたらす影響は以前にも増して顕著に、そして鋭いかたちで表れるようになった。

　本書の狙いは、いつの時代のイベントにも一貫性があることを示すことだ。それが分かれば、事前に戦略を練り、ポートフォリオを構築して本番に備えることができる。もちろん、今度のイベントが前回とそっくり同じはずはないし、同じタイミングでやって来るとも限らない。したがって、トレーダーはいつ、どの方面が影響を受けるのか臨機応変に対応しなければならない。

　本書の内容は「システムトレード」や「プログラム売買」のアンチテーゼと言えるだろう。ワールド・イベント・トレーディングでも数字や統計に強いことが求められるが、それだけが利益を上げる決定力ではない。もっとデリケートで、もっと手ごわく、もっとやりがいがある。それだけに絶大な成果が期待できる。本書の事例を見ても分かるように、イベントは異常な値動きと異例のトレーディング機会をもたらす。いわゆる「テールイベント」「3標準偏差イベント」と呼ばれるもので、リスク対策の甘いシステムトレーダーには命取りになりかねない。勉強不足のトレーダーには降ってわいたような災難に思えるだろう。

一例として、パシフィック・エタノール社（PEIX）の株価を見てみよう。2006年、当時のブッシュ大統領は一般教書演説のなかで「セルロース系エタノール」という言葉を口にした。最初はだれもがエネルギー用語か何かを言い間違えたのだと思った。ところが図C.1が示すとおり、一般教書演説のあと、このエタノールメーカーの株価は急激に上昇し、しばらくその上昇を維持した。ただの偶然としか思えなかったこの現象も、石油の輸入量を減らしたい政治家の意向やハリケーンに左右される原油と天然ガスの生産事情を考えれば、見方は変わってくる。カリフォルニアのトウモロコシ畑をエタノールの産地に変えることができたら、どんなによいだろう。ちなみにビル・ゲイツの投資会社カスケード・インベストメントは2005年11月の時点で、このカリフォルニア州フレズノの企業の株を27％まで買い進めると発表し、注目を集めた。

　だから市場関係者は一般教書演説の一言一句に注目する。「セルロース系エタノール」であれ、「悪の枢軸」であれ、イベントトレーディングの材料になり得るのだから。

　為替ディーラーを20年以上務めた経験から断言するが、市場で勝つのは楽ではない。取引を有利に進めるためには、どんな機会もエッジ（優位性）もおろそかにしないことだ。金融市場における非効率性は定期的に発生するわけではない。だからシステムトレードはその多くを簡単に排除してしまう。統計学と数学の博士号をもつクオンツは北京からブカレストまでごまんといて、ごく短期間の非効率性をあらゆる角度から数値化しようと努めている。しかしSARSやハリケーン・カトリーナを数字に置き換えるのは不可能に近い。そこでイベントの展開や仕掛け時を事前に想定しておく必要がある。ワールド・イベント・トレーディングで大きく儲けるには森羅万象に精通し、過去の成功例を研究することが必要だ。

　本書を手にしたみなさんは、まさにその第一歩を踏み出したのであ

図C.1　パシフィック・エタノール

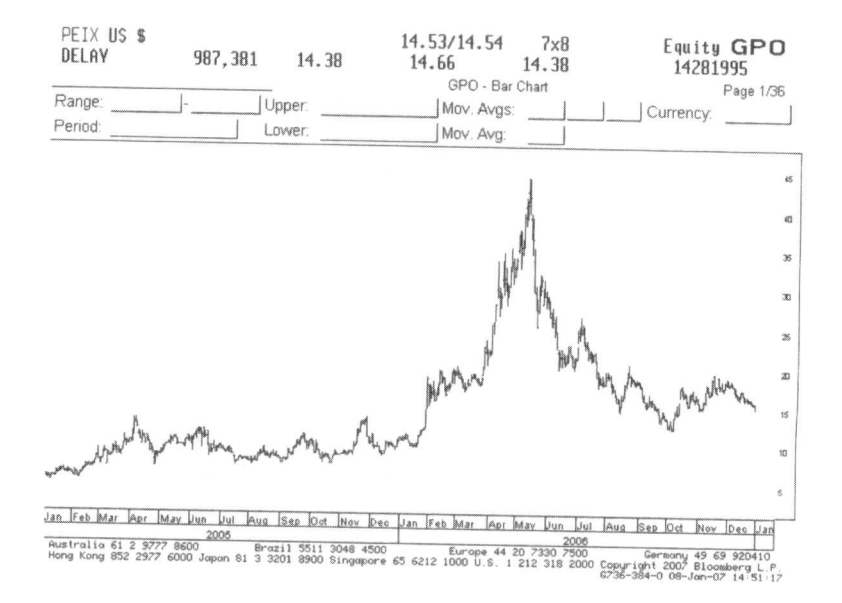

出所＝ブルームバーグ

る。

参考文献

"Antiterror Effort Up: Even as Threat Wanes U.S. to Spend $7 Billion Next Year, While Number of Attacks Has Fallen by Nearly Two-Thirds since 1987." *Christian Science Monitor*, May 14, 1998.

Baker, Nick. "Pacific Ethanol Rises as Bush Touts Alternative Fuels." Bloomberg, January 30, 2006.

Banham, Cynthia. "Time Running Out for Pacific Climate Change Strategy." *Sydney Morning Herald*, February 13, 2006. www.smh.com.au/news/national/time-running-out-for-pacific-climate-change-strategy/2006/02/12/1139679480802.html.

ジョン・バリー著『グレート・インフルエンザ』(共同通信社)

Berkeley Seismological Laboratory. "Where Can I Learn More about the 1989 Earthquake?" http://seismo.berkeley.edu/faq/1989_0.html.

Blake, Eric S., et al. "The Deadliest, Costliest, and Most Intense United States Tropical Cyclones from 1851 to 2004." National Oceanic and Atmospheric Administration (NOAA), 2005. www.nhc.noaa.gov/pastcost.shtml.

Campbell, Ballard C., and William G. Shade, eds. *American Presidential Campaigns and Elections*. Vol. 1. Armonk, NY: Sharpe Reference, 2003.

CNN. "Pakistan Puts Quake Toll at 18,000; Emergency Workers Toil through the Night; Deaths High in Kashmir." Satinder Bindra, Syed Mohsin Naqvi and John Raedler as well as journalists Mukhtar Ahmed and Tom Coghlan contributed to this report (October 9, 2005). http://edition.cnn.com/2005/WORLD/asiapcf/10/08/quake.pakistan/.

Coll, Steve. *Ghost Wars: The Secret History of the CIA, Afghanistan, and Bin Laden, from the Soviet Invasion to September 10, 2001*. New York: Penguin Press, 2004.

Commission of Inquiry into the Sponsorship Program and Advertising Activities, http://gomery.ca/ and http://epe.lac-bac.gc.ca/100/206/301/pco-bcp/commissions/sponsorship-ef/06-03-06/www.gomery.ca/en/default.htm.

Commonwealth Scientific and Industrial Research Organisation. www.its.csiro.au/.

Council on Foreign Relations. "Energy, Resources, and Environment—Research Links." www.cfr.org/publication/4918/energy_resources_and_environment_research_links.html.

アルフレッド・W・クロスビー著『史上最悪のインフルエンザ——忘れられたパンデミック』(みすず書房)

Darlington, Richard B. "The Electoral College: Bulwark Against Fraud." Cornell University, n.d. www.psych.cornell.edu/Darlington/electorl.htm.

de Boer, Jelle Zeilinga, and Donald Theodore Sanders. *Earthquakes in Human History: The Far Reaching Effects of Seismic Disruptions*. Princeton, NJ: Princeton University Press, 2005.

Deutsch, Claudia H., "'Carbon Leaders' and 'Carbon Dogs' Join Gauges for Climate Investment (*NYT* 05/31/06)." www.iht.com/articles/2006/05/24/business/green.php.

ジャレド・ダイアモンド著『銃・病原菌・鉄——1万3000年にわたる人類史の謎』(草思社)

Douglas, Paul. *Restless Skies: The Ultimate Weather Book*. New York: Sterling Publishing Company, 2005.

Dreazen, Yochi J. "White House Reflects on Steps Taken since Sept. 11 Attacks." *Wall Street Journal*, September 11, 2006. http://online.wsj.com/article_print/SB115792351278958822.html.

Ellsworth, W. L. "Earthquake History, 1769–1989." Chap. 6 of R. E. Wallace, ed., *The San Andreas Fault System, California*. U.S. Geological Survey Professional Paper 1515, 1990, 152–187.

Emanuel, Kerry. *Divine Wind: The History and Science of Hurricanes*. New York: Oxford University Press, 2005.

Environmental Protection Agency. "Climate Change." http://epa.gov/climatechange/index.html.

Fischer, David Hackett. *The Great Wave: Price Revolutions and the Rhythm of History*. New York: Oxford University Press, 1996.

ティム・フラナリー著『地球を殺そうとしている私たち』(ヴィレッジブックス)

Food and Agriculture Organization of the United Nations. "Animal Health: Avian Influenza." www.fao.org/ag/againfo/subjects/en/health/diseases-cards/special_avian.html.

Food and Agriculture Organization of the United Nations. "Economics: The Vietnam Perspective." www.fao.org/ag/againfo/subjects/en/economics/facts/vietnam.html.

Franken, Bob, and John King. "Lewinsky Has Spoken." www.cnn.com/ALLPOLITICS/1998/01/26/clinton.main/.

Gale, Jason. "Bird Flu Infects 3 People a Week; Spreads to Egypt." Bloomberg, March 22, 2006.

Garrett, Laurie. "The Next Pandemic?" *Foreign Affairs*, July/August 2005. http://foreignaffairs.org/20050701faessay84401/laurie-garrett/the-next-pandemic.html.

Gilbert, Martin. *A History of the Twentieth Century*. Vol. 1, *1900–1913*. New York: HarperCollins, 1997.

Gilbert, Martin. *A History of the Twentieth Century*. Vol. 3, *1952–1999*. New York: HarperCollins, 1999.

Global Security.org. "Khalid Sheikh Mohammed." www.globalsecurity.org/military/world/para/ksm.htm.

カール・タロウ・グリーンフェルド著『史上最悪のウイルス——そいつは中国奥地から世界に広がる』（文藝春秋）

Hansen, Gladys, and Emmet Condon. *Denial of Disaster: The Untold Story and Photographs of the San Francisco Earthquake and Fire of 1906*. San Francisco: Cameron & Company, 1989.

Harris, Paul, and Mark Townsend. "Now the Pentagon Tells Bush: Climate Change Will Destroy Us." *UK Observer International*, February 22, 2004. http://observer.guardian.co.uk/international/story/0,6903,1153513,00.html.

Homeland Security Council. "National Strategy for Pandemic Influenza." www.whitehouse.gov/homeland/pandemic-influenza.html.

Homer, Sidney, and Richard Sylla. *A History of Interest Rates*. New Brunswick, NJ: Rutgers University Press, 1996.

HowStuffWorks. "How the Electoral College Works." http://people.howstuffworks.com/electoral-college6.htm.

John, T. Jacob. "Learning from Plague in India." *Lancet* 344, no. 8928 (October 8, 1994).

Kimberling, William C. "The Electoral College." Federal Election Commission, n.d.

Knutson, Thomas R., and Robert E. Tuleya. "Impact of CO_2-Induced Warming on Simulated Hurricane Intensity and Precipitation: Sensitivity to the Choice of Climate Model and Convective Parameterization." *Journal of Climate* (September 15, 2004). www.gfdl.noaa.gov/reference/bibliography/2004/tk0401.pdf.

LeVay, Simon, and Kerry Sieh. *The Earth in Turmoil: Earthquakes, Volcanoes, and Their Impact on Humankind*. New York: W. H. Freeman & Company, 1998.

Marland, G., T. A. Boden, and R. J. Andres. "Global, Regional, and National CO_2 Emissions." In *Trends: A Compendium of Data on Global Change*. Oak Ridge, TN: Carbon Dioxide Information Analysis Center, Oak Ridge National Laboratory, U.S. Department of Energy, 2006.

Martin, Mark. "A Global Warming Moment: Governor Signs Measure Capping Greenhouse Gas Emissions That Could Lead to Big Changes in Industries and Life in Cities." *San Francisco Chronicle*, September 28, 2006. http://sfgate.com/cgi-bin/article.cgi?f=/c/a/2006/09/28/WARMING.TMP.

Mayer, Martin. *The Fed: The Inside Story of How the World's Most Powerful Financial Institution Drives the Markets*. New York: Free Press, 2001.

Meade, Melinda, et al. "Human Health in the Balance, Unit 4: Putting It All Together; A Case Study Analysis." www.aag.org/HDGC?www/health/units/unit4/html/4bkground.html.

Michaels, Patrick J. "Is the Sky Really Falling? A Review of Recent Global Warming Scare Stories." Policy Analysis no. 576, Cato Institute, August 23, 2006. www.cfr.org/publication/11453/cato_institute.html.

Moore, John L. *Elections A to Z*. Washington, DC: CQ Press, 2003.

Moore, Molly. "Plague Turns India into Region's Pariah: Outbreak of Disease Hurts Tourism, Trade," *Washington Post*, October 2, 1994, A29, A33.

Multi-Community Environmental Storm Observatory. www.mcwar.org.

National Commission on Terrorist Attacks Upon the United States. www.9-11commission.gov.

National Oceanic and Atmospheric Administration (NOAA). http://hurricanes.noaa.gov.

National Oceanic and Atmospheric Administration (NOAA). *A Study of Earthquake Losses in the San Francisco Bay Area—Data and Analysis: A Report Prepared for the Office of Emergency Preparedness.* Washington, DC: U.S. Department of Commerce, 1972.

Nature Conservancy. "Climate Change: What's New." www.nature.org/initiatives/climatechange/strategies/art16919.html.

New York Magazine. "9/11 by the Numbers." www.newyorkmetro.com/news/articles/wtc/1year/numbers.htm

Nezavisimaya Gazeta, Moscow. "Who Is to Blame?" www.gateway2russia.com/art/Current%20Topics/Who%20is%20to%20blame_252029.html.

NOAA National Weather Service. *NOAA Reviews Record-Setting 2005 Atlantic Hurricane Season*. www.noaanews.noaa.gov/stories2005/s2540.htm.

Overpeck, Jonathan T. "Paleoclimatic Evidence for Future Ice Sheet Instability and Rapid Sea-Level Rise." *Science* 311 (2006): 1747–1750.

Pallipparambil-Robert, Godshen. "The Surat Plague and Its Aftermath." http://scarab.msu.montana.edu/historybug/YersiniaEssays/Godshen.htm.

Pape, Robert A. *Dying to Win: The Strategic Logic of Suicide Terrorism*. New York: Random House, 2005.

Posner, Richard A. *Breaking the Deadlock: The 2000 Election, the Constitution and the Courts*. Princeton, NJ: Princeton University Press, 2001.

Prager, Ellen. *Furious Earth: The Science and Nature of Earthquakes, Volcanoes, and Tsunamis*. New York: McGraw-Hill, 2000.

Qayum, Khalid. "Pakistani Stocks Decline on Concern 'Badla' Financing to End." Bloomberg, April 19, 2005.

Reier, Sharon. "Weathering the Storm of Climate Change." *International Herald Tribune*, September 29, 2006. www.iht.com/articles/2006/09/29/yourmoney/mweather.php.

Revkin, A. C. "Global Warming Is Expected to Raise Hurricane Intensity." *New York Times*, September 30, 2004, A20.

Schlager, Neil, and Jayne Weisblatt, eds. *World Encyclopedia of Political Systems and Parties*, 4th ed. New York: Facts on File/Infobase Publishing, 2006.

エリック・シュローサー著『ファストフードが世界を食いつくす』(草思社)

Secrest, Alan, David Walker, and Grover G. Norquist. "Direct Democracy: Good or Bad?" www.findarticles.com/p/articles/mi_m2519/is_n8_v16/ai_17379223. August 1995.

Sheen, Barbara. *Mad Cow Disease*. San Diego, CA: Lucent Books, 1995.

Stewart, Gail B. *Catastrophe in Southern Asia: The Tsunami of 2004*. San Diego, CA: Lucent Books, 2005.

Sunstein, Cass, and Richard Epstein, eds. *The Vote: Bush, Gore, and the Supreme Court*. Chicago: University of Chicago Press, 2001.

Tadaki, Joy. "Japan Stocks Fall as Quake Shakes Insurers, Railways." Bloomberg News, January 17, 1995.

Teunissen, Jan Josst, and Age Akkerman, eds. *The Crisis That Was Not Prevented: Lessons for Argentina, the IMF, and Globalisation*. The Hague: Forum on Debt and Development (FONDAD), 2003.

Thomas, Evan. "The New Age of Terror: Soldiers in the War on Terror Have Learned Much since 9/11. So, Too, Has the Enemy. How the London Plot Was Foiled—and Where We Are in the Five-Year Struggle." *Newsweek*, August 21, 2006, 38.

Thompson, Dick. "Why U.S. Environmentalists Pin Hopes on Europe." *Time*, March 26, 2001. www.time.com/time/world/article/0,8599,103985,00.html.

Time Magazine Editors. *Hurricane Katrina: The Storm That Changed America*. New York: Time Books, 2005.

Toobin, Jeffery. *Too Close to Call: The Thirty-Six-Day Battle to Decide the 2000 Election*. New York: Random House, 2001.

Tysmans, Judith B. "Plague in India 1994—Conditions, Containment, Goals." University of North Carolina at Chapel Hill, School of Public Health, Health Policy and Administration. http://ucis.unc.edu/resources/pubs/Carolina/Plague.html.

UNESCO. "Tsunami: The Great Waves." http://ioc3.unesco.org/itic/files/great_waves_en_2006_small.pdf.

U.S. Department of Health and Human Services. "A Guide for Individuals and Families." www.pandemicflu.gov/planguide/checklist.html.

U.S. Geological Survey. "Historic Earthquakes: 1906 San Francisco." http://earthquake.usgs.gov/regional/states/events/1906_04_18_pics_1.php.

U.S. Geological Survey. "Largest and Deadliest Earthquakes by Year." http://earthquake.usgs.gov/regional/world/byyear.php.

U.S. Geological Survey. "Top 10 Lists and Maps of Earthquakes." http://earthquake.usgs.gov/eqcenter/top10.php.

Wald, D. J., H. Kanamori, D. V. Helmbeger, and T. H. Heaton. "Source Study of the 1906 San Francisco Earthquake." *Bulletin of the Seismological Society of America* 83 (1993): 981–1019.

Wattenberg, Martin P. "The Democrats' Decline in the House during the Clinton Presidency: An Analysis of Partisan Swings." *Presidential Studies Quarterly* 29, 1999.

Whitelaw, Kevin. "Remembering, and Wondering What's Next (Anniversary of London Terrorist Bombings)." *U.S. News & World Report* 141, no. 2 (July 17, 2006): 14–15.

Wood, Daniel B. "California Tackles Greenhouse Emissions." *Christian Science Monitor*, April 18, 2006. www.csmonitor.com/2006/0418/p03s03-sten.html.

World Health Organization. "H5N1: Avian Influenza: A Timeline." www.who.int/csr/disease/avian_influenza/timeline.pdf.

World Health Organization. *SARS: How a Global Epidemic Was Stopped*. Manila: WHO Regional Office for the Western Pacific, 2006.

Zelizer, Julian E. *On Capitol Hill: The Struggle to Reform Congress and Its Consequences 1948–2000*. New York: Cambridge University Press, 2004.

■著者紹介
アンドリュー・ブッシュ（Andrew Busch）
BMOキャピタルマーケッツで外国為替ストラテジストと取締役を兼任。オハイオウエスリアン大学経済学部を優秀な成績で卒業後、シカゴ大学でMBAを修得。国際金融市場と政治の連動性に精通する専門家としてホワイトハウスや米財務省のアドバイザーも務める。カナダの有力経済紙グローブ・アンド・メールで連載を抱える一方、ウォール・ストリート・ジャーナルやロイター通信などで活躍している。配信中のメールマガジン「ブッシュアップデート（Bush Update）」は5000人を超える投資家と金融の専門家が日々愛読している。米CNBC放送のマーケット情報番組「クロージングベル」に出演中。

■監修者紹介
長尾慎太郎（ながお・しんたろう）
東京大学工学部原子力工学科卒。日米の銀行、投資顧問会社、ヘッジファンドなどを経て、現在は大手運用会社勤務。訳書に『魔術師リンダ・ラリーの短期売買入門』『タートルズの秘密』『新マーケットの魔術師』『マーケットの魔術師【株式編】』（いずれもパンローリング、共訳）、監修に『ゲイリー・スミスの短期売買入門』『バーンスタインのデイトレード入門』『マーケットのテクニカル秘録』『高勝率トレード学のススメ』『フルタイムトレーダー完全マニュアル』『新版 魔術師たちの心理学』『トレーディングエッジ入門』『スイングトレードの法則』『ロジカルトレーダー』『タープ博士のトレード学校 ポジションサイジング入門』『チャートで見る株式市場200年の歴史』『フィボナッチブレイクアウト売買法』『アルゴリズムトレーディング入門』『コナーズの短期売買入門』『クオンツトレーディング入門』『投資価値理論』『逆張りトレーダー』（いずれもパンローリング）など、多数。

■訳者紹介
永井二菜（ながい・にな）
翻訳家。主な訳書に「人生を変える、お金の授業」（PHP出版）、「考える技術 オプティマル・シンキング」（エレファント・パブリッシング）、「北欧ブランディング50の秘密」（枻出版）、「訴えてやる!!!」（愛育社）など。書籍のほかに、字幕や吹き替えの翻訳、雑誌の連載、海外タレントのインタビューなどを多数担当。

2011年3月2日　初版第1刷発行

ウィザードブックシリーズ ⑰

イベントトレーディング入門
――感染症・大災害・テロ・政変を乗り越える売買戦略

著　者　　アンドリュー・ブッシュ
監修者　　長尾慎太郎
訳　者　　永井二菜
発行者　　後藤康徳
発行所　　パンローリング株式会社
　　　　　〒160-0023　東京都新宿区西新宿7-9-18-6F
　　　　　TEL 03-5386-7391　FAX 03-5386-7393
　　　　　http://www.panrolling.com/
　　　　　E-mail　info@panrolling.com
編　集　　エフ・ジー・アイ（Factory of Gnomic Three Monkeys Investment）合資会社
装　丁　　パンローリング装丁室
組　版　　パンローリング制作室
印刷・製本　株式会社シナノ

ISBN978-4-7759-7144-4

落丁・乱丁本はお取り替えします。
また、本書の全部、または一部を複写・複製・転訳載、および磁気・光記録媒体に
入力することなどは、著作権法上の例外を除き禁じられています。

本文　©Nina Nagai／図表　© PanRolling　2011 Printed in Japan

マーケットの魔術師シリーズ

ウィザードブックシリーズ 19
マーケットの魔術師
著者：ジャック・D・シュワッガー
定価 本体 2,800円＋税　ISBN:9784939103407

【いつ読んでも発見がある】
トレーダー・投資家は、そのとき、その成長過程で、さまざまな悩みや問題意識を抱えているもの。本書はその答えの糸口を「常に」提示してくれる「トレーダーのバイブル」だ。「本書を読まずして、投資をすることなかれ」とは世界的トレーダーたちが口をそろえて言う「投資業界の常識」だ！

ウィザードブックシリーズ 13
新マーケットの魔術師
著者：ジャック・D・シュワッガー
定価 本体 2,800円＋税　ISBN:9784939103346

【世にこれほどすごいヤツらがいるのか！！】
株式、先物、為替、オプション、それぞれの市場で勝ち続けている魔術師たちが、成功の秘訣を語る。またトレード・投資の本質である「心理」をはじめ、勝者の条件について鋭い分析がなされている。関心のあるトレーダー・投資家から読み始めてかまわない。自分のスタイルづくりに役立ててほしい。

ウィザードブックシリーズ 14
マーケットの魔術師 株式編《増補版》
著者：ジャック・D・シュワッガー
定価 本体 2,800円＋税　ISBN:9784775970232

投資家待望のシリーズ第三弾、フォローアップインタビューを加えて新登場!!　90年代の米株の上げ相場でとてつもないリターンをたたき出した新世代の「魔術師＝ウィザード」たち。彼らは、その後の下落局面でも、その称号にふさわしい成果を残しているのだろうか？

◎アート・コリンズ著 マーケットの魔術師シリーズ

ウィザードブックシリーズ 90
マーケットの魔術師 システムトレーダー編
著者：アート・コリンズ
定価 本体 2,800円＋税　ISBN:9784775970522

システムトレードで市場に勝っている職人たちが明かす機械的売買のすべて。相場分析から発見した優位性を最大限に発揮するため、どのようなシステムを構築しているのだろうか？ 14人の傑出したトレーダーたちから、システムトレードに対する正しい姿勢を学ぼう！

ウィザードブックシリーズ 111
マーケットの魔術師 大損失編
著者：アート・コリンズ
定価 本体 2,800円＋税　ISBN:9784775970775

スーパートレーダーたちはいかにして危機を脱したか？　局地的な損失はトレーダーならだれでも経験する不可避なもの。また人間のすることである以上、ミスはつきものだ。35人のスーパートレーダーたちは、窮地に立ったときどのように取り組み、対処したのだろうか？

心の鍛錬はトレード成功への大きなカギ！

ウィザードブックシリーズ 32
ゾーン 相場心理学入門
著者：マーク・ダグラス

定価 本体 2,800円＋税　ISBN:9784939103575

【己を知れば百戦危うからず】
恐怖心ゼロ、悩みゼロで、結果は気にせず、淡々と直感的に行動し、反応し、ただその瞬間に「するだけ」の境地、つまり「ゾーン」に達した者こそが勝つ投資家になる！　さて、その方法とは？　世界中のトレード業界で一大センセーションを巻き起こした相場心理の名作が究極の相場心理を伝授する！

ウィザードブックシリーズ 114
規律とトレーダー 相場心理分析入門
著者：マーク・ダグラス

定価 本体 2,800円＋税　ISBN:9784775970805

【トレーダーとしての成功に不可欠】
「仏作って魂入れず」――どんなに努力して素晴らしい売買戦略をつくり上げても、心のあり方が「なっていなければ」成功は難しいだろう。つまり、心の世界をコントロールできるトレーダーこそ、相場の世界で勝者となれるのだ！　『ゾーン』愛読者の熱心なリクエストにお応えして急遽刊行！

ウィザードブックシリーズ 107
トレーダーの心理学
トレーディングコーチが伝授する達人への道
著者：アリ・キエフ
定価 本体 2,800円＋税　ISBN:9784775970737

高名な心理学者でもあるアリ・キエフ博士がトップトレーダーの心理的な法則と戦略を検証。トレーダーが自らの潜在能力を引き出し、目標を達成させるアプローチを紹介する。

ウィザードブックシリーズ 124
NLPトレーディング
投資心理を鍛える究極トレーニング
著者：エイドリアン・ラリス・トグライ
定価 本体 3,200円＋税　ISBN:9784775970904

NLPは「神経言語プログラミング」の略。この最先端の心理学を利用して勝者の思考術をモデル化し、トレーダーとして成功を極めるために必要な「自己管理能力」を高めようというのが本書の趣旨である。

ウィザードブックシリーズ 126
トレーダーの精神分析
自分を理解し、自分だけのエッジを見つけた者だけが成功できる
著者：ブレット・N・スティーンバーガー
定価 本体 2,800円＋税　ISBN:9784775970911

トレードとはパフォーマンスを競うスポーツのようなものである。トレーダーは自分の強み（エッジ）を見つけ、生かさなければならない。そのために求められるのが「強靭な精神力」なのだ。

相場で負けたときに読む本　～真理編～
著者：山口祐介
定価 本体 1,500円＋税　ISBN:9784775990469

なぜ勝者は「負けても」勝っているのか？　なぜ敗者は「勝っても」負けているのか？　10年以上勝ち続けてきた現役トレーダーが相場の"真理"を詩的に表現。

※投資心理といえば『投資苑』も必見!!

トレード基礎理論の決定版!!

ウィザードブックシリーズ 9
投資苑

定価 本体 5,800円＋税　ISBN:9784939103285

【トレーダーの心技体とは？】
それは3つのM「Mind=心理」「Method=手法」「Money=資金管理」であると、著者のエルダー医学博士は説く。そして「ちょうど三脚のように、どのMも欠かすことはできない」と強調する。本書は、その3つのMをバランス良く、やさしく解説したトレード基本書の決定版だ。世界13カ国で翻訳され、各国で超ロングセラーを記録し続けるトレーダーを志望する者は必読の書である。

ウィザードブックシリーズ 50
投資苑がわかる203問

定価 本体 2,800円＋税　ISBN:978775970119

DVD 投資苑　～アレキサンダー・エルダー博士の超テクニカル分析～

定価 本体 50,000円＋税　ISBN:9784775961346

■プログラム
1) 概論
　トレードの心理学
　テクニカル分析とは
　システムのデザイン
　記録の保持
　リスク制御
　資金管理
2) 成功を阻む3つの障壁
　手数料
　スリッページ
　経費
3) 心理学
　個人と大衆の市場心理
4) 4種類の分析アプローチ
　A) インサイダー情報
　B) ファンダメンタル分析
　C) テクニカル分析
　D) 直感
5) 価格とは？
　価格は取引の瞬間に示されていた価値感の一致である。
6) 移動平均～バリュートレードvs大バカ理論トレード
7) 利食いの道具：エンベロープ（包絡線）でトレードを格付け
8) MACD線、MACDヒストグラム、勢力指数
9) 時間～因数「5」
10) ダイバージェンス（乖離）とカンガルーテールズ（カンガルーの尻尾）
11) 資金管理と売買規律
　A) 2%ルール
　B) 6%ルール
12) 記録の保持
13) 意思決定プロセスの開発
14) まとめ

ウィザードブックシリーズ 56
投資苑2

定価 本体5,800円＋税
ISBN:9784775970171

『投資苑』の読者にさらに知識を広げてもらおうと、エルダー博士が自身のトレーディングルームを開放。自らの手法を惜しげもなく公開している。世界に絶賛された「3段式売買システム」の威力を堪能してほしい。

ウィザードブックシリーズ 57
投資苑2 Q&A

定価 本体5,800円＋税
ISBN:9784775970188

『投資苑2』で紹介した手法や技法を習得するには、実際の売買で何回も試す必要があるだろう。そこで、この問題が役に立つ。あらかじめ洞察を深めておけば、いたずらに資金を浪費することを避けられるからだ。

ウィザードブックシリーズ 120
投資苑3

定価 本体 7,800円＋税
ISBN:9784775970867

「成功しているトレーダーはどんな考えで仕掛け、なぜそこで手仕舞ったのか！」
――16人のトレーダーたちの売買譜！

ウィザードブックシリーズ 121
投資苑3 スタディガイド

定価 本体2,800円＋税
ISBN:9784775970874

マーケットを征服するための101問！
資金をリスクにさらす前にトレード知識の穴を見つけ、それを埋めよう！

関連書

ウィザードブックシリーズ 18
グリーンブラット投資法
著者：ジョエル・グリーンブラット

定価 本体 2,800円+税　ISBN：9784939103414

専門家たちが専門家として受けた教育ゆえに見逃してしまう投資のチャンスをどうしたら発見できるかを、本書は教えている。個人投資家がウォール街のプロたちに対して、圧倒的な優位に立てる場所、地図さえないその場所に待ち隠された宝や信じられないほどの利益を、読者は学んでいくだろう。この本は理論的に可能だということを詰め込んだ本ではない――「相場の天才に変身する方法」は、大きな利益が実際に可能となる特殊状況を発見するための実践的なガイドだ。その特殊状況の具体的なケーススタディや投資家が必要とする基本的な情報や、また投資家が使う投資手段などがすべてここに書かれている。

ウィザードブックシリーズ 147
千年投資の公理
著者：パット・ドーシー

定価 本体 2,000円+税　ISBN：9784775971147

1000年たっても有効な永遠不滅のバフェット流投資術！　未曽有の金融危機に最適の投資法！　100年に一度の経済危機は100年に一度の買いの大チャンス！　売られ過ぎた超優良銘柄を探せ！　浮かれすぎたバブル期とは反対に、恐慌期や経済危機の時期には人心が冷え切っているために優れた企業も売られ過ぎになり、あとから見たときに絶好の買い場になっている場合が多い。バフェット流の経済的な「堀」のある企業の見つけ方を初心者にも分かるように、平易なやり方で紹介する。今年、パンローリングが贈る一押しのウィザードブック！　バブル後の安値更新で緊急出版！

ウィザードブックシリーズ 22
株の天才たち
著者：ニッキー・ロス
定価 本体 1,800円+税
ISBN：9784775970546

世界で最も偉大な5人の伝説的ヒーローが伝授する投資成功戦略。投資の世界で最も偉大な伝説的ヒーロー5人が資産の形成・維持に役立つアドバイスと成功戦略を伝授！

ウィザードブックシリーズ 143
富者の集中投資 貧者の分散投資
著者：フレデリック・R・コブリック
定価 本体 2,800円+税
ISBN：9784775971109

個人投資家にもできる「バフェット的投資術」投資の常識「分散投資」は敗者への第一歩。分散投資で大金は稼げない!!!　10バッカー（10倍株）はもう古い！　100倍、200倍になる銘柄を見つけよう。

ウィザードブックシリーズ 105
株デビューする前に知っておくべき「魔法の公式」
著者：ジョエル・グリーンブラット
定価 本体 1,600円+税　ISBN：9784775970713

デイトレードが下手な人。スイングトレードなんかできない人。働きながら株にもちょっと手を出してみたい人。株を買ったら1年くらい放置主義に徹したい人 に贈る相場必勝法

FXトレーディング関連書

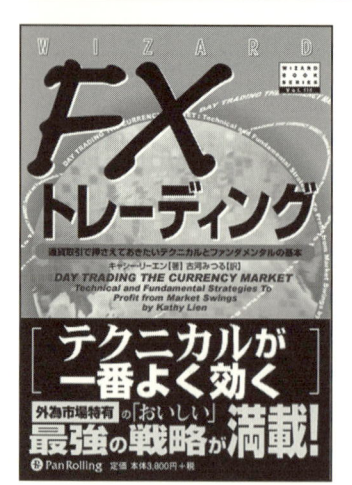

FXトレーディング
著者：キャシー・リーエン

定価 本体 3,800円+税　ISBN:9784775970843

外為市場特有の「おいしい」最強の戦略が満載！ テクニカルが一番よく効くFX市場！ 今、もっともホットなFX市場を征服には……
本書は、初心者にもベテランにも参考になる内容が盛られている。すべてのトレーダー──とりわけデイトレーダー──が知っておくべき主要市場や各通貨に関する基本知識や特徴、さらには実際の取引戦略の基礎として使える実践的な情報が含まれている。

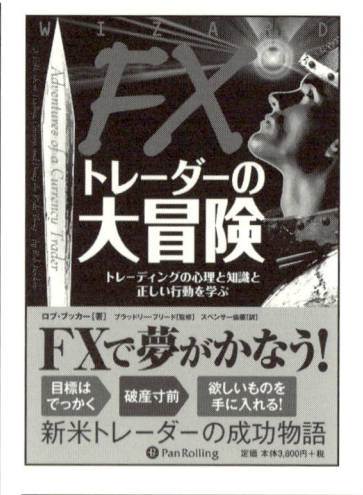

FXトレーダーの大冒険
著者：ロブ・ブッカー

定価 本体 3,800円+税　ISBN:9784775971291

エンターテインメント性を備えたトレード文学の金字塔！ 自制心の鬼となれ！ 技術的な要素と啓発的な要素を合わせ持った本書は、ほかに類を見ないFXトレードの手引書であり、この分野で成功するための確かな足がかりを読者に提供してくれる。実践のトレードと苦労を重ねることで得た知恵がたっぷりと詰まっている本書は、トレード文学の金字塔になるに違いない！

FX メタトレーダー入門
著者：豊嶋久道
定価 本体 2,800円+税
ISBN:9784775990636

無料なのにリアルタイムのテクニカル分析からデモ売買、指標作成、売買検証、自動売買、口座管理までできる！ 高性能FXソフトを徹底紹介！

実践 FX トレーディング
著者：イゴール・トシュチャコフ
定価 本体 3,800円+税
ISBN:9784775970898

余計な公式や机上の数式を排除し、実証済みのメソッドとテクニックを駆使し、発想と戦術の両面から読者の取引手法を大幅に強化するFXトレード決定版！

FX の小鬼たち
著者：キャシー・リーエン、ボリス・シュロスバーグ
定価 本体 1,800円+税
ISBN:9784775971154

並外れたトレーダーになった12人の普通の人たちとのインタビューで、「普通のあなた」ができるウォール街のプロたちを打ち負かす方法が今、明らかになる！

魔術師に学ぶ FX トレード
著者：中原駿
定価 本体 2,800円+税
ISBN:9784775990704

本書では、ベテランFXトレーダーである著者が、トレンドフォローや短期ブレイクアウトなどの売買戦略で大きな成功を遂げている「魔術師」たちの運用手法をどのように解釈し、研究したか紹介している。

FXセミナーDVD

松田哲のFX相場で勝つトレンドの見方セミナー
講師：松田哲
定価 本体2,800円+税　ISBN:9784775962473

今後のFX取引(外国為替取引)では、いったい何が重要になってくるのか？　「FXで稼ぐ人はなぜ「1勝9敗」でも勝つのか？」「FXの教科書」他多数の著書を持ち、20年以上、世界の相場で戦ってきた松田哲が、自身プロデュースによるセミナーを実施した。このセミナーでは、初の試みに『松田哲と一緒に、チャートにラインを引いてみよう』というコンセプトを採用。実際の為替相場の値動きを見ながら、今後の対応策を提示している。

FX(為替証拠金取引)の短期売買
講師：野村雅道
定価 本体3,800円+税　ISBN:9784775962367

為替は24時間のマーケットであるため、株とは時間軸も異なり、ボラティリティーが極めて低いことからも株式取引のチャートをそのまま利用することは難しい。
さらに東京時間とニューヨーク時間の価格変動の違いも知らなくてはならない。
本DVDでは、為替というゲームの特徴とその短期トレード手法をお伝えする。

杉田勝のエリオット波動入門 理論編
講師：杉田勝
定価 本体3,800円+税　ISBN:9784775962947

エリオット波動の優位性は、その際立ったマーケットの予測能力にあります。この理論を適切に利用することによって、投資家やトレーダーは、マーケットの転換点や方向性を予測することができるようになります。

杉田勝のエリオット波動 応用実践編
講師：杉田勝
定価 本体5,800円+税　ISBN:9784775962954

"応用実践編"では、波動の測定やターゲット、損切りラインが明確になるため、"応用実践編"を学んだ後に"理論編"を見ることでも、エリオット波動の理解がより深まる。

メタトレーダー4 徹底活用入門
講師：鈴木隆一
定価 本体3,800円+税　ISBN:9784775962817

無料なのにリアルタイムのテクニカル分析からデモ売買、指標作成、売買検証、自動売買、口座管理までできる！　うわさの高性能オールインワンFXソフトを、今度はDVDで分かりやすく徹底紹介!!

FX 短期トレードテクニックの極意 市場と通貨の特徴からトレードする
講師：鈴木隆一
定価 本体3,800円+税　ISBN:9784775962770

テクニカル分析により勝てるパターンを決め、短期トレードで小さな利益を数多く積み上げるための、普遍的に欠かせない特徴を分かりやすく解説する。

トレード業界に旋風を巻き起こしたウィザードブックシリーズ!!

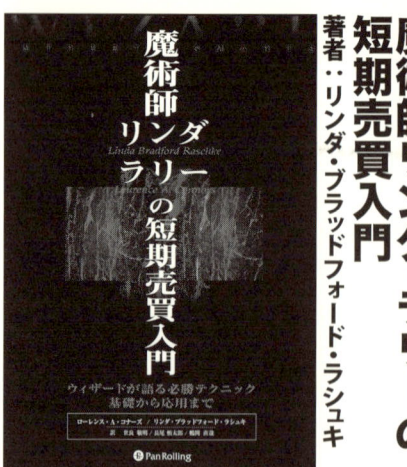

ウィザードブックシリーズ 1
魔術師リンダ・ラリーの短期売買入門
著者：リンダ・ブラッドフォード・ラシュキ

定価 本体 28,000円+税　ISBN:9784939103032

【米国で短期売買のバイブルと絶賛】
日本初の実践的短期売買書として大きな話題を呼んだプロ必携の書。順バリ(トレンドフォロー)派の多くが悩まされる仕掛け時の「ダマシ」を逆手に取った手法(タートル・スープ戦略)をはじめ、システム化の困難な多くのパターンが、具体的な売買タイミングと併せて詳細に解説されている。

ウィザードブックシリーズ 2
ラリー・ウィリアムズの短期売買法
著者：ラリー・ウィリアムズ

定価 本体 9,800円+税　ISBN:9784939103063

【トレードの大先達に学ぶ】
短期売買で安定的な収益を維持するために有効な普遍的な基礎が満載された画期的な書。著者のラリー・ウィリアムズは30年を超えるトレード経験を持ち、多くの個人トレーダーを自立へと導いてきたカリスマ。事実、本書に散りばめられたヒントを糧に成長したと語るトレーダーは多い。

ウィザードブックシリーズ 51・52
バーンスタインのデイトレード【入門・実践】
著者：ジェイク・バーンスタイン　定価(各)本体 7,800円+税
ISBN:(各)9784775970126　9784775970133

「デイトレードでの成功に必要な資質が自分に備わっているのか?」「デイトレーダーとして人生を切り開くため、どうすべきか?」──本書はそうした疑問に答えてくれるだろう。

ウィザードブックシリーズ 130
バーンスタインのトレーダー入門
著者：ジェイク・バーンスタイン
定価 本体 5,800円+税
ISBN:9784775970966

ヘッジファンドマネジャー、プロのトレーダー、マネーマネジャーが公表してほしくなかった秘訣が満載!　30日間で経済的に自立したトレーダーになる!

ウィザードブックシリーズ 53
ターナーの短期売買入門
著者：トニー・ターナー
定価 本体 2,800円+税
ISBN:9784775970140

「短期売買って何?」という方におススメの入門書。明確なアドバイス、参考になるチャートが満載されており、分かりやすい説明で短期売買の長所と短所がよく理解できる。

ウィザードブックシリーズ 37
ゲイリー・スミスの短期売買入門
著者：ゲイリー・スミス
定価 本体 2,800円+税
ISBN:9784939103643

20年間、大勝ちできなかった「並以下」の個人トレーダーが15年間、勝ち続ける「100万ドル」トレーダーへと変身した理由とは?　個人トレーダーに知識と勇気をもたらす良書。

Pan Rolling オーディオブックシリーズ

規律とトレーダー
マーク・ダグラス
パンローリング 約440分
DL版 3,000円（税込）
CD版 3,990円（税込）

常識を捨てろ！ 手法や戦略よりも規律と心を磨け！ 相場の世界での一般常識は百害あって一利なし！ ロングセラー『ゾーン』の著者の名著がついにオーディオ化！

売り上げ1位

ゾーン
相場心理学入門
マーク・ダグラス
パンローリング 約530分
DL版 3,000円（税込）
CD版 3,990円（税込）

待望のオーディオブック新発売!! 恐怖心ゼロ、悩みゼロで、結果は気にせず、淡々と直感的に行動し、反応し、ただその瞬間に「するだけ」の境地、つまり、「ゾーン」に達した者が勝つ投資家になる！

新発売

その他の売れ筋

バビロンの大富豪
「繁栄と富と幸福」はいかにして築かれるのか
ジョージ・S・クレイソン
パンローリング 約400分
DL版 2,200円（税込）
CD版 2,940円（税込）

不滅の名著！ 人生の指針と勇気を与えてくれる「黄金の知恵」と感動のストーリー！

売れてます

playwalk 版
新マーケットの魔術師
ジャック・D・シュワッガー
パンローリング約 1286分
DL版 5,000円（税込）

ロングセラー「新マーケットの魔術師」（パンローリング刊）のオーディオブック!!

マーケットの魔術師
ジャック・D・シュワッガー
パンローリング 約1075分
各章 2,800円（税込）

──米トップトレーダーが語る成功の秘訣──
世界中から絶賛されたあの名著がオーディオブックで登場！

マーケットの魔術師
システムトレーダー編
アート・コリンズ
パンローリング約 760分
DL版 5,000円（税込）
CD-R版 6,090円（税込）

市場に勝った男たちが明かすメカニカルトレーディングのすべて

私は株で200万ドル儲けた
ニコラス・ダーバス
パンローリング約 306分
DL版 1,200円（税込）
CD-R版 2,415円（税込）

営業マンの「うまい話」で損をしたトレーダーが、自らの意思とスタイルを貫いて巨万の富を築くまで──

孤高の相場師
リバモア流投機術
ジェシー・ローリストン・リバモア
パンローリング 約161分
DL版 1,500円（税込）
CD-R版 2,415円（税込）

アメリカ屈指の投資家ウィリアム・オニールの教本！ 稀代の相場師が自ら書き残した投機の聖典がついに明らかに！

マーケットの魔術師 ～日出る国の勝者たち～
Vo.01 ～ Vo.43 続々発売中!! インタビュアー：清水昭男

- Vo.22 今からでも遅くない資産計画：品格ある投資家であるためのライフプラン／岡本和久
- Vo.23 ゴキゲンで買い向かう暴落相場：長期投資にある余裕のロジック／澤上篤人
- Vo.24 他人任せにしない私の資産形成：FXで開眼したトレーディングの極意／山根亜希子
- Vo.25 経済紙を読んでも勝てない相場：継続で勝利するシステム・トレーディング／岩本祐介
- Vo.26 生きるテーマと目標達成：昨日より成長した自分を積み重ねる日々／米田隆
- Vo.27 オプション取引：その極意と戦略のロジック／増田丞美
- Vo.28 ロハスな視点：人生の目標と投資が交差する場所／田中久美子
- Vo.29 過渡期相場の企業決算：生き残り銘柄の決算報告書／平林亮子
- Vo.30 投資戦略と相場の潮流：大口資金の潮流カレンダーを押さえろ／大岩川源太
- Vo.31 意外とすごい サラリーマン投資家／平田啓
- Vo.32 テクニカル+α：相場心理を映すシステムトレードの極意／一角太郎
- Vo.33 底打ち底入れの相場展開：国際的な波動から5年振りないものを／不動修太郎
- Vo.34 主要戦略の交差点：トレンドを知り、タイミングを知る！／鈴木豊一
- Vo.35 月額5000円からの長期投資：複利と時間を味方に付けた資産構築／中野晴啓
- Vo.36 ワンランク上のFX：創成期の為替ディーリングと修羅場から5年得たもの／三沢誠
- Vo.37 相場のカギ2010年：産業構造の変化と相場の頭打ち／青柳孝直
- Vo.38 FX取引の魅力：賢い個人投資家と自己責任／林康史
- Vo.39 杉田池タートルズ：日本のFXを教えろ！！！／杉田勝
- Vo.40 FXと恋愛普及で投資家を救え!!／池田ゆい
- Vo.41 負けない、楽しい、長く付き合えるFX／西原宏一
- Vo.42 FX投資とプロの視点／YEN 蔵
- Vo.43 相場の虚実と狭窄／矢口新

チャートギャラリーでシステム売買

DVD チャートギャラリーで今日から動く日本株売買システム
著者：徃住啓一

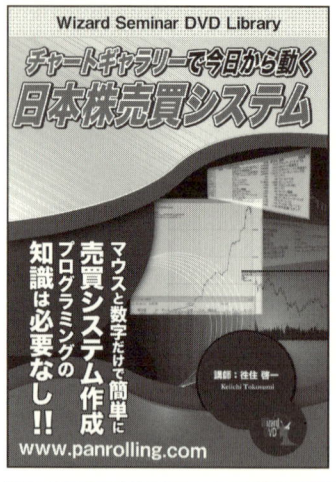

定価 本体 10,000 円＋税　ISBN:9784775962527

個別株4000銘柄で30年間通用するシンプルな短期売買ルールとは!?　東証、大証、名証、新興市場など合計すると、現在日本には約4000〜4500銘柄くらいの個別株式が上場されています。その中から短期売買可能な銘柄の選び方、コンピュータでのスクリーニング方法、誰でもわかる単純なルールに基づく仕掛けと手仕舞いについて解説します。

株はチャートでわかる！[増補改訂版]
著者：パンローリング編

定価 本体 2,800 円＋税　ISBN:9784775990605

1999年に邦訳版が発行され、今もなお日本のトレーダーたちに大きな影響を与え続けている『魔術師リンダ・ラリーの短期売買入門』『ラリー・ウィリアムズの短期売買法』（いずれもパンローリング）。こうした世界的名著に掲載されている売買法のいくつかを解説し、日本株や先物市場で検証する方法を具体的に紹介するのが本書『株はチャートでわかる！』である。

魔術師リンダ・ラリーの短期売買入門
著者：リンダ・ブラッドフォード・ラシュキ、L・A・コナーズ
定価 本体 28,000 円＋税　ISBN:9784939103032

国内初の実践的な短期売買の入門書。具体的な例と豊富なチャートパターンでわかりやすく解説してあります。著者の1人は新マーケットの魔術師でインタビューされたリンダ・ラシュキ。古典的な指標ですら有効なことを証明しています。

ラリー・ウィリアムズの短期売買法
著者：ラリー・ウィリアムズ
定価 本体 9,800 円＋税　ISBN:9784939103063

マーケットを動かすファンダメンタルズとは、3つの主要なサイクルとは、いつトレードを仕切るのか、勝ちトレードを抱えるコツは、……ウイリアムズが答えを出してくれている。

フルタイムトレーダー完全マニュアル
著者：ジョン・F・カーター
定価 本体 5,800 円＋税　ISBN:9784775970850

トレードで経済的自立をするための「虎の巻」！ステップ・バイ・ステップで分かりやすく書かれた本書は、これからトレーダーとして経済的自立を目指す人の必携の書である。

自動売買ロボット作成マニュアル
著者：森田佳佑
定価 本体 2,800 円＋税　ISBN:9784775990391

本書は「マイクロソフト社の表計算ソフト、エクセルを利用して、テクニカル分析に関する各工程を自動化させること」を目的にした指南書である。

Chart Gallery 4.0 for Windows

パンローリング相場アプリケーション
チャートギャラリー
Established Methods for Every Speculation

最強の投資環境

成績検証機能つき

●価格（税込）
チャートギャラリー 4.0
エキスパート　147,000 円
プロ　84,000 円
スタンダード　29,400 円

お得なアップグレード版もあります
www.panrolling.com/pansoft/chtgal/

チャートギャラリーの特色

1. **豊富な指標と柔軟な設定**
   指標をいくつでも重ね書き可能
2. **十分な過去データ**
   最長約30年分の日足データを用意
3. **日々のデータは無料配信**
   わずか3分以内で最新データに更新
4. **週足、月足、年足を表示**
   日足に加え長期売買に役立ちます
5. **銘柄群**
   注目銘柄を一覧表にでき、ボタン1つで切り替え
6. **安心のサポート体勢**
   電子メールのご質問に無料でお答え
7. **独自システム開発の支援**
   高速のデータベースを簡単に使えます

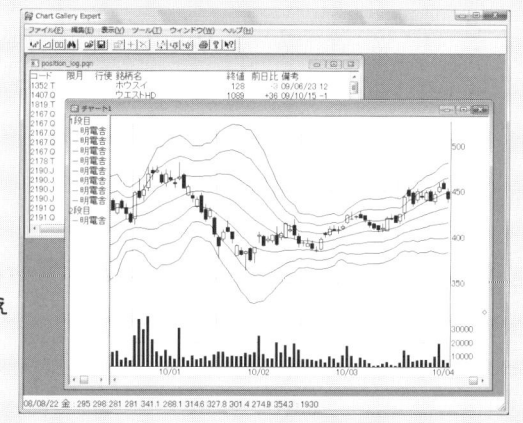

チャートギャラリー　エキスパート・プロの特色

1. 検索条件の成績検証機能 [エキスパート]
2. 強力な銘柄検索 (スクリーニング) 機能
3. 日経225先物、日経225オプション対応
4. 米国主要株式のデータの提供

検索条件の成績検証機能 [Expert]

指定した検索条件で売買した場合にどれくらいの利益が上がるか、全銘柄に対して成績を検証します。検索条件をそのまま検証できるので、よい売買法を思い付いたらその場でテスト、機能するものはそのまま毎日検索、というように作業にむだがありません。
表計算ソフトや面倒なプログラミングは不要です。マウスと数字キーだけであなただけの売買システムを作れます。利益額や合計だけでなく、最大引かされ幅や損益曲線なども表示するので、アイデアが長い間安定して使えそうかを見積もれます。

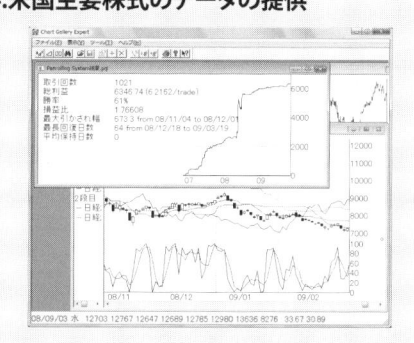

Traders Shop

がんばる投資家の強い味方

http://www.tradersshop.com/

24時間オープンの投資家専門店です。

パンローリングの通信販売サイト「**トレーダーズショップ**」は、個人投資家のためのお役立ちサイト。書籍やビデオ、道具、セミナーなど、投資に役立つものがなんでも揃うコンビニエンスストアです。

他店では、入手困難な商品が手に入ります!!

- ●投資セミナー
- ●一目均衡表 原書
- ●相場ソフトウェア
  チャートギャラリーなど多数
- ●相場予測レポート
  フォーキャストなど多数
- ●セミナーDVD
- ●オーディオブック

ここでしか入手できないモノがある。

さあ、成功のためにがんばる投資家は
いますぐアクセスしよう!

トレーダーズショップ **無料** メールマガジン

●無料メールマガジン登録画面

トレーダーズショップをご利用いただいた皆様に、**お得なプレゼント**、今後の**新刊情報**、著者の方々が書かれた**コラム**、**人気ランキング**、ソフトウェアのバージョンアップ情報、そのほか投資に関するちょっとした情報などを定期的にお届けしています。

まずはこちらの
「**無料メールマガジン**」
からご登録ください!
または info@tradersshop.com まで。

パンローリング株式会社
お問い合わせは

〒160-0023 東京都新宿区西新宿7-9-18-6F
Tel: 03-5386-7391 Fax: 03-5386-7393
http://www.panrolling.com/
E-Mail info@panrolling.com

携帯版